신약에 나타난
하나님 마음

장석환 지음

기독교문서선교회

기독교문서선교회(Christian Literature Crusade: 약칭 **CLC**)는 1941년 영국 콜체스터에서 켄 아담스에 의해 시작되었으며 국제 본부는 영국의 쉐필드에 있습니다.

국제 CLC는 59개 나라에서 180개의 본부를 두고, 약 650여 명의 선교사들이 이동도서차량 40대를 이용하여 문서 보급에 힘쓰고 있으며 이메일 주문을 통해 130여 국으로 책을 공급하고 있습니다.

한국 CLC는 청교도적 복음주의 신학과 신앙서적을 출판하는 문서선교기관으로서, 한 영혼이라도 구원되길 소망하면서 주님이 오시는 그날까지 최선을 다할 것입니다.

The Mind of God in the New Testament

by
Chang Suck-Whan

Korean Edition
Copyright © 2012 by Christian Literature Crusade
Seoul, Korea

들어가는 말

말씀은 생명길이다

　말씀은 생명의 길입니다. 말씀을 벗어난 길은 죽음의 길입니다. 길에 대한 정보 없이 어찌 여행을 떠날 수 있을까요? 말씀을 알지 못하고 어찌 그리 용감하게 인생을 살고 있는지 기이합니다. 우리가 진정 말씀을 생명의 길로 인정한다면 말씀을 알도록 노력해야 합니다. 많이 노력해야 합니다. 말씀을 알고, 말씀을 따라 길을 가며, 말씀에 순종할 때 말씀을 더 알게 됩니다. 그런데 말씀 아는 일을 게을리하여 인생이 생명의 길이 되지 못하고, 열매를 얻는 길이 되지 못하는 것을 많이 보면서 너무 안타깝다는 생각을 갖습니다. 말씀을 알아야 합니다. 매일 말씀을 읽고, 묵상하며, 말씀을 알아가는 인생이 되어야 합니다. 말씀을 아는 만큼만 인생의 열매가 됩니다.

　성경 말씀은 영원합니다. 그 말씀을 따라 살아가는 사람의 삶도 영원합니다. 말씀에 기초하지 않은 것은 모래 위에 지은 집과 같아서 언제든 무너집니다. 그러나 말씀 위에 지은 것은 영원합니다. 그래서 말씀이 중요합니다. 영원한 삶과 가치를 원하는 사람은 말씀을 매일 더 알아 가야합니다.

말은 마음을 나타내는 수단입니다. 성경에 기록된 말과 사건은 모두 우리를 향한 하나님의 마음을 전달하기 위한 수단입니다. 그렇기 때문에 우리는 성경에 기록된 말씀을 읽을 때 그것을 내 편의대로 해석할 것이 아니라 그것을 통해 하나님이 우리에게 무엇을 말씀하시고자 하시는지를 살펴야합니다. 그러기 위해서는 문맥이 중요합니다.

성경이 본래 의도한 것과 다르게 사용되는 경우가 많습니다. 이단도 성경을 사용합니다. 그러나 그 해석이 다릅니다. 그 해석은 대부분 문맥을 벗어나서 자신들의 교리에 맞게 억지로 맞춘 해석입니다. 그런데 정통 기독교인들 안에도 성경을 앞뒤 구절의 문맥과 상관없이 한 구절만 사용함으로 말씀을 곡해하고 있는 것이 얼마나 많은지 모릅니다. 사람들이 좋아하는 성경 구절을 살펴보면 본래의 의미와 다르게 사용하는 경우가 많습니다. 그것은 자기가 해석한 복음이지 성경이 아닙니다. 성경의 말씀을 인용한다고 하여도 본래의 의미와 다르게 사용되면 그것은 성경이 아닙니다.

"하나님은 사랑이심이라"(요일 4:8).

이 말씀의 뜻을 아십니까? 한 절의 의미를 알기 위해서는 그 앞뒤 구절을 살펴보아야 합니다. 한 문단의 의미를 알기 위해서는 그 앞뒤의 문단을 살펴야 합니다. 그리고 그 의미를 알기 위해서는 성경 전체의 주제를 아는 것이 큰 도움이 됩니다. 그래서 성경 각 권의 주제를 생각해 보는 것이 매우 필요합니다. 성경 각 권의 주제를 아십니까? 성경 각 권의 주제를 아는 것이 성경을 잘 이해하는 데 매우 유용합니다. 그것이 본 저서를 집필하게 된 동기입니다.

말씀을 바르게 읽는 방법은 말씀을 대할 때 기계적으로 대하지 말고 그 안에서 우리를 향한 하나님의 마음을 읽어야 합니다. 말씀을 읽을 때 우리의 마음이 하나님의 마음을 만나야 합니다. 그러면 말씀을 읽을 때 감동이 있습니다.

아무리 뛰어난 성경이라 하더라도 영어를 모르는 사람이 영어성경을 읽으면 백번을 읽어도 감동이 없습니다. 그 의미를 모르기 때문입니다. 감동은 그냥 저절로 되는 것이 아닙니다. 수천 년이라는 시간과 공간적 차이를 극복하려면 우리가 조금 더 노력을 기울여야 합니다. 그래서 그 단어가 의미하는 것이 무엇인지, 그때의 상황이 무엇인지를 아는 소위 역사적 문맥을 알아야 합니다. 그리고 기록된 말씀을 잘 분석하여 문학적 문맥(순서와 단어의 의미 등)을 볼 수 있어야 합니다. 그렇게 세밀한 성경읽기를 통해 우리는 하나님의 마음을 더 깊이 만날 수 있게 됩니다. 그렇게 말씀에서 하나님을 만나면 우리는 말씀을 통해 꿇어 엎드리고, 전율하고, 감동합니다. 경배합니다.

Contents

들어가는 말 – 말씀은 생명길이다   5

Part 1 역사서

1. 마태복음 – 왕으로 오신 예수님을 알라   15
2. 마가복음 – 종으로 오신 예수님을 알라   25
3. 누가복음 – 사람으로 오신 예수님을 알라   37
4. 요한복음 – 하나님의 아들로 오신 예수님을 알라   47
5. 사도행전 – 성령으로 살라   57

Part 2 서신서

6. 로마서 – 오직 믿음으로 살라   73
7. 고린도전서 – 소유냐, 존재냐   83
8. 고린도후서 – 사느냐, 죽느냐   95
9. 갈라디아서 – 죽은 믿음과 산 믿음   107
10. 에베소서 – 교회여, 거룩한 빛을 발하라   117
11. 빌립보서 – 항상 기뻐하라   129
12. 골로새서 – 머리되신 그리스도를 붙들라   139
13. 데살로니가전서 – 재림신앙을 가져라   149
14. 데살로니가후서 – 재림신앙으로 이겨라   159

15. 디모데전서 - 교회를 교회 되게 하라   169
16. 디모데후서 - 네게 부탁한 아름다운 것을 지키라   181
17. 디도서 - 온전한 믿음   193
18. 빌레몬서 - 문제를 푸는 지혜   205
19. 히브리서 - 예수님을 깊이 생각하라   215
20. 야고보서 - 구원을 얻는 믿음   225
21. 베드로전서 - 하늘가는 나그네   237
22. 베드로후서 - 신성한 성품   247
23. 요한일서 - 하나님과 사귐   257
24. 요한이서 - 이단과 사귐   269
25. 요한삼서 - 성도와 사귐   279
26. 유다서 - 믿음이 변질되지 않기 위해   289

Part 3 예언서

27. 요한계시록 - 교회가 가야 할 길   303

나가는 말   313

부록

1. 신약 각 권의 분류와 주제   318

THE MIND OF GOD
IN THE NEW TESTAMENT

신약에 나타난
하나님 마음

Part 1

역사서

역사서

신약성경을 크게 세 부분(역사서, 서신서, 예언서)으로 나눌 수 있습니다. 그런데 역사서가 제일 앞에 나오는 이유는 역사는 다른 것의 배경과 바탕이 되기 때문입니다. 그래서 구약에서와 같이 신약의 앞부분도 역사서로 구성되어 있습니다.

신약의 역사서는 5권으로 구성되어 있습니다. 마태복음, 마가복음, 누가복음, 요한복음, 사도행전입니다. 복음서는 역사서가 아니라 복음서로 따로 구분하기도 하지만 역사서 속에 함께 묶어서 보아도 무방합니다. 이렇게 구분하는 것은 구약과의 연관성 및 단순성에 있어 좋고 내용적으로도 일리가 있습니다. 구약의 역사서는 모세오경을 포함하여 17권으로 구성되어 있습니다. 신약성경은 복음서를 포함하여 5권으로 구성되어 있습니다. 그래서 구약과 신약의 구분에 있어 일관성을 유지할 수 있습니다.

구약은 역사서(17권), 시가서(5권), 예언서(17권)로 이루어져 있습니다. 그리고 신약은 역사서(5권), 서신서(21권), 예언서(1권)으로 되어 있습니다.

신약의 역사서 앞부분을 차지하고 있는 4권의 복음서는 예수님의 사역시대를 다루고 있고, 사도행전은 예수님의 승천 이후 교회시대를 다루고 있습니다. 서신서와 예언서는 사도행전 시대와 그 연장선상에 있는 시대를 배경으로 하고 있습니다.

신약 역사서의 순서는 시간적 순서가 아닙니다. 마태복음이 제일 앞에 나와 있는 것은 내용적인 이유일 것입니다.

마태복음은 그 내용면에 있어 구약성경과 제일 밀접합니다. 마태복음의 대상자도 처음에는 구약에 익숙한 유대인이었습니다. 그래서 마태복음은 구약을 마치고 신약을 시작하면서 가장 부드럽게 이어주는 성경이라 할 수 있습니다. 그래서 제일 앞에 위치하는 것이 적당합니다.

성경의 저자를 생각해 보면 복음서의 순서에 동의를 하게 될 것입니다. 마태는 예수님의 제자입니다. 마가는 베드로의 제자이고, 누가는 바울의 제자입니다. 순서가 합리적인 것 같지 않습니까? 그렇다면 요한복음은 왜 복음서 중에 제일 뒤에 위치하고 있을까요? 요한은 물론 예수님의 제자인데 말입니다. 그것은 요한복음의 성격이 다른 복음서와 성격이 많이 다르기 때문입니다.

앞 세 권의 복음서는 공관복음(공통의 관점으로 기록된 복음서)이라고 부르기도 합니다. 그런데 요한복음은 공관복음 속에 들어가지 않습니다. 그 관점(기록된 시기, 예수님의 신적인 요소를 직설적으로 표현 등 여러 가지가 공관복음과 구분 됨)이 다르기 때문입니다. 그래서 요한복음을 제일 뒤에 위치한 것입니다. 사도행전은 오순절 성령의 오심 이후의 교회시대를 다루고 있기 때문에 제일 뒤에 위치한 것은 당연합니다.

THE MIND OF GOD
IN THE NEW TESTAMENT

신약에 나타난
하나님 마음

마태복음

왕으로 오신 예수님을 알라

"심령이 가난한 자는 복이 있나니
천국이 그들의 것임이요"(마 5:3).

마태복음은 구약의 마지막 성경인 말라기가 선포되고 약 400년의 공백기 이후에 주어진 말씀입니다. 그동안 팔레스틴 지역의 패권은 페르시아 제국에서 헬라 제국으로 그리고 로마 제국으로 넘어갔습니다. 구약의 마지막 부분은 오실 메시아에 대한 메시지가 많습니다. 이스라엘 백성을 구원할 메시아입니다.

마태복음은 구약에서 기다리던 그 메시아가 오셨음을 선포합니다. 예수님의 열두 제자중의 한 명인 마태는 그가 따라다니면서 본 예수님의 생애를 '왕으로 오신 예수'라는 측면을 강조하면서 기록하고 있습니다. 어느 나라 왕입니까? 하나님 나라의 왕입니다.

마태의 직업은 세리였습니다. 세리는 당시에 물질적으로는 부유함을 누렸으나 정신적으로 지탄을 받던 직업입니다. 그러한 그가 예수님을 만났고, 하나님 나라를 알게 되었습니다. 그래서 변하였습니다. 세상에서 누구보다 세속을 따라 살았는데 하나님 나라를 알게 되었을 때 그의 삶은 완전히 변하였습니다. 하나님 나라의 왕으로 오신 예수님을 아십니까? 하나님 나라가 무엇인지를 알아야 하며, 그 나라의 왕으로 오신 예수님을 알아야 합니다.

천국을 전하심

마태복음에서 우리는 하나님 나라를 향한 예수님의 마음을 볼 수 있습니다. 예수님이 말씀을 전하기 시작하셨을 때 하신 첫 마디는 "하나님 나라가 가까이 왔다"입니다. 예수님이 하신 모든 말씀과 하신 일을 보십시오. 하나님 나라에 대한 것입니다.

하나님 나라를 마태복음에서는 천국이라고 표현합니다. 천국이라는 단어는 마태복음에서만 사용합니다. 성경 말씀 중에 '천국'이라는 단어가 나오면 '마태복음 말씀이구나'라고 생각하시면 됩니다. 천국이라는 단어는 하나님을 경외하는 마음 때문에 '하나님'을 '하늘'로 바꾸어 '하나님 나라'를 '하늘 나라'로 표현한 것입니다.

천국을 향한 예수님의 열심을 생각해 보십시오. 그분은 천국을 전하기 위해 하늘 보좌를 비우고 이 땅에 인간의 형상을 덧입어서 오셨습니다. 이 땅에서 힘든 33년이라는 세월을 묵묵히 살아가셨고, 가장 수치스럽고 고통스러운 십자가에서 죽기까지 하셨습니다. 왜 그렇게 하셨나요? 천국 때문입니다. 천국을 모르고 죽어가는 사람들에게 천국을 가르치고 천국을 전하기 위해서입니다. 지옥 백성이 천국 백성으로 바뀌도록 하기 위해서입니다.

마태복음에는 천국이라는 단어가 36번에 걸쳐 나옵니다. 예수님은 입만 떼시면 제자들과 사람들에게 천국을 가르치셨습니다. 예수님은 왜 그렇게 천국에 목숨 걸고 계실까요? 천국이 진정 세상 사람들이 구원을 얻는 길이기 때문입니다. 그곳이 진정 하나님과 인간 사이의 사랑이 회복되는 곳이기 때문입니다. 그 천국을 모르면 인간들은 하나님과 멀리멀리 떨어진 존재입니다. 천국에 들어가야 사람은 하나님과 가까이에 있게 됩니다. 사랑이 회복됩니다.

우리가 들어가야 할 천국이 어디에 있을까요? 천국은 예수님이 이 땅에 오심으로 이미 임하였습니다. 우리의 마음에 예수님을 받아들이면 그 사람은 천국에 들어간 것입니다.

천국을 잘 알아야 합니다. 천국의 핵심은 '하나님의 왕 되심' 입니다. 천국은 왕이신 예수님을 왕으로 받아들이고 그분의 통치를 받아들이는 사람에게 임합니다. 그래서 예수님을 받아들이는 그들에게 천국은 임합니다. 하나님이 우리 마음속에 계시고 우리가 그분께 순종한다면 그곳이 바로 천국입니다. 그래서 옛날에는 찬송가에 천당이라는 말이 있었는데 이제는 없어졌습니다. 천국은 죽음 이후에만 가는 장소적인 개념이 아니라 하나님의 통치가 이루어지는 곳을 의미하는 것이기 때문입니다.

그렇다면 천국이 세상의 나라와는 무엇이 다를까요? 그것은 누가 주인이냐는 것입니다. 천국의 왕은 하나님이요, 세상 나라의 왕은 국가 이름이 무엇이든지 사실 자기 자신이 왕입니다. 천국에서 가장 중요한 것은 "하나님이 왕이시다"는 것입니다. 오늘 우리가 하나님을 왕으로 하여 그분의 뜻에 순종한다면 그 사람 안에는 이미 천국이 이루어진 것입니다.

우리가 보통 천국을 생각할 때는 화려한 금으로 가득하고, 부족한 것이 없으며, 죽음도 없고, 영원한 행복만 있을 것으로 생각합니다. 그렇다면 그 생각이 틀린 것입니까? 아닙니다. 그것도 맞습니다. 그러나 그것은 천국의 부차적인 것입니다. 그러한 물질적이고 외적인 것도 당연히 천국의 모습이지만 본질적인 것은 아닙니다. 천국이 천국인 것은 하나님이 그곳의 왕이기 때문입니다. 하나님이 그곳의 왕이기 때문에 부족한 것은 없고 행복이 가득한 것입니다. 그래서 우리는 이 땅에서 천국의 본질적인 것을 시작하고 훈련하는 것입니다. 이 땅에서 우리 안에 임한 천국은 외적인 면에서나 물질적인 면에 있어서 전혀 천국답지 않습니다. 그러나 우리가 하나님을 왕으로 하는 그 본질적인 천국을 이루어 간다면 후에 외적이고 물질적인 부분에서 천국다움은 아주 쉽게 이루어질 것입니다. 한 순간에 이루어질 것입니다.

천국은 이 땅에 이미 임하였습니다. 그러나 아직 완성된 것은 아닙니다. 그래서 우리는 하나님을 왕으로 모시고 순종하는 일에 훈련되어져야 합니다. 그것이 천국이 확장되는 것입니다. 그리고 그러한 천국의 마지막 완성의 순간에 외적이고 물질적인 것은 순간에 이루어질 것입니다. 찬란한 영광으로 이루어질 것입니다.

우리의 가슴을 들여다보십시오. 하나님 나라입니까? 하나님이 왕이시고 우리가 백성인 그 나라가 들어있습니까? 하나님 나라가 우리 가슴에 있습니다. 우리 가슴에 있는 하나님 나라를 확인하고 그 나라를 확장시키십시오. 내 가슴 안에서 말씀하시는 하나님의 말씀을 듣고 더욱더 순종하여 그 나라를 확장시키십시오.

천국의 왕 예수

예수님이 이 땅에 오실 때 먼 곳에서 동방박사들이 왔습니다. 그들은 유대인의 왕을 찾았으며 아기 예수님을 만나 경배하고 돌아갔습니다. 그들은 오랜 시간을 투자하였고, 귀한 예물을 가지고 왔습니다. 그런데 예수님이 돌아가실 때는 은 30에 팔리셨습니다. 그것은 왕의 값이 아니라 종의 값입니다. 하나님은 동방박사를 통해 예수님이 왕이라는 것을 알리셨습니다. 그러나 사람들은 예수님을 제사장들과 가룟 유다를 통해 종으로 팔았습니다. 왕을 배척한 것입니다.

세상 나라에서 가장 소중히 여기는 것이 무엇입니까? 부와 권세와 편함과 즐김입니다. 사람은 지금 죄의 자리에 있습니다. 죄의 자리에서 부요하고, 익숙해지고, 편안하다면 죄를 떠나려 하지 않습니다. 그래서 그들은 하나님 나라를 위해 가난한 자가 되고, 낮은 자가 되고, 고생하며 애통하는 자가 되는 것이 필요합니다. 그래야 하나님 나라에 대해 눈을 뜰 수 있습니다. 바로 이것이 세상 사람들이 믿음을 갖지 못하는 이유입니다. 더 나아가 배척하는 이유입니다.

자신들의 기득권을 빼앗기지 않기 위해 예수님을 배척한 제사장과 바리새인들처럼 오늘날 사람들도 자신의 이익과 편함을 지키기 위해 예수님을 배척합니다. "심령이 가난한 자는 복이 있나니 천국이 그들의 것임이요"(마 5:3)라고 예수님이 말씀하셨습니다. 그러나 오늘날 사람들은 너무 배부릅니다. 세상에 정신을 빼앗겨서 그들의 마음은 세상의 일로 가득 채워져 있습니다. 그들의 심령은 가난하지 않고 부요합니다. 지금 만족하는데 어찌 다른 나라를 꿈꾸겠는지요? 지금 잘살고 있는 것을 오래 지속하려고 하겠지요. 만족하지 못할 때도 있는데 그것은 세상의 것을 더 소유하지 못해서 그렇다고 생각합니다. 그러나 그들의 세상은 허무와 멸망일 뿐입니다.

우리는 천국을 사모해야 합니다. 마음을 교만하게 하지 말고 가난(겸손한 마음, 갈급한 마음)해야 합니다. 물질적으로 세상을 좇아 부요한 것만 찾아가지 말고 혹 물질을 가졌어도 물질에 사치하지 않고, 물질에 얽매이지 않고, 물질을 초월한 가난한 사람이 되어야 합니다. 세상은 물질이 전부인 것처럼 여기나 하나님 나라를 바라보는 사람은 물질을 지극히 작은 것 중의 하나로 여겨야 합니다.

바리새인들은 도덕적으로 부한 자입니다. 어떤 면에 있어서는 바리새인은 그 당시에 하나님 나라에 가장 가까운 사람들이었습니다. 외적으로 그들은 성경 말씀을 가장 잘 지키는 사람이었습니다. 그러나 그들이 이루고자 하였던 나라는 하나님 나라가 아니라 그들의 나라였습니다. 비록 그들이 성경 말씀을 잘 지켰지만 그것은 하나님 나라를 위한 순종이 아니라 자기 의를 드러내는 방편이었습니다. 그들은 하나님 나라를 바라보며 산 것이 아니라 자기 왕국을 건설하고 있었습니다. 그렇게 자기 나라 속에서 살았기 때문에 그들은 하나님 나라의 백성이 아니었습니다.

세상에서 아무리 부해도 천국에 들어갈 수 없듯이 세상 나라에서 아무리 도덕적이거나 말씀의 행위를 잘 지켜도 천국에 들어갈 수 없습니다. 오직 천국은 하나님의 왕 되심을 따르는 사람만이 들어갈 수 있습니다. 그래서 말씀을 지키는 사람(자기가 주인이면서도 사람들에게 보여주기 위해 말씀을 지킬 수 있음)이 아니라 말씀에 순종하는 사람(말씀의 주인이신 하나님께 순종)이 천국에 들어갈 수 있습니다. 세상 사람들도 말씀에 나와 있는 행위를 할 수 있습니다. 그러나 그것이 하나님에 대한 순종으로 하는 것이 아니라면 하나님 나라가 아니라 자기 나라입니다. 바리새인들은 그렇게 자기 나라를 이루고 있었던 것입니다.

예수님이 하나님 나라를 선포하신 방법에서 가장 중요한 것은 '이야기'를 사용하신 것입니다. 예수님은 하나님 나라에 대해 이야기하셨습니다. 세상 이야기에 정신없는 사람들에게 하나님 나라에 대해 이야기하셨습니다. 때로는 기적도 행하시고, 귀신도 쫓아내셨습니다. 그러나 그러한 것은 청중의 필요(드러내기 위한 것이 아니라)와 예수님의 정체성에 대한 선포입니다. 그러한 것 이후에 항상 천국에 대해 이야기하셨습니다. 예수님은 능력이 많으셨습니다. 청중들의 지지도 많이 받으셨습니다. 그러나 그럼에도 불구하고 끝까지 천국에 대한 이야기로 하나님 나라를 알리셨습니다.

천국에 대한 이야기는 전설의 고향에 나오는 이야기가 아닙니다. 동화 속에 나오는 어떤 나라에 대한 이야기도 아닙니다. 천국은 오늘 이 땅에서 우리 안에 이루어지는 실재 이야기입니다. 하늘의 하나님이 우리 안에 오셔서 왕이 되는 나라입니다. 하나님 나라가 우리 안에 있어야 합니다. 하나님 나라 이야기가 우리 안에 있어야 합니다. 하나님과 함께 만들어간 추억 이야기, 하나님과 함께 하고 있는 이야기, 하나님과 함께 하게 될 소망의 이야기가 우리 가슴 안에 있어야 합니다. 세상에서 정신없이 살고 있지만 그 안에 하나님이 계시지 않는 우리만의 이야기, 나만의 삶이 아니라 천국 이야기, 예수님과 함께 한 삶의 이야기가 있어야 합니다. 나 혼자 사는 삶에 만족하지 마십시오. 왕으로 오신 예수님은 오늘 우리 안에도 왕으로 계십니다. 그분을 우리의 왕으로 받아들이고 그분의 나라를 이루어가는 것을 알아야합니다.

내가 살고 있는 나라는 어느 나라입니까? 하나님 나라입니까? 아니면 나 자신의 나라입니까? 하나님 나라의 실체를 보십시오. 그분을 왕으로 하여 사십시오.

하나님 나라를 이루고자 하셨던 예수님은 겉으로는 완전히 실패한 것처럼 보입니다. 그러나 실패한 것이 아니라 완벽하게 승리하셨습니다. 예수님은 온전히 그 나라를 위해 사셨고, 그 나라를 이루는 길을 가셨습니다. 그리고 그 나라 백성들을 얻기 위해 십자가에서 대신 죽으셨습니다. 예수님은 태어나신 것도, 이 땅에 사신 것도, 죽으신 것도 모두 하나님 나라를 위해서였습니다.

오늘 우리도 그렇게 하나님 나라를 위해 사십시오. 그러면 우리도 승리의 삶이 됩니다. 세상 나라에 정신 팔리지 말고 하나님 나라에 온 마음을 쏟으십시오. 하나님 나라를 가슴에 품고 사십시오.

"내가 너희에게 분부한 모든 것을 가르쳐 지키게 하라 볼지어다 내가 세상 끝날까지 너희와 항상 함께 있으리라 하시니라"
(마 28:20).

이 말씀에 가슴이 전율하지 않습니까? 이제 하나님 나라를 위해 사십시오. 우리가 하나님 나라를 위해 살 때 예수님은 우리와 함께 하십니다.

* * *

하나님 나라 왕으로 오신 예수님을 아십시오. 지금 이 순간에 우리의 가슴에 계시며, 우리의 왕 되신 예수님을 바라보십시오. 그분이 우리 안에서 이루어 가시는 하나님 나라에 순종하십시오. 그래서 내 삶에 하나님 나라 이야기가 풍성하게 하십시오. 일제 강점기 때 나라를 빼앗기고 설움 속에서 마음속으로 항상 대한독립만세를 외치며 살았던 독립운동가처럼 우리도 이 세상에 하나님 나라를 빼앗긴 것을 안타까이 여기며 '천국독립만세'를 외치며 사십시오. 천국독립만세! 진정 우리 모든 기독교인의 소원이 되어야 합니다.

천국은 이미 왔습니다. 우리는 천국 백성입니다. 이제 천국 안에서 사십시오. 열심히 천국을 이루어가야 합니다. 아담과 하와가 실패한 부분을 우리가 회복해야 합니다. 더욱더 말씀을 배우고 순종하여 예수 그리스도를 왕으로 모시는 훈련을 하십시오. 천국이 이 땅에 건축 중입니다. 가장 중요한 우리 마음 안에서 건축 중입니다. 사람들 마음 안에 건축 중입니다. 그렇게 우리 마음 안에 천국을 열심히 건축하면 후에는 외적이고 물질적인 천국도 이루어진 완벽한 영광의 천국에 들어가게 될 것입니다. 오늘 심령이 가난한 자가 되어 천국을 건축하십시오.

"심령이 가난한 자는 복이 있나니 천국이 그들의 것임이요"(마 5:3).

마가복음
종으로 오신 예수님을 알라

"너희 중에 누구든지 으뜸이 되고자 하는 자는
모든 사람의 종이 되어야 하리라"(출 40:38).

마가복음의 저자인 마가는, 예수님과 제자들이 자주 모였고 마지막 성만찬을 한 다락방의 집주인인 마리아의 아들입니다. 그 시절 마가는 청소년으로 먼발치에서 예수님을 경험하였을 것입니다. 후에 마가는 베드로의 제자이자 동역자가 되어 베드로를 통해 전해 들은 예수님의 생애를 기록합니다.

마가가 마가복음을 기록한 곳은 로마로 추정합니다. 학자들은 로마에 대핍박이 일어났던 주후 64-67년을 배경으로 한다고 말합니다.

마가복음은 복음서 중에 가장 짧으면서 아주 핵심적인 내용만 기록되어 있습니다. 그래서 마가복음을 복음서 중의 복음서라고 말하기도 합니다. 마가는 예수님이 종으로 오셨다는 사실을 중점적으로 말합니다. 메시아가 종으로 오신다는 사실은 그 당시의 사람들에게 익숙하지 않았으나, 이미 이사야에서 아주 강력하게 말씀하였습니다. 오실 메시아의 가장 중요한 모습 중의 하나는 종으로 오심입니다. 모든 사람은 종으로 오신 메시아 곧 종으로 오신 예수님을 알아야 합니다.

예수님이 종으로 오셨다는 사실이 복음입니다. 놀라운 복음입니다. 제자인 우리가 종으로 살아야 한다는 것이 복음입니다. 마가는 믿음을 가진 사람에게 닥친 대핍박이라는 고통스러운 환경에 대해 그들에게 예수님의 생애를 통해 '종으로서 사는 것이 복음'이라는 놀라운 해답을 주고 있습니다.

대핍박 가운데 있는 로마의 기독교인들에게 마가가 주고 있는 해답은 "종으로서 사는 고난의 삶은 복이다"는 것입니다. 종으로의 삶은 우리의 주 되신 예수님이 가신 길입니다. 하늘의 보좌에 계시던 그분이 이 땅에 종으로 인간의 몸을 입고 오셨습니다. 그분은 이 땅에서 철저히 종으로 사셨습니다. 종으로 고난 받으며 사셨습니다. 오늘 우리는 종으로 살고 있습니까?

종으로 오신 예수님

하나님이 우리를 사랑하십니다. 이것은 어디에서 가장 잘 드러날까요? 예수님이 종으로 오셨다는 사실에서 드러납니다. 독생자 아들을 종으로 보낸다는 것은 참으로 우리를 사랑하신다는 것을 의미합니다. 우리의 이해를 뛰어넘는 위대한 사랑입니다. 이 땅에서 예수님이 고난 받는 종의 모습으로 하루하루를 사셨다는 것은 그분이 우리를 얼마나 사랑하셨는지를 잘 말해줍니다.

하나님의 능력이 어디에서 가장 잘 나타납니까? 종으로 오신 예수님의 모습입니다. 종이 될 수 있다는 것은 강하기 때문에 가능합니다. 강한 자만이 스스로 낮아질 수 있습니다.

사람들은 강한 것만을 좋아합니다. '고난 받는 종으로 오실 메시아'를 이사야에서 얼마나 강력하게 말씀하고 있습니까? 그런데도 이스라엘 백성들은 그리고 있는 메시아의 이미지에서 '고난 받는 종'이 없었습니다. 그래서 마가복음에서 주로 그리고 있는 고난 받는 종에 대해 이해하지 못하였습니다. 그렇다면 예수님이 강한 자의 모습으로 나타났으면 어떠했을까요? 권능과 심판을 나타낼 수 있을지언정 믿음을 낳지는 못하였을 것입니다. 예수님은 구원하고자 오셨습니다. 믿음을 주시기 위해 오셨습니다. 그래서 종으로 오셨습니다.

물론 예수님은 많은 이들을 고치고 놀라운 기적을 행하기도 하셨습니다. 그러나 그것을 알리지 않으셨습니다. 오늘날 어떤 사람이 죽은 사람을 살리고 병든 자를 고쳤다면 어떻게 할까요? 자신이 행한 위대한 일을 광고할 것입니다. 명함에 기록하여 다니겠지요. 그러나 예수님은 병든 자의 필요와 제한적으로 자신의 메시아임을 전하기 위해 기적을 행하셨을 뿐 대부분의 경우 그 기적에 대해 함구하게 하셨습니다. 그것을 신학적으로 메시아 비밀이라고 말합니다.

그분은 종으로 오셨고, 종으로 사셨고, 종으로 죽으셨습니다.

예수님은 죽기 위해 오셨습니다.

"인자가 온 것은 섬김을 받으려 함이 아니라 도리어 섬기려 하고 자기 목숨을 많은 사람들의 대속물로 주려 함이니라"(마 10:45).

예수님은 사람들을 섬기려 오셨고 그 마지막은 사람들을 위해 죽으시는 것입니다. 사람들의 죄를 속하는 속죄물로 드리는 것입니다. 예수님은 그렇게 철저히 낮아지셔서 섬기셨습니다.

그런데 거짓 선지자들은 사람들에게 더 복을 받아서 이 세상 사람들 위에 높이 서야 한다고 말합니다. 사람들은 더 높아지기를 원합니다. 그래서 거짓 선지자의 말을 따라갑니다. 사람들을 짓밟고 복을 받았다고 말합니다. 죄 없는 인디언들을 학살하고 "오늘 어제보다 더 많은 인디언을 죽이게 하신 하나님을 찬양합니다"라고 말합니다.

예수님은 죽이기 위해 사신 것이 아니라 죽기 위해 사셨다는 것을 우리가 기억해야 합니다. 기독교인 된 우리는 우리 자신을 더 죽여야 합니다. 그래서 나를 죽이고 다른 사람의 종으로 살아야 합니다. 우리가 더 사는 이유는 더 갖기 위해서가 아니라 더 내려놓기 위해서입니다. 더 살기 위해서가 아니라 더 죽기 위해 사는 것입니다. 이것이 쉽지 않습니다. 그래서 제자들도 처음에는 한참동안 더 높아지기 위해 예수님을 따라다녔습니다. 그러나 결국은 실패하고 부활을 알고 난 후에야 죽기 위해 살게 됩니다.

자기를 죽이는 것이 매우 중요합니다. 이것이 기독교입니다. 그런데 이것이 없는 기독교를 많이 봅니다. 못된 자아를 부추기고, 자기만 아는 욕심꾸러기 자아에 힘을 주며, 기도만 하면 그가 원하는 모든 것을 얻을 수 있다고 속삭입니다. 그래서 결국은 기독교 안에 종으로 오신 예수님은 없고 오직 자기의 욕심만 채우는 우상만 있습니다. 더 많이 채우고, 더 많이 가지려는 기독교가 되어버린 거짓 신앙의 길을 가는 모습이 많습니다. 종으로 살려는 자세가 없다면 참된 기독교가 아닙니다.

예수님은 종으로 오셨습니다. 그 제자인 우리는 지금 낮아져서 종으로 살고 있습니까? 최소한 낮아지기 위해 노력하고 있습니까?

오늘 우리가 예수님의 제자라면 종으로 사십시오. 예수님의 제자가 된다는 것은 자신이 죄인임을 깨달아서 자신을 내려놓고, 예수님을 왕으로 모시고 사는 삶입니다. 그런데 예수님의 제자가 되겠다고 하면서도 자신을 더 세우고, 자신을 더 드러내려는 사람들이 많습니다. 그렇게 자신을 의지하고, 자신을 드러내려는 사람은 믿음으로부터 먼 사람입니다.

사람들 위에 있으려 하지 말고 사람들 아래 있어야 합니다. 직책상 위치가 높다면 일은 위에서 처리하되 마음은 더 낮은 자의 자세를 가져야 합니다. 그렇게 자신을 낮고 낮은 자로 내려놓으며 종으로 살기 위해 노력하고 있는 사람이 기독교인의 참 모습입니다.

종으로 사는 제자

로마시대 사람들에게 종은 어떤 이미지였을까요? 사람이면서도 사람 대접을 받지 못하는 물건과도 같은 존재였습니다. 그런데 예수님은 사람들에게 말씀하십니다. "종이 되어라." 박해 때에는 믿음을 가졌다는 사실 때문에 높은 직위에서 하루아침에 종으로 전락하는 사람도 있었습니다. 마치 조선 시대에 어떤 사람이 죄를 저지르면 그 집안사람을 관비로 삼았던 것처럼 로마시대도 죄를 범하면 종으로 팔렸습니다. 그 기준은 로마황제상 앞에서 황제에 대한 신앙을 고백하고 기독교 신앙을 저주하는 것입니다. 기독교 믿음을 버리고 자유인으로 살 것인가 아니면 믿음을 간직하고 종으로 살아야 할 것인가를 선택해야 했습니다.

숨어 있는 그리스도인이 많습니다. 부딪히지 않고, 적당히 처신하며, 환난을 당하지 않고 살고자 하는 그리스도인입니다. 좋은 것 같습니다. 그러나 하늘에서 보실 때 그 사람이 어여쁠까요? 박해를 피하여 잠시 예배를 멈추고 있는 그리스도인이 그리스도인이겠는지요?

오늘날에도 숨어 있는 그리스도인이 많습니다. 편하고자 그렇게 합니다. 적당히 신앙생활을 하려고 합니다. 공동체가 힘드니까 성도의 교통이 없는 신앙생활을 하려고 합니다. 헌신하는 것이 힘드니까 교회도 적당히 거리를 두고 삽니다. 그러나 그것은 결코 바른 믿음생활이 아닙니다. 그것은 종의 모습으로 사는 것이 아닙니다.

오늘날 기독교인에게 가장 큰 유혹은 그렇게 숨겨진 그리스도인으로 살고자 하는 것입니다. 목사도 다 포기하고 낙향하고 싶다는 생각을 할 때가 있습니다. 성도도 그냥 큰 교회 가서 조용히 신앙생활을 하고 싶다는 생각을 합니다. 고통이 힘들어서 그런 것입니다. 그러나 고통을 당하지 않으면 내가 깨지지 않습니다. 내 안의 자아가 깨지지 않으면 그 안에 하나님 나라가 이루어질 수 없습니다.

믿음이 있는 것 같았으나 믿음이 없는 것으로 드러나는 사람이 많습니다. 평탄한 길만 간 사람은 자신이 믿음이 있는지 없는지도 모릅니다.

고통을 당하는 것, 특히 종으로 살기 위해 고통을 당하는 것은 아주 복된 것입니다. 섬기며 당하는 고통, 믿음 때문에 당하는 고통을 피하지 마십시오. 그 고통의 길은 제자의 길이요 하나님 나라를 이루어가는 길입니다.

지름길 좋아하지요? 믿음의 지름길은 어쩌면 고통입니다. 고통은 믿음을 이루는 지름길입니다. 믿음 때문에 핍박을 당합니까? 그렇다면 기뻐하고 기뻐하십시오. 그것은 복이기 때문입니다. 열심히 믿음생활을 하였는데 복을 받지 못하고 고통만 당하였습니까? 기뻐하십시오. 하늘에서 상이 있을 것이기 때문입니다.

천국에서 높은 자가 되고 싶습니까? 아니라고요? 그것은 잘못입니다. 천국에서 높은 자가 되려는 욕심을 가져야 합니다. 그것은 선한 욕심입니다. 선한 일에 욕심이 없으면 그것은 악한 것입니다. 선한 일을 하지 않으면 악한 일을 할 것이기 때문입니다. 선한 일에 욕심을 가져야 합니다. 그래서 우리는 천국에서 높은 자가 되고자 하는 욕심을 가져야 합니다. 그 욕심이 없기 때문에 세상에서 엉터리로 사는 것입니다.

그렇다면 천국에서 높은 자가 되기 위해서는 어떻게 하여야 한다고 말씀합니까?

"너희 중에 누구든지 으뜸이 되고자 하는 자는 모든 사람의 종이 되어야 하리라"(마 10:44).

이 말씀을 이렇게 해석할 수 있습니다. 너희 중에 누구든지 천국에서 으뜸이 되고자 한다면 이 땅에서 더 많은 사람의 종이 되어야 한다. 그렇습니다. 이 땅에서 더 낮아지고 더 종으로서 사는 그 모습이 천국에서 으뜸이 될 사람의 삶입니다. 그 모습이 더 많을 때 천국에서 더 으뜸이 될 것입니다.

이 땅에서 목사로 살았다고, 이 땅에서 부자로 살았다고 천국에서 으뜸이 되는 것이 아니라 그 사람이 어떤 직책을 가졌든지 상관없이 세상에서 종으로 살기 위해 더 많이 노력한 사람이 천국에서 으뜸이 될 것입니다. 높아지려는 자기 자신을 죽이고, 더 낮아져야 합니다. 낮아진 사람만이 천국에서 높임을 받을 것입니다.

천국에서 높은 사람이 되는 것을 포기하고 이 땅에서 편안히 사는 것을 선택하겠다고요? 그것은 천국을 모르는 사람의 말입니다. 영생의 삶을 모르기에 그렇게 말하는 것입니다. 천국에서 높은 자가 되는 것은 너무 중요하고 존귀한 일입니다. 우리의 꿈이어야 합니다. 예수님이 우리에게 그렇게 살라고 말씀하셨습니다.

성령의 능력에 대해 착각하는 사람들이 많습니다. 성령의 강한 능력은 언제 어디에서 나타납니까? 강한 능력의 하이라이트는 무엇일까요? 그것은 종이 되신 것입니다. 강력한 힘을 발휘하는 것만이 능력이 아닙니다. 때로는 약한 자가 되는 것이 능력입니다. 더 큰 능력입니다. 약한 자가 되고자 하는 것이 성령 임재의 증거이기도 합니다.

사람은 강한 자가 되고자 합니다. 그래서 강한 자가 되는 것은 누구에 의해서가 아니라 그 사람 안에서 강요하지 않아도 스스로 노력하여 자연스럽게 될 수 있습니다. 그러나 약한 자가 되는 것은 원하지 않습니다. 오직 성령의 힘으로만 가능합니다. 자신을 드러내고 힘을 나타내려는 그 의지가 꺾이는 것은 오직 성령에 의해서입니다. 성령에 의해 자신을 죽이고, 사랑하며, 기뻐하며, 화평하며, 인내하며 그렇게 사는 것입니다. 성령에 의해 자신의 욕심을 꺾고 종으로서 사는 것입니다. 그것이 바로 성령의 강력한 힘입니다. 가장 강력한 힘입니다.

종으로 살고 있습니까? 예수님이 종으로 오셨기 때문에 사람들이 배척하였습니다. 그것처럼 오늘날에도 종으로 살라는 말씀은 인기가 없습니다. 그러나 이것이 믿음의 핵심입니다. 복음입니다. 종으로 사는 것을 두려워하지 마십시오. 힘들어하지 마십시오.

종으로 사는 것에는 고통이 따르지만 소망을 알면 고통을 이길 수 있습니다. 종으로 살아야 가질 수 있는 소망을 아십시오. 종으로 살면서 겪는 고통이 -5라면 소망을 +10으로 가지십시오. 더해 보십시오. 어떻게 됩니까? +5입니다. 그러나 만약 고통을 느끼는 값보다 소망을 더 작게 더하여 마이너스가 된다면 그 사람은 종으로서의 삶을 더이상 살아갈 수 없을 것입니다. 그러니 종으로서 살아 가려면 하늘에서 얻게 되는 복에 대한 소망을 분명하고 확실하게 알아야 합니다. 그래야 종으로서의 삶을 계속 살아갈 수 있습니다.

고난에는 고통이 따릅니다. 그러나 소망을 더 크게 가지면(사실 소망은 비교할 수 없을 정도로 더 큽니다. 이것을 알아야 합니다) 그 고통을 이길 수 있습니다. 고통 중에도 기뻐할 수 있습니다. 종으로 사는 것을 소망 중에 기뻐하며 사십시오. 그것이 주님이 가신 길입니다.

* * *

종으로 오신 예수님을 아십시오. 그래서 이제 우리도 종으로 살아야 합니다. 예수님을 왕으로 모시는 가장 좋은 방법은 그분이 가신 종의 길을 가는 것입니다.

하나님의 나라가 여기에 있다 저기에 있다 말을 많이 합니다. 그러나 하나님의 나라가 가장 강력하게 임하는 곳은 슈퍼맨이 있는 곳이 아니라 십자가 위의 예수님이 계신 곳이었습니다. 순교자의 모습에 하나님이 강력하게 임하지, 믿음으로 로또복권 맞았다고 하나님이 강력하게 임하는 것이 아닙니다. 믿음으로 사랑하고, 헌신하며, 수고하다가 고통당하는 것보다 더 강력하게 임하는 하나님의 나라는 없습니다. 가장 역동적이고, 가장 성령충만하며(성령충만을 착각하지 마십시오), 가장 아름다운 믿음은 종으로 사는 것입니다.

로마의 대박해 때 비록 종으로 전락할지언정 믿음을 지켰던 그들의 믿음이 로마를 변화시켰습니다. 예수님의 제자들이 종의 길을 갈 때 세상을 변화시킬 수 있었습니다.

세상의 사람들과 똑같이 더 높아지려 하고 더 가지려 한다면 세상과 싸움만 벌일 것이요, 세상에서 낮아지고 종의 길을 가려는 사람은 세상을 품고 사랑하며 사랑받게 될 것입니다. 사랑하며, 인내하며, 수고하며, 헌신하며 그렇게 종으로 사십시오. 우리 주되신 예수님께서 가신 종의 길을 이제 우리도 갑시다. 성자 하나님이셨던 그분이 우리를 구원하기 위해 이 땅에 종으로 오셔서 종으로 사셨는데, 예수님의 종인 우리가 어찌 그렇게 대접만 받으며 살겠는지요?

종으로 사는 것이 복입니다. 더 낮아지고 더 낮아지는 것이 믿음입니다. 종으로 사는 것이 종으로 오신 예수님을 아는 지름길입니다.

THE MIND OF GOD
IN THE NEW TESTAMENT

신약에 나타난
하나님 마음

누가복음
사람으로 오신 예수님을 알라

"예수는 지혜와 키가 자라가며
하나님과 사람에게 더욱 사랑스러워 가시더라"(눅 2:52).

누가복음은 의사라는 직업을 가진 누가가 성령의 감동으로 기록한 성경입니다. 기록 장소는 그리스나 소아시아 지역일 것으로 추정합니다. 유대인이 아니라 헬라문화를 배경으로 가지고 있던 누가는 바울에 의해 믿음을 알게 된 것으로 보이며, 그는 그가 알게 된 놀라운 사람 예수님에 대해 객관적이며 세부적으로 기록하고 있습니다. 이 땅에서 인간으로 살았던 한 인물에 대한 조명을 통해 그분이 우리의 죄를 담당하고 죽으신 인류의 구원자라는 사실을 전하고 있습니다. 누가는 바울의 제자요, 동역자였습니다. 그래서 그는 자신의 학문적 소양과 바울의 영향 그리고 무엇보다 성령의 영감으로 누가복음을 기록하고 있습니다.

우리가 '사람'이라는 사실에 대해 어떤 마음이 듭니까? 싫고, 불행합니까? 때로는 부잣집 개보다 더 못한 존재인 것처럼 느낍니까? 아니면 참으로 존귀한 존재라는 인식을 가지고 오늘 하루를 살고 있습니까? 사람으로 오신 예수님의 모습을 보면서 이 땅을 사람으로 살고 있는 우리의 모습을 조명해 보고자 합니다.

사람으로 오신 예수님

누가복음은 예수님의 인간적인 모습을 많이 담고 있습니다. 성자 하나님이신 그분이 한 인간으로 이 땅에 오셨고, 이 땅에서 사셨습니다.

가현설이라는 신학 용어가 있습니다. 가현설은 예수님이 이 땅에 사셨는데 실재 인간으로 산 것은 아니고, 단지 인간으로 보이기만 했다고 주장하는 이론입니다. 진짜 인간이 아니라 가짜 인간이라는 것입니다. 이 신학은 성자 하나님이신 그분이 어떻게 인간이 되실 수 있느냐는 생각에서 나온 신학입니다. 그러나 이것은 완전히 잘못된 이해로서 이단으로 정죄되었습니다. 성자 하나님이신 그분이 인간이 되셨습니다. 그리고 우리가 완성된 천국에서 만나게 될 예수님은 성자 하나님으로서만이 아니라 인간의 몸을 입고 계신 성자 하나님 곧 예수님을 만나게 될 것입니다.

그분은 그렇게 인간이 되실 정도로 우리를 사랑하셨습니다. 그분은 참 신이셨는데, 이제는 참 신이자 참 인간이 되신 것입니다. 우리를 사랑하셔서 말입니다. 이것이 참으로 놀라운 진리입니다. 사람들 앞에 살았던 한 사람이 놀랍게도 하늘의 옥좌에 계시던 성자 하나님이셨다는 사실은 놀랍다 못해 참으로 두려운 사실입니다. 이 땅에 인간으로 오셔서 참 인간으로 사신 예수님을 보십시오.

누가복음은 예수님의 공생애 전의 사적인 삶에 대해 유일하게 전하고 있습니다. 그래서 예수님이 할례를 받으신 일, 하나님의 은혜 속에 자란 일, 12살 때 성전에 가신 일, 부모에게 순종하는 청소년으로 자란 일 그리고 공생애를 시작하기 전까지 하나님과 사람에게 사랑받는 사람으로 산 일(눅 2:52) 등을 소개하고 있습니다. 그러한 모습은 아름다운 인간의 모습입니다.

흔히 믿음이 좋은 목회자를 생각하면 인간미가 없는 사람으로 그려지곤 합니다. 목소리도 조금은 허스키해야 하고, 화장실도 가지 않을 것 같고, 옷도 흰 옷을 입고, 백구두를 신고, 주변 사람들을 돌보지 않고, 오직 섬과 같은 사람. 그러나 믿음이라는 것이 결코 그런 것이 아닙니다. 예수님의 삶을 가장 간단히 표현하면 그분은 '사랑받는 사람'이셨습니다. 하나님과 사람에게 사랑받는 분이셨습니다. 예수님은 인간미가 있었습니다. 우리도 인간다움, 인간다운 아름다움이 있어야 합니다.

사람으로 산다는 것은 힘들고 어려운 일이 많지만 슬픈 것은 아닙니다. 사람으로 산다는 것은 복되고 아름다운 일입니다. 인간다움은 어떤 큰일을 해야 하고, 편안한 삶을 살아야만 하는 것이 아닙니다. 그저 사람으로 하루를 산다는 것 자체가 존귀하고 복된 일입니다.

예수님은 공생애를 시작하시기 전, 그렇게 평범한 한 사람으로 사셨습니다. 그분이 하신 일이 사람들이 보기에 그렇게 위대하고 역사에 기록될 일은 아니었습니다. 그분은 그저 평범한 일을 하시며 한 사람으로 사셨습니다. 사람답게 사셨습니다. 하나님께 사랑을 받고 사람에게 사랑을 받으며 사셨습니다. 예수님의 삶은 흔히 사생애와 공생애로 나뉠 수 있습니다. 공생애의 삶은 우리가 잘 알듯이 사람들이 보기에도 위대한 삶이셨습니다. 그러나 그렇다면 그분이 사신 사생애는 위대한 삶이 아닐까요? 결코 그렇지 않습니다. 예수님은 모든 것이 완벽하신 분입니다. 완전하신 분입니다. 가장 존귀하게 사신 분입니다. 그렇기 때문에 그분이 이 땅에서 사신 생애도 존귀하고 위대합니다. 그분이 이 땅에서 숨 쉰 그 순간들, 열심히 목공일을 하시며, 조용히 산책을 하시던 그 모든 모습은 위대함 그 자체였습니다.

이 사실 속에서 우리가 위대한 한 가지 진리를 알기를 바랍니다. 우리가 위대해지는 것은 어떤 일로 인해 위대해지는 것이 아니라는 것입니다. 며칠 전 읽은 글에는 이런 글귀가 있었습니다.

"매일매일 삶 가운데 앞을 향하는 성급함보다 더 좋은 휴식이 있노라. 개척하거나 위대한 업적보다도 더 좋은 것은 주권자의 뜻 가운데에 고요한 기다림이라."

저녁노을을 보며 감사하며 걷는 그 걸음은 참으로 위대합니다. 밤하늘에 떠 있는 달을 보며 기적보다 더 위대한 하나님의 손길에 감탄하며 걷는 그 걸음은 참으로 숭엄합니다. 우리가 아무 일도 하지 않아도 하나님 안에 있으면 우리는 위대합니다. 하나님만이 위대한 분이기 때문입니다. 우리의 삶의 크기 때문이 아니라 그분이 계시기 때문에 위대한 것입니다. 우리가 위대해지기 위해 무엇인가를 더 가져야 하고 더 행해야 하는 것이 아니라는 것을 기억하십시오. 사람은 하나님 안에서 한 사람으로 있어도 위대합니다. 존귀합니다.

한 사람으로 사셨던 예수님처럼 우리도 한 사람으로 살고 있습니다. 참 사람이 되셨고 참 사람으로 사셨던 예수님처럼 우리도 참 사람으로 살고 있어야 합니다. 사람다운 사람이 되십시오. 오늘 하나님 안에 있어 위대한 사람이 되십시오. 사람은 아무것도 하지 않아도 사람이라는 이유만으로 위대할 수 있습니다. 그것을 아는 사람은 위대할 것이요, 그것을 모르는 사람은 위대하지 못할 것입니다. 스스로 위대하다고 생각하지 못하면 위대하지 않게 살 것이기 때문입니다. 하나님 안에서 사는 사람은 위대합니다. 우리 모두는 오늘 위대한 사람으로 살아야 합니다.

사람을 존귀하게 대하라

　예수님이 사람이 되셨다는 것은, 사람이 얼마나 존귀한 존재인지를 단적으로 말해줍니다. 성자 하나님이 사람을 구원하기 위해 사람이 되셨다는 것은 사람을 진정 사랑하신다는 것을 보여줍니다. 그리고 그분이 사람이 되셨다는 것은 사람이라는 존재 자체가 존귀하다는 것을 의미합니다. 이러한 사실은 사람에 대한 새로운 가치 선포입니다.

　세상에서 보이는, 사람들이 생각하는 사람은 어떤 존재입니까? 나는 세상 속에서 어떤 존재로 여김을 받았습니까? 우리는 사람을 그렇게 존귀하게 보지 않습니다. 그렇게 존귀하게 대접받지 못합니다. 그러다 보니 우리도 어느새 스스로를 가벼이 여기며 다른 사람을 무시합니다. 기억하십시오. 사람을 소중히 여기는 사람이 복된 사람입니다. 어디를 가든 어느 사람을 만나든 그 사람을 존귀하게 여기고 존귀하게 대하는 사람이 복된 사람입니다. 어떤 사람이든 존귀하게 여기십시오. 그 사람이 약한 사람이든, 강한 사람이든 동일하게 존귀하게 여기십시오. 그 사람이 사랑스러운 사람이든, 미운 사람이든 동일하게 존귀하게 여기십시오. 그 사람이 나이가 많든, 적든 동일하게 존귀하게 여기십시오. 그 사람을 존귀하게 만드는 것은 강한 사람이라거나 사랑스러운 사람이라거나 나이가 많거나 적은 조건이 아닙니다. 사람이라는 것 자체가 존귀한 것입니다. 그렇기 때문에 우리는 모든 사람을 존귀하게 여겨야 합니다.

　하나님은 천지를 창조하실 때 인간을 하나님의 형상을 따라 창조하셨습니다. 우리가 하나님을 닮았으니 얼마나 존귀합니까? 성자 하나님은 이 땅에 친히 인간이 되셔서 오셨습니다. 성자 하나님이신 그분은 이제 인간의 몸을 가지고 사실 것입니다. 예수 그리스도로 말입니다. 그러니 우리가 사람이라는 것이 얼마나 존귀합니까? 모든 사람은 사람이기에 귀합니다. 그러니 우리가 사람을 돈이나 지식이나 인격 등 다른 어떤 이유로 무시한다면 무시하는 그 사람은 어리석은 사람입니다. 물론 그 사람을 다른 어떤 이유 때문에 존귀하게 여기는 것도 어리석은 것입니다. 오직 사람이기에 존귀하게 여겨야 하는 것입니다. 한 사람으로서 우리는 서로를 존귀하게 여겨야 하고, 존귀하게 여김 받아야 합니다.

서로 섬길 수 있음을 감사히 여기고, 그 사람과 함께 있을 수 있음을 놀랍게 여기며, 서로 봉사하기를 먼저 하십시오. 차문도 서로 먼저 열어주고, 서로 대접하기를 즐겨하며 무엇이든 대접하십시오. 서로 신뢰해 주십시오.

서로 신뢰해 주는 것도 매우 중요합니다. 회사원이 월급을 받고 일을 할 때 자기 능력의 30%를 발휘한답니다. 그런데 월급을 많이 받는다고 생각하면 60%의 능력을 발휘하며, 상사나 주변 사람들이 업무를 칭찬해 주면 더 열심히 일을 하여 90%의 능력을 발휘한답니다. 그리고 만약 상사나 동료들이 그를 신뢰해주면 120%의 능력을 발휘한다고 합니다. 우리가 서로를 신뢰해 주어야 합니다. 그래서 그 사람이 더욱더 아름답고 자신의 역량을 펼치며 살 수 있도록 도와주어야 하는 것이지요. 자녀를 왕자로 대접하십시오. 자녀를 공주로 대접하십시오. 그러면 왕자처럼 공주처럼 멋있어질 것입니다. 남편을 왕으로 대접하면 자기 자신은 왕비로 등극하는 것이요, 아내를 왕비로 대접하면 자기 자신은 왕으로 등극하는 것입니다. 이웃을 왕으로 대접하면 자신은 내시가 되는 것이 아니라 천국에서 으뜸이 되는 사람이 되는 것입니다.

인사를 잘하십시오. 사람이 오든지 가든지 투명인간처럼 보지 마십시오. 그러면 자기도 투명인간이 됩니다. 서로 먼저 인사하십시오. 만나면 반갑다고 먼저 인사하십시오. 환하게 웃으며 인사하십시오. 인사만 잘해도 반절은 잘한 것입니다. 공손한 언어를 쓰십시오. 그것이 사람을 존귀하게 대하는 길이 됩니다.

위대한 사람이셨던 예수님은 어떻게 사셨습니까? 누가복음에는 예수님이 그 시대의 약자인 이방인, 가난한 자, 여인에 대해 얼마나 많은 관심을 가졌는지를 더 세밀하게 전하고 있습니다. 그들은 사회적 약자였기에 사람들의 관심 밖에 있었습니다. 그러나 예수님은 시간도 없으시면서 그들에게 많은 관심을 기울이십니다. 누가복음에는 자신의 죄를 용서받고 향유를 부은 여인이 기록되어 있습니다. 그리고 선한 사마리아 사람 비유 이야기, 겨자씨 비유, 부자와 나사로 이야기를 통해 세상의 약자도 얼마나 소중한지를 말해줍니다. 그리고 그들이 오히려 세상의 강자보다 더 위대한 사람이 될 수 있는 것을 말합니다.

세상에서는 사마리아 사람이 착한 사람이 될 수 없습니다. 그러나 하나님 안에서는 가능합니다. 세상에서는 거지 나사로가 천국에 들어가는 것조차 회의적입니다. 그러나 예수님은 오히려 부자가 천국에 들어가기 어렵다는 것을 말씀하십니다. 예수님은 모든 사람에게 관심을 가지고 계시되 세상에서 존귀하게 여김을 받지 못하는 사람들에게 더 많은 배려를 하셨습니다. 그래서 선한 사마리아 사람 이야기처럼 가장 어울리지 않을 것 같은 사람에게 가장 선한 역할을 맡기셨습니다(선한 사마리아 이야기는 예화로 아마 예수님이 만드신 이야기일 것입니다). 그것은 사마리아 사람에게 힘을 주는 배려입니다. 약한 사람이라고 무시하는 사람들을 향한 경고입니다. 예수님은 모든 사람을 위해 십자가를 지셨습니다. 사람을 위해 십자가를 지신 것입니다. 그러니 결코 어떤 사람도 무시를 해서는 안 됩니다.

내 주변 사람을 존귀하게 대하고 있습니까? 예수님이 모든 사람을 존귀하게 대하시며, 그들을 위해 죽기까지 하셨습니다. 우리도 오늘 모든 사람을 존귀하게 대해야 합니다. 사람을 존귀하게 대한 만큼 복된 사람이 됩니다. 모든 사람이 존귀합니다. 그 사람을 위해 예수님이 십자가를 지셨습니다. 그러니 우리는 세상의 그 어느 누구보다 더 사람을 더 존귀하게 대하는 사람이 되어야합니다.

* * *

사람으로 오신 예수님을 알아야 합니다. 우리가 생각하는 가장 이상적인 사람의 모습이 무엇입니까? 얼굴은 어느 정도 잘 생겨야 하고, 돈이 어느 정도 있어야 하며, 학벌은 어느 정도 되어야 합니까?

그리고 우리 자신은 그 기준에서 얼마나 떨어져 있습니까? 그래서 마음이 상한 채 살고 있지는 않은지요? 그러나 그러한 기준이 참 사람의 모습의 기준이 되지 못합니다.

생각을 바꾸십시오. 가장 이상적인 사람은 지금 우리 자신이요, 우리의 주변 사람들입니다. 더 잘 생겨야 하는 것 아닙니다. 무엇인가를 더 가져야 하는 것이 아닙니다. 단지 믿음이 조금 부족한 것, 그것이 흠일 뿐입니다. 완벽하셨던 예수님의 얼굴은 오늘 우리가 생각하는 그런 얼굴이 아닐 것입니다. 가장 완벽하셨던 예수님은 지금 우리가 생각하는 것처럼 그렇게 여유 있는 삶이 아니셨습니다. 그러나 그분은 완벽한 참 사람으로 가장 사람답게 사셨습니다.

오늘 하나님이 주신 자기 자신의 삶을 존귀하게 여기며, 주변의 모든 사람을 더욱 존귀하게 대하며 사십시오. 마치 예수님을 대하듯 사십시오. 그것이 성자 하나님이 사람이 되시고 십자가를 지시기까지 한 그 사랑을 우리 안에 실현하는 것입니다.

4

요한복음

하나님의 아들로 오신 예수님을 알라

"하나님이 세상을 이처럼 사랑하사
독생자를 주셨으니
이는 그를 믿는 자마다 멸망하지 않고
영생을 얻게 하려 하심이라"(요 3:16).

요한복음의 저자 요한은 예수님의 12제자 중의 한 사람이고, 예수님을 가장 가까이에서 지켜 본 사람입니다. 예수님이 십자가에 못 박히실 때도 그 옆에 있었고, 사랑받는 제자라는 별명을 가질 정도로 예수님의 총애를 받았으며, 후에는 예수님의 육신의 어머니인 마리아를 모셨습니다. 그래서 아마 마리아로부터 예수님에 대해 많이 듣기도 하였을 것입니다. 그런데 요한은 마리아로부터 들은 사람이 예수님보다는 하나님의 아들로서 이 땅에 사신 예수님을 조명하고 있습니다. 예수님과 가장 가까이에 있었던 마리아와 요한, 그들은 그 사람이 바로 하나님의 아들이라는 위대한 선언을 하고 있는 것입니다.

사람이 하나님이라는 선언을 어떻게 하게 되었을까요? 요한의 외침은 미친 사람의 주장이나 자기만 잘 살고자 다른 사람에게 사기를 치는 이단들과는 완전히 달랐습니다. 그 주장은 위대한 진리선언이었습니다. 자신의 삶과 생명을 드리는 놀라운 진리선포였습니다. 하나님의 아들이신 분이 이 땅에 우리를 구원하기 위해 오셨다는 사실을 알고 있습니까? 요한복음에 귀를 기울여야 합니다.

이 땅에 오신 하나님의 아들

요한복음은 놀랍고 위대한 선언으로 시작합니다.

"태초에 말씀이 계시니라 이 말씀이 하나님과 함께 계셨으니 이 말씀은 곧 하나님이시니라"(요 1:1).

"말씀이 육신이 되어 우리 가운데 거하시매 우리가 그의 영광을 보니 아버지의 독생자의 영광이요 은혜와 진리가 충만하더라"(요 1:14).

태초부터 계셨던 하나님의 아들을 말씀이라고 표현하고 있습니다. 말씀(로고스)이라는 헬라어는 우주적 이성 또는 법칙의 의미를 가지는 단어인데 하나님의 아들을 그 당시의 언어로 최대한 표현한 것입니다. 그 말씀이 육신이 되셨습니다. 예수 그리스도입니다.

요한은 이 땅에 살았던, 자신이 곁에서 지켜보았던 그 사람을 보고 어찌 태초부터 계셨던 분이라고 선언할 수 있었을까요? 요한은 지금 예수님의 육신의 어머니인 마리아와 에베소에 함께 있었습니다. 그런데 그 여인의 아들인 예수님을 어찌 태초부터 있었던 분이라고 선언할 수 있을까요? 참으로 놀라운 일입니다. 요한 자신도 그렇게 선언하기까지는 참 깊은 고민이 있었을 것입니다. 그러나 그는 결국 진리를 알게 되었고 그래서 예수님을 하나님의 독생자라고 선언합니다. 예수님을 성자 하나님이라고 선언하고 있는 것입니다. 이 선언은 진정 광기에 가까운 선언입니다. 사람이 하나님이라니 이것이 믿기는 일입니까? 그러나 이것이 사실이라면 그 무엇보다 더 잘 알아야 하는 위대한 진리입니다. 그렇기 때문에 요한의 선언에 대해 우리도 심각한 고민을 해야 합니다.

예수라는 사람이 하나님의 아들이요, 우리를 구원하기 위해 이 땅에 오신 하나님의 아들이라는 것은 너무나 놀랍고 위대한 진리입니다. 요한이 먼저 그것을 알게 되었고 그래서 경이로운 언어로 선포하고 있습니다. 그리고 이제 우리도 그것을 알아야 합니다. 그것을 아는 일이 쉽지 않습니다. 믿는 것이 쉽지 않습니다. 그래서 마음으로, 내 삶으로 믿어야 합니다. 부정과 고민과 수용이라는 길 면 길고 짧으면 짧을 수 있는 여정을 거쳐 믿어야 합니다. 이 위대한 진리를 깨달아 믿어진다면 참으로 대단한 것입니다. 그 어떤 일보다 대단하고 위대한 일이 일어나고 있는 것입니다.

가장 큰 기적입니다. 기적이 아니고는 믿을 수 없기 때문입니다. 그분을 믿는다는 것은 그분을 하나님의 아들로 믿는 것이고, 그분을 나의 주인으로 받아들인다는 의미입니다. 2,000년 전에 태어나 이스라엘이라는 한 지역에서 살았던 사람. 역사의 한 부분을 차지했던 그 사람을, 역사를 창조하고 모든 역사 위에 존재하시는 하나님의 아들로 고백하는 것입니다. 그리고 지금과는 너무도 시간과 거리가 먼 그때의 그 사람을, 아주 케케묵은 그때의 그 사람을 지금 이 시대를 살아가는 나의 주인으로 받아들이는 것입니다. 이것은 누가 보아도 매우 미친 짓입니다. 그러나 이것이 진리이며, 세상이 알아야 하는 가장 중요한 비밀입니다. 이것은 이야기가 아닙니다. 현실입니다. 이것은 오늘을 살면서 우리가 선택해야 할 위대한 선택입니다.

요한은 그가 기록한 성경(요한복음, 요한일서, 요한이서, 요한삼서, 요한계시록)에서 주로 사랑에 대해 이야기합니다. 요한복음은 우리를 향한 하나님의 사랑에 대해 이야기합니다.

> "하나님이 세상을 이처럼 사랑하사 독생자를 주셨으니 이는 그를 믿는 자마다 멸망하지 않고 영생을 얻게 하려 하심이라"(요 3:16).

하나님이 세상에 독생자를 주셨다는 것은 이 세상을 지극히 사랑하신다는 것을 드러내는 가장 큰 증거입니다. 얼마나 사랑하면 독생자를 주실 수 있을까요? 우리가 이 세상의 그 누군가를 사랑한다면 그 사람을 위해 내 외아들을 죽음의 길로 대신 줄 수 있을까요? 대체 누가 자신의 외아들보다 다른 누군가를 더 사랑할 수 있을까요? 그 사랑이 가능하기는 할까요?

하나님 아버지는 우리를 사랑하사 그 외아들을 보내셨습니다. 하나님의 아들이신 그분이 이 땅에 예수라는 사람으로 왔다는 것은, 참으로 우리를 사랑하시는 하나님의 마음이 그대로 드러납니다. 그 사랑은 너무 커서 비밀이 됩니다. 하나님의 아들이 우리를 사랑하여 우리를 죽음에서 구원하려고 사람이 되어 이 땅에 오셨습니다. 이 땅에서 사람으로 사셨고, 십자가에서 죽으셨습니다. 그 놀라운 사랑을 우리가 어찌 다 알 수 있겠습니까?

태초부터 계셨던 하나님의 아들이 사람이 되어 이 땅에 오셨습니다. 이것을 믿습니까? 믿어지는 사람은 구원을 얻을 것이요, 믿어지지 않는 사람은 구원을 얻지 못할 것입니다. 믿어지는 것은 세상의 모든 것을 합한 것보다 더 큰 은혜요 부요함입니다. 믿어지지 않는 것은 세상에서 가장 빈자가 되는 것입니다. 우리가 믿든지 믿지 않든지 분명한 사실은 하나님의 외아들이 이 땅에 사람으로 오셨다는 것입니다. 요한은 그것을 드높이 선언하고 있습니다. 놀랍고 위대한 일이 일어났다는 것은 분명합니다. 우리를 구원하려고, 우리를 참으로 사랑하셔서, 우리가 죽어가는 것을 차마 볼 수 없어서 하나님의 아들이 불속으로 들어오신 것입니다. 이 땅에 오신 하나님의 아들을 마음으로, 삶으로 받아들이십시오. 그래서 가장 부요한 사람이 되십시오.

영생을 얻도록 노력하라

하나님의 아들이 이 땅에 오신 것은 우리가 생명(영생)을 얻도록 하기 위함입니다. 그것을 위하여 사람이 되셨고 또한 십자가에서 죽으셨습니다. 그렇다면 예수님이 그렇게 원하셨던 영생을 오늘 우리는 얻었습니까? 믿는 자마다 멸망치 않고 영생을 얻을 수 있습니다. 그런데 오늘날 믿는 사람이 그리 많지 않습니다. 참 믿음은 더욱더 희박합니다. 그래서 너무 많은 사람이 영생을 얻지 못하고 있습니다. 왜 그럴까요?

그분이 이 땅에 오심으로 믿음의 문을 여셨습니다. 그런데 문제는 사람들이 그 믿음의 문에 들어가지 않는다는 것입니다. 왜 그 문에 들어가지 않을까요? 구원의 문이 좁기 때문입니다.

"좁은 문으로 들어가라 멸망으로 인도하는 문은 크고 그 길이 넓어 그리로 들어가는 자가 많고 생명으로 인도하는 문은 좁고 길이 협착하여 찾는 자가 적음이라"(마 7:13).

"좁은 문으로 들어가기를 힘쓰라 내가 너희에게 이르노니 들어가기를 구하여도 못하는 자가 많으리라"(눅 13:24).

구원의 문이 좁다는 것은 천국이 좁기 때문에 일부만 들어갈 수 있다는 의미가 아닙니다. 구원의 문이 좁다는 것은 그 길이 쉬운 길이 아니라는 의미입니다. 사람들이 믿음의 길을 가려다가도 그 길이 좁고 힘들다는 것을 발견하는 순간 돌아서 버립니다. 그들은 믿음의 길(진리의 길)이 아니라 편한 길을 가고자 하기 때문입니다.

영생은 쉽게 얻어지는 것이 아닙니다. 우리가 꼭 바꾸어야 할 생각이 있는데, 그것은 '믿음이 쉽다'는 생각입니다. 믿음이 쉽게 되는 것이라는 인식을 바꾸어야 합니다. 많은 사람들이 믿음을 너무 쉽게 생각하여 한 발자국 옮겼다가 힘들면 바로 다시 뒤로 물러가 버립니다. 믿음을 가벼이 대합니다. 너무 쉽게 시도하고, 너무 쉽게 포기합니다. 그래서 결국은 믿음을 알지 못합니다.

물론 때로는 믿음은 가장 쉽습니다. 세상에서 가장 쉬운 것이 믿음입니다. 너무 쉬워서 삼척동자도 깨달아 알 수 있으며, 힘없는 노인도 그 마음에 품을 수 있습니다. 가장 가난한 사람도 믿음만은 얻을 수 있습니다. 그러나 믿음은 또한 참으로 어려워 세상에서 가장 똑똑한 사람도 이해할 수 없으며, 세상에서 가장 힘이 센 씨름선수라 할지라도 믿음을 그 마음에 품을 수 없고, 세상에서 가장 부유한 사람이라 할지라도 믿음은 살 수 없습니다. 신학생이라고 믿음이 저절로 알아지는 것이 아닙니다. 믿음은 오직 하나님을 의지해야 합니다. 하늘로부터 오는 지혜를 간구해야 합니다.

그런데 분명한 것은 노력해야 한다는 것입니다. 하나님이 우리에게 생명을 주시기 위해 독생자 아들을 보내시는 위대한 노력을 하신 것처럼 우리도 이 땅에서 죽도록 노력해야 합니다. 그래서 이렇게 말해야 합니다. "이 세상에서 가장 어려운 것이 믿음이야." 모든 힘을 다하여도 다 알지 못하여 안타까이 여기며, 가난한 마음을 가지고 항상 좇아가야 합니다. 찾아도 찾아도 부족하며, 알면 알수록 더 모르는 것이 믿음입니다. 믿음의 높이와 깊이를 다 헤아릴 수 없기 때문입니다. 그래서 우리는 이 세상에 사는 동안 우리의 모든 것을 다하여 믿음을 알아가야 합니다. 인생이란 믿음을 알아가는 것이 되어야 합니다.

영생을 얻도록 노력하십시오. 오늘 영생을 위하여 노력하지 않는다면 그 사람은 영생을 모르는 사람입니다. 믿음이 노력으로 되는 것이 아니라는 것이 노력을 하지 말라는 뜻이 아닙니다. 세상 이치에도 "하늘은 스스로 돕는 자를 돕는다"라는 말이 있습니다. 그것은 정확히 성경적인 말입니다. 예수님은 우리에게 "구하라 그러면 너희에게 주실 것이요"라고 말씀하셨습니다. 바울은 "두렵고 떨림으로 구원을 이루어가라"고 말하였습니다. 믿음을 알기 위해서는 많은 노력을 해야 합니다. 그 어떤 것보다 더 많은 노력을 해야 합니다.

노력을 많이 한다는 것은 그것에 가치를 둔다는 뜻입니다. 노력하지 않는다는 것은 그것에 가치를 두지 않는다는 뜻입니다. 노력하는 만큼 가치를 두는 것입니다. 그렇다면 우리는 무엇을 가장 많이 노력해야 할까요? 믿음입니다. 다른 것을 위해 더 노력한다면 그것이 바로 우상입니다. 하나님보다 더 사랑하는 것이 우상입니다. 하나님을 알아가는 믿음을 위해 노력하는 것보다 다른 것을 알아가고 얻어가는 일에 더 노력을 한다면 그것은 분명히 우상입니다. 그 사람이 여전히 기도하고 있고, 예배하고 있어도 그 사람은 우상을 섬기는 사람입니다. 우리의 가장 우선순위는 무엇입니까? 믿음은 우리에게 최우선순위의 자리를 요구합니다. 다른 것을 믿음 위에 둔다면 그것은 믿음이 아닙니다. 아직 종교입니다. 죽음이 후 어떤 일이 일어날지 모르기에 살짝 수고하여, 미리 들어 두는 보험과 같은 종교입니다.

하나님의 아들이 이 땅에 오셨습니다. 우리를 위해 모든 것을 행하셨습니다. 하나님이 하실 수 있는 최고의 것을 행하신 것입니다. 그 사랑을 아는 사람이 되기 위해서는 우리도 최고의 것을 드려야 합니다. 비록 우리의 최고의 것은 한없이 부족하여 그 어떤 것도 믿음이 될 수 없고, 선한 것이 될 수 없지만 우리가 최고의 것을 드리기를 간절히 원할 때 하나님은 그것을 우리의 믿음이 되게 하시고 그것을 받아주십니다. 그래서 하나님의 마음과 우리의 마음이 만나 사랑이 이루어집니다.

무엇하고 있습니까? 영생을 얻도록 무엇을 하고 있습니까? 나의 모든 것을 드려야 합니다. 나의 모든 노력을 기울여야 합니다. 말씀, 기도, 순종, 섬김, 헌신, 어쩌면 순교가 따라야 할지도 모릅니다. 이 모든 것을 열심히 해야 합니다. 우리의 모든 인생이 믿음을 알아가는 길이 되어야 합니다. 그래야 믿음을 조금씩 알 수 있습니다. 하나님의 아들이 사람이 되셨는데 우리는 왜 그리 무덤덤한지요? 이제는 우리도 일어나 열심히 그 사랑을 알기 위해 노력해야 합니다.

* * *

하나님의 아들로 오신 예수님을 알아야 합니다. 우리에게 영생(믿음)을 주시기 위해 하나님의 아들이 이 땅에 사람으로 오시기까지 했는데 우리는 믿음을 위해 무엇하고 있습니까? 구체적으로 무엇하고 있는지 생각해 보십시오. 무엇보다 성경을 알아야 합니다. 그래서 들어야 합니다. 읽어야 합니다. 하루에 텔레비전을 얼마나 보고 있습니까? 얼마 전 방송통신위원회가 조사하여 발표한 것을 보니 우리나라 사람들은 하루에 TV를 평균 180분 시청하고, 인터넷을 108분 이용한답니다. 하루에 3시간이나 텔레비전을 보면서 성경은 몇 시간 보고 있습니까? 성경을 매일 보지 않는 사람은 강심장입니다. 어찌 그리 무식한 것에 용감한지요.

영생을 얻는 사람이 되어야 합니다. 하나님의 아들을 믿고, 순종하고, 헌신하는 것이 쉽지 않습니다. 그러나 누워서 떡을 먹으려는 자세를 가져서는 안 됩니다. 열심히 노력하는 사람이 얻을 수 있습니다. 노력하지도 않고 믿음이 어렵다고 말하지 말고 노력하는 사람이 되십시오. 노력하지 않고 믿음이 없는 사람이 되지 말고, 노력하여 믿음이 있는 사람이 되십시오. 믿음을 쉽게 가지려고 하니 가짜믿음 곧 신비주의나 사람들의 눈살을 찌푸리게 하는 믿음이 있는 것입니다. 열심히 노력하십시오. 사랑과 헌신의 좁은 길을 가십시오. 그래서 하나님의 아들로 오신 예수님을 알아 가는 복된 삶이 되길 기도합니다.

사도행전

성령으로 살라

"오직 성령이 너희에게 임하시면 너희가 권능을 받고 예루살렘과 온 유대와 사마리아와 땅 끝까지 이르러 내 증인이 되리라 하시니라"(행 1:8).

사도행전은 신약의 마지막 역사서로, 오순절 성령의 임함으로 시작된 교회 시대의 배경입니다. 사도행전의 저자는 누가복음을 기록한 누가입니다. 누가는 복음이 사람들 안에 심겨졌을 때, 어떤 일이 일어났는지를 기록하였습니다. 사람들 안에 심겨진 복음은 그냥 끝나지 않았습니다. 사람들 안에서 역사하여 많은 행동을 낳았습니다. 사도행전이라는 뜻은 '사도들의 행적을 전하다'로 사도들의 행적과 복음을 받아들인 사람들의 행적을 기록하고 있습니다.

오늘 우리의 삶을 돌아보십시오. 어떤 행적을 남겼습니까? 우리는 기독교인입니다. 기독교인으로서의 행적이 있습니다. 사도행전을 살펴봄으로 우리가 어떤 삶을 살아야 하는지를 볼 수 있습니다. 우리가 어떻게 살아야 하는지, 그래서 오늘 우리는 어떤 행적을 남겨 전해야 하는지를 생각하며 사도행전의 말씀을 함께 듣고자 합니다.

우리 안에 계신 성령

사도행전에서 가장 중요한 단어는 성령입니다. "우리가 어떻게 살아야 할까"라고 물어볼 때 가장 간단한 답은 "성령으로 살아야 한다"입니다. 전에는 내 생각과 감정과 상황에 의해서만 살았습니다. 그러나 하나님의 사람이 되면 성령에 의해 살아야 합니다. 성령의 생각과 성령의 감정과 성령의 인도하심에 의해 살아야 합니다. 성령과 동행하며 사는 삶이 사도들의 특징이었습니다. 우리 안에 성령님이 계십니다. 이것을 아는지요? 이것을 느끼는지요? 그래서 내 삶이 변화하고 있는지요? 믿음의 사람이라면 그 사람 안에 성령 하나님이 계십니다.

"오직 성령이 너희에게 임하시면 너희가 권능을 받고 예루살렘과 온 유대와 사마리아와 땅 끝까지 이르러 내 증인이 되리라 하시니라"(행 1:8).

'오직 성령이 너희에게 임하시면' 이라고 말씀하고 있습니다. 그렇습니다. 예수님은 자신이 하늘에 올라가시면서 자신 대신에 성령 하나님을 보내 주신다고 말씀하셨습니다. 누구에게 보내줍니까? 제자들입니다. 곧 예수님을 믿는 사람들에게 성령님이 임하십니다. 믿음을 가진 모든 사람 안에 거주하십니다. '오셨다 가셨다' 하는 것이 아니라 거주하십니다. 성령이 거하시면서 우리 안에서 행하십니다. 성령이 거하시면 믿음이 있는 사람이고, 성령이 거하지 않으시면 믿음이 없는 사람입니다.

성령 하나님은 우리 안에 인격적으로 계십니다. 인격적으로 계신다는 것은 어떤 면에서는 '계시지 않는 것처럼 계시는 성격'을 갖고 있습니다. 인격적으로 대할 때는 강압하지 않습니다. 그래서 때로는 그 존재를 잘 느끼지 못합니다. 그러나 그분께 마음을 열고 진지하게 나간다면 우리는 분명히 그분의 존재를 느낄 수 있습니다. 강하고 분명하게 느낄 수 있습니다. 그 자리까지 나가야 합니다. 기독교인이면서도 성령이 우리 안에 계시는지 안 계시는지도 모를 정도로 무감각하게 살 것이 아니라, 우리 안에 계시는 성령과 행복한 동행을 하여야 합니다. 성령 하나님을 인식하십시오.

성령이 우리 안에 거하시는 것을 어떻게 알 수 있을까요? 귀신들린 사람을 보십시오. 귀신들린 사람의 행동은 이상합니다. 말을 이상하게 합니다. 그 삶이 파괴적입니다. 그래서 우리는 그 사람이 귀신들린 사람이라는 것을 바로 알 수 있습니다. 그런데 그렇게 우리를 파괴하는 귀신이 아니라 우리를 위하는 거룩한 영 곧 성령이 우리 안에 들어오시면 어떻게 될까요? 우리의 언어가 맑아집니다. 행동이 아름다워집니다. 삶이 훌륭하게 건설됩니다.

성령이 우리 안에 거하시는 것을 느낄 수 있습니까? 많은 사람들은 이 질문에 자괴감을 느낄지 모릅니다. 그러나 그렇게 절망할 필요는 없습니다. 성령 하나님을 느끼는 것이 그리 쉬운 것은 아니기 때문입니다. 이상한 귀신이라면 느끼는 것이 쉬울 것입니다. 다르면 구별이 쉽습니다. 그러나 성령은 쉽지 않습니다. 성령은 이상한 현상이 아니라 아름다운 현상으로 나타납니다. 다르기보다는 거룩합니다. 그래서 일반적인 거룩과 혼동이 있습니다. 우리가 조금씩 자라가서 어느 정도 성숙한 시기가 될 때 우리 안에 성령님이 계시다는 것을 조금 더 확실하게 알게 될 것입니다. 그 전에는 성령 하나님의 인도하심을 받으면서도 잘 모르고, 기도하면서도 잘 모릅니다.

복음이 우리 안에 들어오면 반드시 성령 하나님이 우리 안에 함께 들어와 계십니다. 그렇기 때문에 우리는 우리 안에 계신 성령 하나님의 음성을 들을 수 있습니다. 조금 더 민감하십시오. '하나님이 내 안에 계신다'는 것을 확실한 전제로 삼으십시오. "주여 나를 긍휼히 여겨 주옵소서"라는 기도로 계속 그분의 이름을 부르십시오. "주여! 무엇을 행하여야 합니까?"라고 질문하며 사십시오. 질문하는 것은 그분이 내 안에 계신 것을 인정하는 것입니다. 그분이 나의 주인 되심을 인정하는 것입니다. 그래서 매우 중요하고 좋습니다.

내 안에 계신 성령과 동행하고 있습니까? 믿음을 가지고도 여전히 그것을 모르고 있으면 안 됩니다. 이제 조금씩 깨달아 아십시오. 한꺼번에 되지는 않겠지만 조금씩 더 깨달아 알아가야 합니다. 성령님이 우리 안에 거하시는데 그분의 마음을 생각하지 않고 우리 마음대로 하면 그분을 감옥에 가두어 둔 것과 같습니다. 내 마음의 감옥에 성령님을 가두어 두지 말아야 합니다. 성령님을 내 마음의 옥좌에 모셔야 합니다. 그래서 그분이 말씀하시는 것을 언제든지 듣고, 언제든지 행하는 사람이 되십시오.

성령으로 산다는 것

성령으로 사는 것은 어떤 모습일까요? 성령 하나님이 우리 안에 거하시며 행하실 때, 우리는 어떤 일을 하게 될까요? 이것을 많은 사람들이 착각합니다. 부자가 되고, 대단한 일이 일어나야 성령으로 사는 것이라고 생각합니다. '성령이 임하시면 권능을 받는다'는 말씀에서 '권능'에 대해 착각하기 때문입니다. 성령이 임할 때 우리가 받는 권능은 '하나님의 자녀로서 사는 권능'입니다. 그것을 세상의 힘과 혼동하지 말아야 합니다.

사도행전에 나타난 성령으로 사는 사람들의 모습을 보십시오. 그들을 통하여 예기치 않은 놀라운 일이 일어났습니다. 그러나 매도 맞았습니다. 성령으로 매를 이겼던 것입니다. 스데반은 죽임을 당하였습니다. 야고보도 순교하였습니다. 성령으로 당당히 순교할 수 있었습니다. 성령으로 바울의 회개가 일어났습니다. 베드로는 고넬료와의 만남에서 고정관념이 깨졌습니다. 사실 과거의 고정관념이 바뀌는 것이 가장 어려운 일 중에 하나입니다.

성령이 함께하는 현상의 가장 큰 특징은 말씀의 드러남입니다. 성경은 성령충만과 말씀충만을 거의 동의어처럼 사용합니다. 성령과 함께 동행하고 싶습니까? 그렇다면 말씀과 동행하십시오. 매일 말씀을 들으려고 노력하고, 읽으십시오. 묵상하십시오. 그리고 조용히 그 말씀을 주신 성령 하나님께 마음을 여십시오. 그러면 말씀으로 역사하시는 성령 하나님을 더욱더 알아가게 될 것입니다. 말씀에서 벗어난 감정충만은 성령과 동행하는 것이 아닙니다. 오직 말씀을 아는 것만큼만 성령과 동행할 수 있습니다. 그래서 바울은 가는 곳마다 그들이 믿음을 알고 성령과 동행하도록 하기 위해 말씀을 가르쳤습니다. 에베소의 두란노서원에서는 날마다 말씀을 강론하였습니다. 알지 못하는데 어찌 동행할 수 있겠습니까? 말씀을 알아야 말씀을 통하여 성령의 음성을 듣고(말씀을 아는 것이 성령의 음성을 듣는 것입니다) 성령이 우리 실제 삶 속에서 살아 역사합니다. 말씀으로 기도하십시오. 말씀과 기도로 나아갈 때 성령 하나님과 동행하게 됩니다.

성령이 우리 안에 거하는 참 믿음의 특징은 아름다움입니다. 성령이 사람 안에 역사할 때 놀라운 일이 일어났을 뿐만 아니라 무엇보다 그 자신이 변화하였고, 더 나아가 다른 사람들에게 칭송 받았습니다(행 5:12-13). 기독교인들이 세상의 칭송을 받았다는 내용이 여러 번 나옵니다. 사람들은 생소한 기독교를 경계하면서도 칭송하였습니다. 그들의 모습이 아름다웠기 때문입니다. 그것이 참 믿음입니다.

오늘날 기독교는 칭송을 받지 못하고 지탄 받을 때가 많습니다. 그것은 믿음이 변질되었기 때문입니다. 박해를 받을지언정 지탄을 받는 교회가 되어서는 안 됩니다. 우리는 세상의 공경과 칭송을 받는 교회가 되어야 합니다. 성령님이 그 안에 내주하는 사람은 칭송을 받아야 합니다. 집안에서, 직장에서, 교회에서 칭송을 받지 못한다면 그것은 문제 있는 신앙입니다. 성령이 우리 안에서 우리를 통하여 역사하는데 어찌 사랑스럽지 않고, 어찌 아름답지 않을 수 있겠습니까? 아름답지 않은 모습은 내가 주인으로 살기 때문이요, 아름다운 모습은 성령이 우리 안에 역사하는 모습입니다.

성령의 역사에 대한 오해를 깨기 위해 바울의 마지막을 생각해 볼 필요가 있습니다. 사도행전은 마치 용두사미처럼 보입니다. 앞부분에서는 성령의 강력한 역사가 일어났는데 마지막 부분은 바울이 감옥에 있는 것으로 끝나기 때문입니다. 앞에서는 베드로가 감옥에서 성령의 인도하심으로 밖으로 나올 수 있었습니다. 그런데 마지막 부분에서는 바울이 감옥 안에 있습니다. 그렇다면 성령의 역사하심이 약하기 때문입니까? 결코 그렇지 않습니다. 성령의 역사하심에 대해 오해를 풀어야 하는 부분이 바로 이 부분입니다. 바울은 감옥에서 무엇을 하였습니까?

"하나님의 나라를 전파하며 주 예수 그리스도에 관한 모든 것을 담대하게 거침없이 가르치더라"(행 28:31).

그렇습니다. 어디에 있느냐가 중요하지 않습니다. 어떤 것을 이루었느냐 도 중요하지 않습니다. 그 사람이 하나님 나라를 가슴에 품고, 예수 그리스도를 전하며 살고 있다면 성령충만한 삶입니다. 그의 삶이 그리스도의 아름다움을 보여주고 있다면 그것이 바로 성령이 그 안에 역사하고 있다는 증거입니다.

성령으로 살고 있습니까? 말씀을 열심히 알아가고 말씀으로 살아야 성령으로 살게 됩니다. 내주하시는 성령님의 힘을 얻어 말씀을 실현하는 삶이 성령으로 사는 삶입니다. 내가 혼자 사는 것 같으나 혼자 사는 것이 아니요 내 안에 성령님이 계셔서 나와 함께 하시고 나를 인도하고 계시니 그분께 마음을 드리십시오. 우리 안에 언제 성령이 더욱더 강하게 역사 하실까요? 우리가 하나님을 영화롭게 할 때입니다. 우리가 하나님께 영광을 돌릴 때 성령 하나님이 그 사람 안에 계시다는 증거입니다. 우리가 하나님을 영화롭게 한다면 그 사람은 성령과 함께 동행하며 성령으로 사는 것이요, 하나님을 영화롭게 하지 못한다면 그것은 성령께서 함께 하시는 것이 아닙니다. 오늘 하나님을 영화롭게 하며 성령님과 동행하는 삶을 사십시오.

* * *

기독교인은 성령으로 살아야합니다. 우리 안에 계신 성령 하나님을 인식하고, 함께 동행 하는 것에 대해 말씀을 들었습니다. 옛날에 사람들은 교회 다니는 사람들에게 예수귀신이 붙었다고 말하곤 하였는데 그 말은 어느 정도 맞는 말이기도 합니다. 예수귀신 곧 예수님께서 보내신 성령님이 우리 안에 계십니다. 기독교인은 혼자 살지 않고 성령님과 함께 사는 사람입니다. 자신의 생각과 감정과 환경에 의해서만 사는 것이 아니라 자신 안에 계신 그분의 생각과 감정과 인도에 문을 열고 그에 순종하며 동행하는 것이 기독교인입니다. 그것을 알기 위해 성경을 알아야 합니다. 성경을 통해 우리에게 말씀하시는 성령에 민감해야합니다. 그래야 성령 하나님과 동행하게 됩니다. 성령으로 살게 됩니다.

말씀에 귀를 기울이고 마음을 여십시오. 기도로 말씀의 의미를 깊이 깨달으십시오. 행함으로 말씀을 실현하십시오. 그래야 내 삶은, 내가 행하는 것이 아니라 성령님이 내 안에서 행하시는 것을 알게 됩니다. 성경에 근거하지 않은 성령의 사역은 미신입니다. 거짓입니다. 기도하지 않으면 내 지식과 내 공적이 될 수 있습니다. 오직 말씀과 기도로, 성령으로 사십시오.

THE MIND OF GOD
IN THE NEW TESTAMENT

신약에 나타난
하나님 마음

Part 2

서신서

서신서

구약의 두 번째 부분은 시가서 5권으로 구성되어 있는데, 신약의 두 번째 부분은 서신서 21권으로 되어 있습니다. 역사서, 서신서라고 말할 때 '서'(書)는 '책'이라는 뜻입니다. '서'(書)는 기록된 것에 대해 일반적으로 사용되는 단어로 책, 편지 등의 뜻이 있습니다. 그래서 서신서에서의 '서'(書)는 책이라는 의미이고, 로마서에서의 '서'(書)는 로마에 보낸 편지(서신)라는 뜻입니다. 서신서는 그 형식에서 붙여진 이름으로 편지이기 때문입니다. 교통이 발달되지 않은 시대에 먼 곳에 의사를 전할 수 있는 유일한 수단은 서신이었습니다. 바울을 비롯한 교회 지도자들은 교회에 편지를 보내 교회의 유익을 도모하였고 하나님은 그들의 서신 위에 역사하여 성경이 되었습니다. 서신서를 크게 두 부분으로 나눈다면 바울서신(13권)과 일반(공동, 8권)서신입니다. 바울서신은 저자가 바울이기 때문에 붙여진 이름이고, 일반서신은 수신자가 일반(회람용)이기 때문에 붙여진 이름입니다. 바울서신의 각 권은 '수신자의 이름을 따라' 붙여졌고, 일반서신은 '저자의 이름을 따라' 붙여졌습니다(히브리서만 예외). 그래서 바울서신은 바울이 발신자이고, 성경책명의 지역이나 사람이 수신자입니다. 일반서신은 책 제목의 사람이 발신자이고 일반(특정교회가 아닌 일반, 공동)교회가 수신자입니다.

바울서신을 세부적으로 살펴보면 크게 두 부분으로 나눌 수 있습니다. 교회서신(9권)과 개인서신(4권)입니다. 교회에 보내는 서신은 바울서신 앞부분에 나오고(교회에게 보내는 서신이 앞부분에 있는 것은 당연하겠지요),

개인에게 보내는 서신은 뒷부분에 위치하고 있습니다. 조금 더 세부적으로 나눈다면 교회에 보낸 서신은 교리서신(4권)과 옥중서신(3권, 빌레몬서는 개인서신임) 그리고 재림서신(2권)으로 구성되어 있고, 개인에게 보낸 것은 목회서신(3권)과 개인서신(1권)으로 구성되어 있습니다. 일반서신은 예수님의 육신의 동생(야고보와 유다)과 제자(베드로와 요한)들이 기록하였습니다(히브리서는 미상).

서신서의 순서는 도시의 중요성 및 개인의 유명도에 의해 정해진 측면이 많습니다. 먼저 교리서신은 로마서와 고린도전·후서 그리고 갈라디아서 중에 로마서는 당연히 로마라는 도시의 중요성 때문에 제일 앞에 있으며, 고린도전·후서는 고린도라는 도시의 중요성(당시 로마제국 내에 제2의 도시) 때문에 두 번째에 위치해 있고, 갈라디아서가 제일 뒤에 위치해 있습니다. 옥중서신도 그렇습니다. 옥중서신에 해당하는 에베소서와 빌립보서와 골로새서 그리고 빌레몬서를 살펴보면 이 중에 에베소는 요한이 사역한 아주 중요하고도 유명한 도시였기에 제일 앞에 위치하였습니다. 그리고 빌립보는 골로새보다 더 크고 중요한 도시였고 골로새는 제일 작고 이름 없는 도시였습니다.

빌레몬서는 따로 떨어져서 뒤에 위치하고 있는데 그것은 빌레몬서가 감옥에서 쓴 서신이지만 교회에 보낸 서신이 아니라 개인에게 보낸 것이기 때

문에 개인에게 보낸 서신들 속에 위치해 있는 것입니다.

교회에 보낸 바울서신 중에 데살로니가전·후서가 제일 뒤에 위치한 것은 어쩌면 주제와 관련되어 있습니다. 데살로니가전·후서는 재림에 대한 서신입니다. 그래서 제일 뒤에 위치한 것이 적당합니다.

바울서신 중에 개인에게 보낸 서신을 보십시오. 개인에게 보낸 서신은 4권입니다. 디모데전·후서와 디도서 그리고 빌레몬서입니다. 디모데와 디도는 목회자이기 때문에 앞에 위치해 있습니다. 그중에 제일 유명한 이는 물론 디모데입니다. 그래서 디모데전·후서가 앞에 위치하였으며, 이어서 디도서가 위치하고 있습니다. 그리고 목사가 아니라 개인에게 보내졌으며, 목회가 아니라 개인적인 일에 대한 서신인 빌레몬서가 바울서신의 제일 뒤에 위치해 있습니다.

공동서신을 보겠습니다. 공동서신의 제일 앞쪽에는 히브리서가 위치해 있습니다. 이것은 히브리서의 저자가 분명하지 않기 때문입니다. 히브리서의 저자가 바울이라는 사람도 있고 다른 저자를 말하는 사람도 있습니다. 성경의 순서가 정해질 때부터 이것은 논란의 여지가 많았습니다. 그래서 히브리서를 바울서신과 공동서신 사이에 위치하였습니다. 그래서 히브리서를 공동서신으로 집어넣으면서 바울서신의 바로 뒤쪽 곧 공동서신의 제일 앞쪽에 위치한 것입니다. 그 이후의 순서를 보십시오.

　공동서신은 야고보서, 베드로전·후서, 요한일·이·삼서, 유다서, 요한 계시록으로 되어 있습니다. 야고보서가 제일 앞에 위치해 있는데요. 오늘날에는 베드로가 더 유명할지 모르나 초기 기독교 시대에는 야고보가 교회의 지도자였고, 야고보는 예루살렘 교회에서 큰 칭송을 들었으며 예수님의 동생이기도 하였습니다. 그래서 당연히 야고보서가 제일 앞에 위치한 것입니다. 그리고 다음 순서는 우리가 잘 알다시피 예수님의 수제자라 불리는 베드로의 베드로전·후서가 위치해 있으며, 그 다음은 예수님의 사랑스런 제자 요한이 기록한 서신인 요한일·이·삼서가 위치해 있습니다. 그리고 그 뒤를 이어 예수님의 친동생이지만 그리 많이 알려지지는 않은 유다가 기록한 유다서가 위치해 있습니다.

THE MIND OF GOD
IN THE NEW TESTAMENT

신약에 나타난
하나님 마음

로마서

오직 믿음으로 살라

"복음에는 하나님의 의가 나타나서
믿음으로 믿음에 이르게 하나니
기록된바 오직 의인은 믿음으로 말미암아 살리라
함과 같으니라"(롬 1:17).

　로마서는 서신서의 시작입니다. 서신서는 총 21권으로 되어 있고, 크게 두 부분으로 되어 있는데 앞부분은 바울서신(13권)이라고 말을 하고 뒷부분은 공동서신(일반서신)이라고 말합니다. 로마서는 바울서신의 교리서신(로마서, 고린도전·후서, 갈라디아서. 이 네 권의 성경은 교리서신이라 불리는데 주로 믿음에 대해서 말하고 있습니다. 그래서 저는 믿음서신이라고 말하고 싶습니다) 중에 첫 자리에 위치하고 있습니다. 도시의 중요성과 더불어 내용의 중요성에 있어서도 로마서는 제일 앞에 위치할만 합니다. 성경 중에 하나만 고른다면 어떤 성경을 고르시겠습니까? 많은 사람들이 로마서를 고르는 것을 보았습니다. 성경 중에 중요하지 않은 성경이 어디 있겠습니까? 그러나 로마서가 그만큼 중요한 내용들을 많이 포함하고 있다고 할 수 있을 것입니다.

바울은 로마교회에 편지를 보내면서 매우 기뻐했습니다.

"내가 예수 그리스도로 말미암아 너희 모든 사람에 관하여 내 하나님께 감사함은 너희 믿음이 온 세상에 전파됨이로다"(롬 1:8).

로마교회의 믿음에 대한 소문이 좋았기 때문입니다. 믿음이 있으면 모든 것이 있는 것이요, 믿음이 없으면 모든 것이 없는 것입니다. 하나님이 우리를 보실 때 기뻐하실 믿음이 우리 안에 있습니까? 목회자인 저는 우리 교회를 보면서 성도님들 안에서 믿음을 발견하고 기뻐할 수 있을까요? 저는 한국교회를 보면 슬퍼질 때가 많습니다. 믿음이 보이지 않을 때가 많기 때문입니다. 우리 안에 믿음이 있어야 합니다. 로마서에서 우리는 믿음에 대한 말씀을 들을 수 있습니다.

믿음이라는 것

법을 몰라서 크게 낭패를 당한 적은 없습니까? 바울은 로마서에서 우리가 알아야 하는 가장 중요한 한 가지 법을 말합니다. 그것을 '하나님의 의'라고 표현합니다. 많은 사람들이 불의 가운데 살고 있습니다. 창조주 하나님을 알지 못하고 그 위에 세우지 않은 것은 모든 것이 불의입니다. 창조주 하나님과 그분의 구원을 알아야합니다. 이 세상을 구원하기 원하시는 하나님은 독생자 아들을 보내셔서 구원의 문을 여셨습니다. 그리고 모든 사람들이 그 문으로 들어오도록 초청하십니다. 단 한 가지 조건을 제시하십니다. 천국행 티켓을 끊을 수 있는 유일한 단 한 가지 조건은 믿음입니다. 이 세상을 구원하기 위한 하나님의 의, 곧 하나님의 법(기준)은 믿음입니다. 우리가 구원 얻는 유일한 길은 믿음입니다. 이 믿음을 알아야 합니다. 올바른 지식(믿음)이 아닌 다른 것 위에 쌓인 것은 오직 멸망의 길일 뿐입니다. 그렇기 때문에 우리는 믿음을 알아야 합니다. 이것이 세상에서 가장 중요한 법입니다. 이 법은 있으나 마나한 법이 아니라 우리 삶의 가장 중요한 척도입니다.

먼저 이 법을 알아야 합니다. 믿음이란 무엇입니까? 믿음이란 창조주 하나님을 아는 것입니다. 그 하나님을 신뢰하는 것입니다. 하나님을 인격적으로 사랑하는 것입니다. 사랑은 마음과 마음이 만날 때 이루어집니다. 그래서 믿음은 하나님의 마음과 우리의 마음이 만나는 것이라고 말할 수 있습니다. 우리를 사랑하는 하나님의 마음을 알아 우리가 마음을 열고 하나님의 사랑을 받아들일 때 우리 안에 믿음이 시작되는 것입니다. 그렇게 우리를 사랑하는 하나님의 마음이 우리 안에 꽃 피워야 합니다. 믿음이라는 꽃이 펴야 합니다. 우리 가슴을 보십시오. 믿음의 꽃이 피어 있습니까?

믿음이 아닌 것을 믿음이라고 착각하는 사람들이 있습니다.

"표면적 유대인이 유대인이 아니요…오직 이면적 유대인이 유대인이며 할례는 마음에 할지니"(롬 2:28-29).

믿음을 주문처럼 생각하는 사람이 있습니다. "열려라 참깨"라고 주문을 외우면 닫혔던 문이 열리는 것처럼 인격적인 관계없이 그렇게 조건만 맞추는 기계적인 것으로 여깁니다. 석가라는 이름의 주문이 아니라 예수라는 이름을 사용하면 되는 것으로 생각합니다. 그러나 그것은 믿음이 아닙니다. 예수님을 향한 인격적인 사랑 없이 이름만 사용한다면 그것은 믿음이 아닙니다.

믿음주의(easy believism)라는 것이 있습니다. 존재론적인 변화가 없는 모습 곧 불의한 행실과 죄 가운데 그대로 있으면서 단순히 입으로만 신앙을 고백하면 구원을 받는다고 생각하는 잘못된 믿음입니다. 믿음은 인격적인 것으로서 지·정·의 모든 측면을 갖추고 있어야 합니다. 한 가지만 없어도 그것은 믿음이 아닙니다.

'극단적 칼빈주의'(hyper-calvinism)자들도 있습니다. 이들은 18세기 칼빈주의 진영 안에서 발생하였으며 그 이후에도 꾸준히 그러한 경향이 있는 사람들이 있습니다. 이들은 하나님의 은혜와 주권에 과도하게 집착하여 인간의 책임과 의무를 부인합니다. 이들은 하나님의 은혜와 주권을 강조하기에 옳은 것처럼 보이나 분명히 잘못된 것입니다. 그들의 그러한 신학은 신앙을 차갑게 하고 악을 합리화합니다. 믿음은 하나님의 주권과 더불어 인간의 책임도 매우 중요합니다. 믿음은 하나님의 마음과 사람의 마음이 인격적으로 만나는 것이기 때문입니다. 기계적인 것은 한 편의 일방적인 것으로 가능합니다. 그러나 인격적인 것은 쌍방의 마음이 만나는 것을 의미합니다(물론 우리는 우리의 믿음조차도 하나님의 은혜로만 가능하다는 것을 전제로 합니다. 하나님의 은혜가 없이 우리가 어찌 그 선한 것을 할 수 있겠습니까? 그래서 우리는 항상 하나님의 긍휼을 구해야 하고, 우리가 인격적으로 마음을 연 그것조차도 오직 하나님의 은혜로 가능했음을 고백합니다.)

우리 안에 믿음이 있습니까? 하나님과 우리가 만나 사랑을 이루어 가는 믿음이어야 합니다. 기계적이거나 비인격인 믿음이 아니라 인격적인 사랑의 관계가 있는 믿음이 되도록 하십시오.

믿음으로 산다는 것

믿음은 믿음으로 사는 것이 강조되어야 합니다. 오늘 그렇게 믿음으로 살고 있어야 합니다. 믿음으로 사는 것은 믿음의 부가적 요소가 아니라 믿음 그 자체이기 때문입니다. 믿음으로 사는 것은 믿음의 꽃이요, 열매입니다. 이 열매가 맺히지 않는다면 믿음이 아닙니다. 오늘날 믿음으로 구원을 얻는다고 말하는 사람들 중에 때 때로 그들의 말하는 믿음이 로마서에서 말하는 믿음이 아니라 로마서에서 책망하고 있는 율법이라는 것을 발견합니다. 로마서에서 책망하고 있는 율법이 무엇입니까? 그 율법은 성경 말씀을 지키는 것을 의미하는 것이 아닙니다. 그것은 예수 그리스도 안에서 완성된 율법을 모르고 과거의 의식적인 것을 여전히 지키려는 사람들의 율법(율법주의)을 말하는 것입니다. 그리스도가 오시기 전에는 역할을 하였으나 그리스도가 오심으로 완성된 그 의식적인 율법을 여전히 고수하고 있는 사람들에 대한 것입니다. 그들이 말하는 율법은 율법에 담긴 하나님의 뜻을 잘 모르는 행태였습니다. 말씀에 담긴 하나님의 마음을 몰랐습니다. 오직 그 겉모습만 따라 가고 있었습니다. 그것은 진정한 말씀이 아닙니다.

오늘날에도 믿음으로만 구원을 얻는다고 말하면서 하나님을 향한 인격적인 마음이 아니라 그냥 믿음이라는 단어 내지 믿음이라는 지식을 의미하는 경우가 있습니다. 그 구절의 의미를 모르고, 그 구절에 담긴 마음을 모른 채 그냥 그것만 사용하는 것입니다. 그래서 또 하나의 율법이 됩니다. 그들은 "오직 의인은 믿음으로 말미암아 살리라"는 구절도 오해합니다. 원어의 의미를 살펴보면 의인이 믿음으로 '산다'는 것은 '구원'을 의미하는 것이 아니라 '살아가는 것'을 의미합니다. 오직 믿음을 가슴에 품고 모든 삶을 믿음이라는 목적과 힘과 소망으로 사는 것을 의미합니다.

이신칭의는 입술의 고백으로 의를 이룬다는 뜻이 아닙니다. 이것은 (지·정·의가 함께 한)믿음으로 사는 것만 의로운 것이라는 것입니다. 믿음으로 사는 것만이 하나님과 올바른 관계 속에서 살고 있는 것이요, 그 삶만이 의로운 삶이라 여겨질 수 있다는 것입니다. 오직 믿음으로 살 때만이 좁게는 구원받은 사람이 되는 것이요, 넓게는 구원받은 사람의 삶이 되는 것입니다.

오직 믿음으로 구원을 얻습니다. 율법으로 구원 얻는 것이 아닙니다. 할례로 구원 얻는 것이 아닙니다. 믿는다는 말로 구원을 얻는 것이 아닙니다. 믿는다는 생각으로 구원 얻는 것이 아닙니다. 오직 믿음으로만 구원을 얻습니다. 신약성경 중에 가장 먼저 기록 된 성경을 거의 대부분의 학자들은 야고보서라고 말합니다. 야고보서는 "행함이 없는 믿음은 죽은 믿음"이라고 선포합니다. 바울은 야고보서를 잘 알고 있을 것입니다. 그는 야고보서를 전제로 하여 로마서를 기록하고 있는 것입니다. 행함이 없는 믿음은 믿음이 아니라는 전제하에서 믿음이 무엇인지를 말하고 있는 것입니다. 그런데 오늘날 마치 로마서가 행함이 없는 믿음을 말하는 것처럼 착각한다면 그것은 성경을 너무 오해한 것입니다. 바울은 로마서에서 믿음의 이론적인 측면을 강조하여 말하고 나서 이렇게 말합니다.

"그러므로 형제들아 내가 하나님의 모든 자비하심으로 너희를 권하노니 너희 몸을 하나님이 기뻐하시는 거룩한 산 제물로 드리라 이는 너희가 드릴 영적 예배니라"(롬 12:1).

약을 파는 어떤 사람이 있었습니다. 그는 이렇게 주장하였습니다. "이 약은 모든 병을 고치는 아주 좋은 약입니다." 많은 약을 팔았습니다. 어느 날 그가 병에 걸렸습니다. 그런데 그는 그 약을 먹지 않고 다른 약을 먹었습니다. 그렇다면 그 사람은 어떤 사람입니까? 사기꾼입니다. 지식적으로만 안다면 그것은 사기꾼입니다. 그것은 아는 것이 아닙니다. 그것은 남을 속이는 것일 뿐입니다. 만약 그 약이 진짜 그렇게 모든 병을 고치는 약이었다면 어떨까요? 그렇게 말하며 그 약을 팔았지만 자신이 그 약을 먹지 않는다면 그 약의 효과를 볼 수 없을 것입니다. 아무리 좋은 약이라고 말하였다 할지라도 그가 먹지 않으면 자신은 효과를 볼 수 없습니다. 성경을 진짜 잘 전하여도 그것을 가지고 살지 않는다면 그 사람은 죽습니다. 먹지 않은 약이 약효가 있을 수 없는 것처럼 그렇게 살지 않은 말씀이 그에게 효과가 없을 것이기 때문입니다.

행위 이야기만 나오면 주눅 들지 마십시오. 주눅 들기 때문에 거부하느라 마치 믿음 안에 행위가 없는 것처럼 생각하고 싶은 것입니다. 그것은 쉬운 믿음입니다. 값싼 믿음입니다. 거짓 믿음입니다. 주눅 들지 마십시오. 믿음이라는 것이 무엇입니까? 행위도 결코 아닙니다. 믿음이라는 것은 하나님에 대한 신뢰입니다. 하나님과의 사랑의 관계입니다. 사랑의 관계는 그렇게 어떤 행위에 집착하지 않습니다. 못났어도 사랑합니다. 그러니 우리의 부족한 것에 겁먹을 필요가 없습니다. 단지 우리는 더욱더 하나님을 의지하여 참된 믿음, 성숙한 믿음으로 더 나아가면 되는 것입니다. 중요한 것은 나아가는 것입니다. 그러기 위해 더욱더 노력해야 합니다. 하나님의 사랑에 매여 내 삶을 드리는 삶을 살아야 합니다. 그것이 믿음입니다. 그것이 자라가는 믿음입니다.

말씀에 순종하기 위해 노력하십시오. 그것이 믿음입니다. 말씀을 실현하기 위해 노력하십시오. 그것이 믿음입니다. 그렇게 할 때 우리는 하나님을 더 알 수 있습니다. 더 사랑할 수 있습니다. 더 신뢰할 수 있습니다.

* * *

믿음으로 살고 있습니까? 바울은 믿음의 소문이 난 로마교회에 편지를 썼습니다. 우리는 로마서를 통해 바른 믿음이 무엇이고, 믿음으로 사는 것이 무엇인지 살펴보았습니다. 바울은 로마라는 화려한 권력과 문화가 아니라 오직 믿음만이 가치가 있음을 전하였습니다. 로마의 화려한 삶과 권력에 대해서는 거의 기록도 하지 않습니다. 세상의 것은 가치가 있는 것 같으나 실상은 가치가 없습니다. 믿음으로 사는 것은 그 무엇으로도 바꿀 수 없는 영원한 삶과 연결되지만, 믿음으로 살지 않는 것은 역사와 더불어 잊혀지기 때문입니다. 믿음으로 사는 것은 하나님과 사랑의 여정입니다. 영원한 하나님과 동행한 그 믿음의 삶은 영원합니다. 존귀한 하나님과 동행한 그 삶은 나 때문이 아니라 존귀하신 하나님 때문에 나의 그 믿음의 삶도 존귀합니다.

믿음으로 살지 않는 것은 모든 것이 우상숭배입니다. 믿음으로 사는 것은 그 마음에 하나님을 두는 것입니다. 믿음으로 살지 않는 사람은 그 마음에 하나님을 두지 않고 자기 마음이 가는대로 삽니다.

"그들이 마음에 하나님 두기를 싫어하매 하나님께서 그들을 그 상실한 마음대로 내버려 두사 합당하지 못한 일을 하게 하셨으니 곧 모든 불의, 추악, 악의가 가득한 자요 시기, 살인, 분쟁, 사기, 악독이 가득한 자요 수군수군하는 자요 비방하는 자요 하나님께서 미워하시는 자요 능욕하는 자요 교만한 자요 자랑하는 자요 악을 도모하는 자요 부모를 거역하는 자요 우매한 자요 배약하는 자요 무정한 자요 무자비한 자라"(롬 1:28-31).

이제 이러한 삶에서 일어나 믿음으로 사는 삶을 살아야 합니다. 우리 안에 하나님 두기를 기뻐하여 "하나님이 주인 되고 자아가 깨지는 삶"을 살아야 합니다.

고린도전서

소유냐, 존재냐

"깨어 의를 행하고 죄를 짓지 말라
하나님을 알지 못하는 자가 있기로
내가 너희를 부끄럽게 하기 위하여 말하노라"(고전 15:34).

바울은 고린도교회에 많은 문제가 생겼다는 소식을 들었습니다. 그래서 그 문제를 해결하기 위해 편지를 보냈습니다. 고린도교회는 가장 많은 문제가 있는 교회 중에 하나였습니다. 그 교회는 왜 그리 문제가 있었을까요? 고린도교회의 가장 큰 특징은 많은 것을 가졌다는 것입니다. 모든 면에서 부유하였습니다. 그런데 그 풍성함이 오히려 고린도교회의 올무가 되어 많은 문제를 야기하였던 것입니다.

오늘날은 많이 가지는 것이 미덕이요 신앙인 것처럼 여기는 시대입니다. 사람들은 복과 부흥이라는 단어를 가장 많이 사용합니다. 고린도교회가 가졌던 부유를 사모하며 달려가고 있습니다. 초대교회로 돌아가자는 구호도 대부분의 경우 고린도교회의 영적인 은사를 사모하는 것입니다. 그런데 그것은 잘못된 방향입니다. 많은 능력을 소유하였으나 잘못된 방향으로 가고 있던 고린도교회를 살펴봄으로 오늘 우리가 가야 하는 바른 방향을 찾기를 바라면서 고린도전서를 함께 살펴보겠습니다. 고린도전서의 주제는 "소유냐, 존재냐"로 정하였습니다. 소유보다 존재의 변화를 통해 의를 행하며 사는 삶이 중요합니다.

능력이 의는 아니다

고린도는 물질적·정신적·영적으로 풍요로운 도시였습니다. 완벽한 삼박자를 갖춘 도시였습니다. 고린도는 당시에 70만 명이 거주하는 세계 제2의 도시였습니다. 고린도는 동서양을 잇는 항구 도시여서 물질적으로 대단한 풍요를 누리고 있었습니다. 그리고 고린도는 헬라문화의 중심지에 있었습니다. 아텐(아테네)이 헬라지역의 수도였으나 고린도는 헬라지역의 제2의 도시였으며, 바울 때는 고린도에 로마 총독이 거주하여 실질적으로 헬라지역의 맹주였습니다. 고린도는 헬라학문의 자부심을 그대로 가지고 있었습니다. 또한 고린도에 위치한 고린도교회는 바울이 지대한 관심을 쏟고 있는 것을 통해 보듯이 아주 중요한 교회였습니다. 바울은 이곳에서 18개월을 사역하였고 고린도교회는 많은 영적 은사가 주어진 교회였습니다. 그렇게 모든 것이 갖추어진 곳이 고린도교회였습니다. 이렇게 물질적·정신적·영적으로 풍요로운 곳은 어디에도 없을 것입니다.

그런데 고린도교회는 신약성경에 나타난 어느 교회보다 더 많은 문제를 가지고 있었습니다. 그래서 가장 드러내놓고 책망을 받았으며, 바울의 마음을 가장 아프게 하기도 한 교회입니다. 그래서 바울은 고린도교회에 최소한 네 번 이상의 편지를 썼습니다. 모든 면에 있어 풍족한 것을 누리고 있던 고린도교회가 왜 그렇게 많은 문제를 가지고 있었던 것일까요?

능력이 의는 아닙니다. 능력을 많이 가지고 있다는 것이 많은 의를 이루었다는 것을 의미하지 않습니다. 오늘날 사회는 마치 능력에 비례하여 의도 비례하듯이 생각하는 경향이 있습니다. 존경하는 사람의 목록에 항상 재벌이 들어갑니다. 그러나 능력이라는 것은 수단일 뿐입니다. 돈이라는 수단이 많으면 자동적으로 더 많이 가난한 사람을 돕는 것이 아닙니다.

그것처럼 고린도교회는 능력은 많았으나 그것이 의를 낳지는 못하였습니다. 그들이 가지고 있던 부를 다른 이들을 섬기는 선한 목적에 사용하였다면 참으로 복이 되었을 것입니다. 그러나 그들의 부는 그렇게 사용되지 못하였습니다. 심지어는 교회에서도 그랬습니다. 교회에서 애찬을 하면서 어떤 사람은 너무 많이 먹어 문제가 되었습니다. 또 다른 누군가는 적게 먹을 수밖에 없었기 때문입니다(고전 11:21). 그때 사람들은 자기가 가져온 음식으로 애찬을 하였기 때문입니다.

또한 그들이 가지고 있던 학문도 마찬가지입니다. 그들은 헬라철학이라는 위대한 학문적 유산을 가지고 있었습니다. 그러나 그들이 가지고 있던 그 학문적 유산이 서로를 이해하고 섬기는데 사용되지 못하였습니다. 오히려 그것으로 서로 분란만 만들어 냈습니다. 교회에서도 분파를 지어 당을 만들었습니다(고전 1:12). 자신들의 학문적 소양과 성향에 따라 당을 만들어 분쟁하였고 많은 다툼이 생겼습니다. 또한 영적인 은사까지도 문제가 되었습니다. 하나님의 영이 주신 은사는 참으로 귀한 것입니다. 그런데 그 은사를 가지고 그들은 자신의 유익만을 위해 사용하였고, 그 은사는 오히려 더 많은 혼란을 야기하며 교회에 해를 가져왔습니다(고전 14:9). 성령의 은사가 성령의 열매를 낳았어야 하는데 성령의 은사를 잘못 사용하여 악의 열매를 맺었습니다.

흔히 착각하기를 능력을 가지면, 인간성(인격)까지 가진 것으로 생각합니다. 물질을 가지면, 그것으로 자기 자신이 높아진 것으로 생각합니다. 학문을 가지면, 자기 자신이 그렇게 뛰어난 것으로 생각합니다. 영적인 은사를 가지면, 자신의 영성이 뛰어난 것으로 생각합니다. 그러나 그러한 것은 모두 착각입니다. 물질적·학문적·영적 은사의 소유는 그 사람의 인간성을 높이지 못합니다. 소유한 것을 어떻게 사용하는지가 중요한 것이지 소유하는 것이 중요한 것이 아닙니다.

그런데 문제는 사람들이 소유에 목적을 두고 살고 있다는 것입니다. 그래서 열심히 노력하여 무엇인가를 소유하게 되면 그것으로

다 이룬 줄로 생각합니다. 소유를 목적으로 삼지 말아야 합니다. 능력은 그 자체로 의를 이룬 것이 아닙니다. 오히려 의는 능력이 없어 보이는 낮아짐에서 이루어집니다. 바울은 말합니다.

> "십자가의 도가 멸망하는 자들에게는 미련한 것이요 구원을 얻는 우리에게는 하나님의 능력이라"(고전 1:18).

"십자가의 도"는 낮아지는 것입니다. 내가 죽는 것입니다. 무엇인가를 가져서 높아지려는 마음은 오히려 가지지 못한 것만 못합니다. 가지면 가질수록 더 낮아지는 마음을 가져야 합니다. 그것이 십자가의 도입니다.

고린도교회는 지금 너무 많이 가져서 문제입니다. 그래서 내려놓아야 합니다. 물질적 부요함은 음행을 비롯한 방종을 낳았고, 정신적 부요함은 분열과 다툼을 낳았고, 영적 부요함은 교만을 낳았습니다. 그러한 모든 것을 내려놓고 낮아져야 합니다. 고린도교회는 가진 것 같았으나 가장 가지지 못한 교회였습니다. 소유는 많았으나 존재가 빈약하였기 때문입니다. 그들에게 가장 필요한 것은 낮아지는 것이었습니다. 죽어야 하나님이 역사하십니다. 오늘 우리도 그러합니다.

오늘 우리 자신을 보십시오. 우리도 고린도교회처럼 무엇인가를 더 가지려고 달려가고만 있지는 않습니까? 물질을 가지고, 학문을 가지고, 영적인 능력만을 가지려 하고 있지는 않습니까? 언제까지 그렇게 소유와 능력에만 집착하시겠습니까? 능력을 소유하기 위해서는 많은 노력을 하면서도 그것으로 의를 행하려는 노력은 너무 하지 않습니다. 가진 것으로 의를 행하기 위해서도 많은 노력을 해야 합니다. 사실 돈도 버는 것보다 쓰는 것이 더 어렵다고 말하지 않습니까? 대부분의 사람은 그것을 잘 이해하지 못하지만 말입니다. 더 가지려고만 노력하지 말고 이미 가진 것으로 의를 행하고자 노력하는 사람이 되어야 합니다. 그래야 존재가 바뀝니다. 그렇지 않으면 우리가 가지면 더 가질수록 더 많이 우리의 영혼은 파괴되어질 것입니다. 고린도교회처럼 말입니다.

깨어 의를 행하라

자기 자신을 안다는 것은 이 세상에서 가장 어려운 일 중에 하나입니다. 자기 자신의 얼굴을 보기 위해서는 거울을 보아야만 하듯이, 자기 자신을 알기 위해서는 자신을 돌아보아야 합니다. 돌아보지 않고 그냥 앞만 보면 결코 자기 자신을 알 수 없습니다. 거울을 보는 마음으로 자기 자신을 돌아보십시오. 고린도교회 사람들은 자신들이 많은 것을 가졌다고 생각하였습니다. 물질적·정신적·영적으로 많은 것을 가졌으니 그들은 남부러울 것이 없었습니다.

그러나 진짜 그러한지요? 결코 아닙니다. 고린도교회는 가장 많은 문제가 있는 교회였습니다. 그렇게 존재론적으로는 소유의 정반대에 위치해 있었습니다. 스스로의 판단과 바울이 판단하는 것

사이에 그렇게 큰 차이가 있었습니다. 그런데도 그들은 깨닫지 못하였습니다. 그것이 보통 우리의 모습입니다. 자기 자신을 깨닫기 위해 노력해야 합니다. 시스템을 만들고 자기 자신을 돌아보아야 합니다. 사람들을 통해 들을 수 있도록 귀를 여는 시스템, 자기 자신을 돌아보는 시간을 갖는 시스템, 하나님 앞에서 자기 자신을 돌아보는 기도의 시스템을 만드는 것이 필요합니다.

'고린도인화하다'는 의미가 당시에는 '음란한 행위를 하다'는 의미로 사용되었습니다. 그만큼 고린도 시민들은 음란하였습니다. 그들이 가진 물질과 그들이 가진 학문으로 그들의 음란한 행위를 정당화하였습니다. 아프로디테 신전에는 매음하는 여사제들이 1,000명이나 되었습니다. 그러한 문화는 그대로 교회에 들어왔습니다. 그런데 그것을 제대로 모르고 있었습니다.

> "너희 중에 심지어 음행이 있다 함을 들으니 그런 음행은 이방인 중에서도 없는 것이라 누가 그 아버지의 아내를 취하였도다 하는도다 그리하고도 통한히 여기지 아니하고 그 일을 행한 자를 너희 중에서 쫓아내지 아니하였느냐"(고전 5:1-2).

어찌 이방인들도 나쁜 일이라 여기는 행동을 교인이 행하고 있으며, 교회는 그것을 가벼이 여기고 있었을까요?

그들이 고린도 도시의 문화에 중독되었기 때문입니다. 고린도 시민들이 대부분 그렇게 하기 때문에 그것이 죄라는 인식이 없었습니다. 그러나 그것이 죄라는 것은 분명합니다. 그러면 먼저 그 중독에서 빠져나와야 합니다. 술이나 담배, 성에 중독된 사람을 보십시오. 그곳에서 빠져나오려면 많은 노력과 시간이 필요합니다. 그것처럼 고린도 교인들은 노력하여 그들이 중독된 고린도 문화에서 빠져나와야 했습니다. 살을 깎는 노력을 해야 합니다. "나는 날마다 죽노라"(고전 15:31)고 선언하는 바울처럼 날마다 죽는 자세로 노력해야 합니다. 문화 속에 있으면 죄를 죄로 알지 못하기 쉽습니다. 죄를 당연한 것처럼 여길 수 있습니다. 그래서 깨어 있어야 합니다. 깨어 있어 과거의 잘못과 죄를 깨닫고 그것에서 벗어나 의를 행하는 사람이 되어야 합니다.

깨어 있다는 것의 증표는 무엇보다 사랑입니다. 이 당시 고린도 교인들은 고린도 도시의 계급화 된 사회에 익숙해서 다른 이들을 존귀하게 여기지 못하고, 자기가 가진 영적 은사에 도취되어 다른 이들을 배려하는 것을 놓치고 있었습니다. 그래서 바울은 13장에서 그 유명한 사랑에 대해 이야기합니다. 사랑이 무엇입니까? 죽은 나무에 생명을 불어 넣는 것입니다. 만약 어떤 일에 사랑이 없다면 생명이 없는 것입니다. 사랑이 있어야 생명이 있는 것입니다. 의를 행하는 사람은 사랑이 충만해야 합니다. 어떤 사람은 스스로 선한 일을 하고 있다고 여기고, 의를 이루고 있다고 생각하는데, 그 사람의 가슴을 보면 사랑이 없습니다. 사랑의 열정이 없습니다. 다른 사람을 사랑하지 않고, 다른 사람이 그 사람을 볼 때도 사랑스럽지 않습니다. 찡그린 얼굴에 답답한 마음을 가지고, 오직 독설을 퍼부으면서 사는 사람은 결코 의를 이루는 사람이 아닙니다. 때로는 개

혁을 위해 독설을 해야 할 때도 있습니다. 그러나 그러한 때조차도 사랑을 품고 말해야 합니다. 의를 이루고 싶다면 지금 다른 사람을 사랑스럽게 보아야 하고, 자기 자신도 사랑스럽게 보여야 합니다.

> "내가 사람의 방언과 천사의 말을 할지라도 사랑이 없으면 소리 나는 구리와 울리는 꽹과리가 되고 내가 예언하는 능력이 있어 모든 비밀과 모든 지식을 알고 또 산을 옮길만한 모든 믿음이 있을지라도 사랑이 없으면 내가 아무것도 아니요 내가 내게 있는 모든 것으로 구제하고 또 내 몸을 불사르게 내줄지라도 사랑이 없으면 내게 아무 유익이 없느니라"(고전 13:1-3).

사랑에 대해 말하는 이 말씀을 허튼 소리로 듣지 말아야 합니다. 지나가는 소리로 듣지 마십시오. 너무 많은 사람들이 이 말씀을 지나가는 소리로 듣고 있습니다. 그래서 그들은 사랑이 아니라 능력을 소유하고자 노력합니다. 능력에 집착합니다. 능력의 소유에 집착하는 것이 아니라 사랑으로 행하는 의에 집중해야 하는데 말입니다.

의를 행하고 있습니까? 존재가 바뀌어야 의를 행할 수 있고, 의를 행하여야 존재가 바뀝니다. 깨어 의를 행하십시오. 사회가 온통 악한데 어찌 우리가 의를 행할 수 있겠습니까? 우리가 온통 죄 덩어리인데 어찌 의를 행할 수 있겠습니까? 그래서 깨어 있어야 합니다. 날마다 말씀으로 깨어져야 합니다. 문화의 틀 속에 갇혀 있는 우리의 거짓된 것들이 깨어져야 합니다. 사랑 없이 행하는 것이 깨어지고 이제는 모든 것이 사랑이 동기가 되어 행동해야 합니다.

* * *

많은 소유가 아니라 존재의 변화가 중요합니다. 깨어 의를 행하는 일에 집중하십시오. 언제까지 그렇게 소유하기 위해서만 살고 있으렵니까? 소유하기 위해 사는 인생은 마귀의 소유가 될 것입니다. 오직 의를 행하는 인생이 되어야 합니다. 소유한 것으로 의를 행하는 사람이 되십시오.

"깨어 의를 행하고 죄를 짓지 말라 하나님을 알지 못하는 자가 있기로 내가 너희를 부끄럽게 하기 위하여 말하노라"(고전 15:34).

이 말씀에서는 의를 행하지 않고 있으면 하나님을 모르는 사람일 가능성이 높다고 말하고 있습니다. 하나님을 모르니 의를 행하는 것에 무관심한 것입니다.

소유냐, 존재냐? 이것이 중요합니다. '소유하였기 때문에 행복했노라'가 아닌 '사랑했기에 행복했노라'고 말할 수 있는 인생이 되어야 합니다. 소유는 존재를 변화시키지 못합니다. 사랑이 존재를 변화시킵니다. 우리가 가진 모든 것은 그것을 가짐으로 주인이 되는 것이 아니라 사용함으로 주인이 되는 것입니다. 시간을 가지고 있다면 그것은 아무 의미가 없습니다. 시간을 사용해야 의미가 있습니다. 소유하려다 인생 마치는 사람들은 사탄에게 속은 것입니다. 이제 우리는 존재를 변화시키는 일에 인생을 사용해야 합니다. 이제 깨어 의를 행하는 사람이 되십시오. 무엇보다 사랑이 충만하여 사십시오. 고린도 교인이 가고 있던 잘못된 길을 가는 것이 아니라 고린도교회가 가야 했던 길을 가는 우리가 되기를 기도합니다.

THE MIND OF GOD
IN THE NEW TESTAMENT

신약에 나타난
하나님 마음

고린도후서

사느냐, 죽느냐

"우리 살아 있는 자가 항상
예수를 위하여 죽음에 넘겨짐은
예수의 생명이 또한 우리 죽을
육체에 나타나게 하려 함이라"(고후 4:11).

고린도전서에서 고린도교회는 물질적·정신적·영적인 많은 것을 소유하였으나 존재론적인 면으로는 빈약하였다는 것을 살펴보았습니다. 그들에게 필요한 것은 소유하는 것이 아니라, 존재론적인 변화였습니다. 그래서 그들은 빨리 깨어서 의를 행하는 인생으로 바뀌어야 했습니다. 고린도후서는 바로 그런 배경의 연장선상에서 기록되었습니다.

사람들이 많이 하는 말 중에 하나는 "다 먹고 살기 위해서 하는 거야"는 말입니다. 그렇습니다. 다 살기 위해서 합니다. 먹는 것도, 재산을 가지는 것도, 지식을 쌓는 것도 다 살기 위해서 합니다. 그러나 그 명제가 맞는 말인지 우리는 다시 한 번 생각해 볼 필요가 있습니다. 진짜 우리는 살기 위해서 사는 것인가? 만약 그렇다면 이 세상의 사람들은 성공한 사람이 아무도 없습니다. 다 죽었기 때문입니다. 우리는 이렇게 생각해 볼 필요가 있습니다. 우리는 '잘 죽기 위해 사는 것' 아닐까요? 잘 죽기 위해 필요한 것이 무엇일까요? 고린도후서에서는 그것을 말해주고 있습니다.

질그릇 안의 보배

살기 위해 살아야 합니까? 죽기 위해 살아야 합니까? 우리에게 진정 필요한 것은 하루하루의 삶 속에서 우리의 자아가 더 살아나는 것이 아니라 죽어가는 것입니다. 우리의 자아는 죄로 가득하기 때문입니다. 성경에서 때로는 선한 행동조차도 믿음에 역행하는 것처럼 말할 때가 있는 것은 자아가 살아나는 경우를 두고 하는 말입니다. 우리 안에서 자아가 죽어야 그리스도께서 사십니다. 자아가 죽어야 그리스도께서 행동하십니다. 내가 살아 있으면 그리스도께서 행동하실 수 없습니다. 내 마음대로 행동하게 되는 것이지요. 자아가 살면 우리 안에 그리스도께서 계실 곳이 없습니다. 사람들은 우리를 통해 그리스도를 볼 수 없습니다. 그러면 끝입니다.

살고자 하는 사람은 죽을 것이요, 오직 죽고자 하는 사람만이 살 것입니다. 우리는 죄인입니다. 그래서 그 죄인이 살면 우리는 죄로 더욱 물이 들 수밖에 없습니다. 그래서 더욱더 큰 죄인이 되는 것입니다. 살면 살수록 더 큰 죄인이 됩니다. 그러나 만약 죽고자 한다면 어떨까요? 내 멋대로의 생각하고 화를 내는 감정을 죽이고, 그리스도의 뜻을 따라 순종하며 살 때 믿음이 됩니다. 그것이 바로 우리가 사는 길입니다. 우리는 이 땅에서 살 때 그렇게 죽는 삶을 살아야 합니다.

고린도후서의 내용을 잘 말해주는 중요한 비유는 질그릇과 보배 이야기입니다.

"우리가 이 보배를 질그릇에 가졌으니 이는 심히 큰 능력은 하나님께 있고 우리에게 있지 아니함을 알게 하려 함이라"(고후 4:7).

질그릇은 진흙만으로 구워 만든 그릇으로 유약을 바르지 않았기 때문에 투박한 그릇입니다. 쉽게 말하면 싼 그릇입니다. 성경에서 말하는 의미도 바로 그런 의미를 담고 있습니다. 보잘 것 없고 투박한 질그릇 안에 담긴 보배. 여기에서 질그릇은 우리 믿는 사람들을 의미하고, 보배는 예수 그리스도를 말합니다. 우리는 그것을 믿습니다. 우리 안에 계신 그분이 보배인 것을…. 우리가 존귀한 것이 아니라 우리 안에 그분이 계심으로 우리는 존귀한 존재가 된다는 것을….
그렇다면 우리 안에 계신 보배가 드러나기 위해서는 어떻게 해야 할까요? 질그릇인 우리가 깨져야 합니다. 우리가 깨져야 그리스도가 드러납니다. 사람들이 약해질 수 있을까요? 사람들은 어떻게든 강해지려고 합니다. 허세라도 부려서 강한 것처럼 보이려고 합니다. 그런 마당에 오히려 약해지라는 말이 가당키나 한 말인지요? 결코 가당하지 않습니다. 그런데 그것이 매우 중요합니다. 우리는 약해져야 합니다. 질그릇을 포장한다는 것은 무엇을 의미합니까? 질그릇임을 숨기기 위해 그렇게 포장하는 것입니다. 그러나 질그릇을 포장한다고 금그릇이 되고 강해지는 것이 아닙니다. 질그릇은 포장하면 할수록 오히려 더 많은 상처를 가지게 됩니다. 포장해도 그 내면은 바뀌지 않고 겉모습 때문에 다른 사람들은 은그릇으로 보기 시작하니 더욱더 그 안에 상처만 쌓이는 것입니다.

우리는 우리 자신이 아니라 우리 안에 있는 보배 때문에 위대한 사람입니다. 그렇다면 우리가 위대한 삶을 살기 위해서는 우리 자신을 더욱더 깨트려야 합니다. 그래서 위대한 보배가 드러나는 삶을 살아야 합니다. 우리의 자아가 깨질수록 보배가 드러나는 위대한 삶이 되며, 우리 자아가 깨지지 않을수록 우리는 질그릇 인생이 됩니다. 약해지려는 노력은 한 번도 하지 않고 오직 강해지려고 노력하는 사람들이 있습니다. 그런데 정작 돌아보면 하나도 강해져 있지 않습니다. 혹 사람들이 보기에는 강해져 보이는 사람이 있습니다. 그러나 진정 강할까요? 정작 중요한 순간에 자신의 생명을 1시간도 연장하지 못합니다. 천국 시간은 단 1초도 사지 못합니다. 자아가 깨지고 낮아질 때만이 그리스도가 주인이 되셔서 그 사람을 강하게 합니다. 천국 백성이 되게 합니다.

'나 자신'을 살리기 위해 살아왔습니까? 죽이기 위해 살아왔습니까? 이제 자아를 깨트리며 사십시오. 그것이 진정으로 사는 길입니다. 살기 위해 살아 온 사람은 사실 영원한 죽음 속으로 들어가고 있는 것이요, 죽기 위해 살아온 사람은 영원한 생명의 길을 걸어가고 있는 것입니다. 죽는 것이 생명의 길입니다. 어떻게든 이 세상에서 살아남으려고 하며 자신의 안위를 위해 제 멋대로 사는 그 자세는 아담과 하와부터 시작된 죄와 멸망의 길입니다.

"내가 그리스도와 함께 십자가에 못 박혔나니 그런즉 이제는 내가 사는 것이 아니요 오직 내 안에 그리스도께서 사시는 것이라 이제 내가 육체 가운데 사는 것은 나를 사랑하사 나를 위하여 자기 자신을 버리신 하나님의 아들을 믿는 믿음 안에서 사는 것이라" (갈 2:20).

나를 그리스도와 함께 십자가에 못 박고 내 안에 그리스도께서 사는 것이 믿음의 시작입니다. 신앙인은 이제 나를 십자가에 못 박는 삶 곧 죽이는 삶을 살아야합니다. 그것이 믿음의 삶입니다. 믿음이 깊어지는 것입니다. 내가 죽는 것이 믿음의 시작이요, 중간이요, 끝입니다. 질그릇을 드러내는 삶이 아니라 보배를 드러내는 삶을 사십시오.

죽어야 한다(죽는 연습)

이 땅의 사람들을 보면 죽지 않고 살려고 하기 때문에 죽고 있습니다. 그래서 죽는 연습을 해야 합니다. 어떻게 연습해야 할까요? 고린도후서에서는 죽는 연습을 실재적으로 가르치고 있습니다. 먼저 바울 자신의 약해지기 연습을 들어보십시오. 긴 말씀을 읽을 텐데요. 우리가 읽을 때는 쉽게 읽지만 그는 모두 몸으로 당한 것입니다. 조금이라도 몸으로 느껴보면서 읽으십시오.

"내가 수고를 넘치도록 하고 옥에 갇히기도 더 많이 하고 매도 수없이 맞고 여러 번 죽을 뻔 하였으니 유대인들에게 사십에서 하나 감한 매를 다섯 번 맞았으며 세 번 태장으로 맞고 한 번 돌로 맞고 세 번 파선하고 일 주야를 깊은 바다에서 지냈으며 여러 번 여행하면서 강의 위험과 강도의 위험과 동족의 위험과 이방인의 위험과 시내의 위험과 광야의 위험과 바다의 위험과 거짓 형제 중의 위험을 당하고 또 수고하며 애쓰고 여러 번 자지 못하고 주리며 목마르고 여러 번 굶고 춥고 헐벗었노라 이 외의 일은 고사하고 아직도 날마다 내 속에 눌리는 일이 있으니 곧 모든 교회를 위하여 염려하는 것이라 누가 약하면 내가 약하지 아니하며 누가 실족하게 되면 내가 애타지 아니하더냐 내가 부득불 자랑할진대 내가 약한 것을 자랑하리라"(고후 11:23-30).

그는 소유한 것이 많았던 부요한 사람이었습니다. 그러나 이제는 이렇게 죽음을 연습하고 있습니다.

죽음 연습은 그의 유일한 부득불 자랑거리(이것도 은혜이지만 말해야만 한다면)가 됩니다. 오늘 우리는 어떤 자랑거리를 가지고 있습니까? 우리가 이 땅에서 자랑할 것이 있다면 그것은 약해진 것입니다. 어쩔 수 없이 약한 것 말고 그렇게 하지 않아도 되는데 약해진 그것이 참으로 복된 모습입니다. 얼마나 약해졌습니까? 내가 누려도 되는데 얼마나 내려놓고 약해지고 있습니까?

약해지는 것은 날마다의 싸움입니다. 나 자신과의 싸움입니다. 그 싸움이 얼마나 어려운지. 바울은 자기 자신의 이야기를 이렇게 말 합니다.

> "여러 계시를 받은 것이 지극히 크므로 너무 자만하지 않게 하시려고 내 육체에 가시 곧 사탄의 사자를 주셨으니 이는 나를 쳐서 너무 자만하지 않게 하려 하심이라"(고후 12:7).

바울에게는 커다란 육체적 질병이 있었는데 그것이 자기를 자만하지 않게 하는 중요한 장치 중에 하나였다는 고백입니다. 약해지기가 안 되니 하나님이 육체를 약하게 만들어서 약해지는 마음을 갖게 하신 것입니다.

바울은 죽는 연습을 고린도교회에서 자기편에 섰던 사람들에게 요구합니다. 고린도교회에 바울을 적대시하는 사람들이 있었습니다. 바울은 그로 인해 많은 어려움과 고통을 당하였습니다. 이제 그 문제가 진정 단계로 들어섰습니다. 그것은 바울을 지지하는 사람들이 이겼음을 의미합니다. 그런데 바울은 바로 그 사람들에게 그 반대편에 섰던 사람들을 용납하라고 말합니다. 이것은 매우 어려운 일입니다. 아직 적대적인 사람이 사그라진 것도 아닙니다. 그런데 바울은 지금 그의 편에 섰던 사람들에게 용납함으로 작아지라고 말하고 있습니다. 우리는 이것을 주의 깊게 살펴보아야 합니다. 개구리 올챙이 적 생각 못한다는 말이 있습니다. 사람들은 조금만 강해지면 전에 약하였던 것을 기억하지 못합니다. 그래서 강자가 되면 약자를 짓밟는 경향이 있습니다. 그러나 바로 그런 강자의 마음을 죽여야 합니다. 강자가 되면 교만과 강자의 논리로 약자를 억누르기 쉽습니다. 그때 죽는 연습을 해야 합니다. 그래야 삽니다. 그렇게 하지 않으면 애써 진리싸움에서 이기고도 넘어지는 사람이 됩니다. 얼마나 많은 사람이 진리를 위해 싸워 승리하고도 결국은 넘어지는지. 강자만 되면 그렇게 강자의 논리로 진리에서 떠나는 수없이 많은 사람을 봅니다. 이것이 매우 강력한 사탄의 도구입니다.

또한 고린도교회에 가장 어려운 말이라 할 수 있는 헌금이야기를 합니다. 예루살렘의 가난한 성도를 위해 헌금하라 말합니다. 먼 지역에 사는 예루살렘의 가난한 성도를 돕는 헌금을 할 필요가 있을까요? 헌금은 그것으로 이름을 알리거나 더 많은 복을 받는 것과 같은 강해지는 수단이 아니라, 하나님 나라를 위해 드림으로 내 소유의 돈이 적어지는 약해짐의 수단입니다. 강해지기 위해 드리는 헌금이 얼마나 아이러니한지를 생각해 보아야 합니다. 복 받기 위해 드리는 헌금이라는 말이 맞습니까? 한 편으로는 맞습니다. 그러나 본질적으로는 결코 그렇지 않습니다. 헌금을 드리는 것이 오는 세상에서 복이 됩니다. 그리고 이 세상에서도 복이 됩니다.

그러나 헌금에 대해 이야기하는 것을 들어보면 너무 이 세상의 복에 치우쳐 있다는 생각이 듭니다. 그것은 매우 위험합니다. 믿음의 반대편에 서기 쉽습니다. 헌금은 고백이요, 내려놓음이요, 낮아짐입니다. 드림으로 나의 것이 적어져도 주님의 인도하심을 믿으며, 주님의 나라를 위해 내가 약해지는 것입니다.

똑같은 헌금을 내더라도 약해지기 위해 드리는 것과 강해지기 위해 드리는 것은 완전히 그 의미가 다릅니다. 그것은 사랑하여 주는 반지와 뇌물로 주는 반지만큼이나 다릅니다. 똑같은 돈도 사랑으로 주는 것은 크게 칭송받지만 뇌물로 주는 돈은 감옥에 갑니다. 헌금의 비밀에 있어 이 엄청난 차이를 알아야 합니다. 우리가 드리는 헌금이 오는 세상에서의 복이라면 그것을 성경에서 믿음이라고 말합니다. 그러나 만약 이 땅에서의 복이라면 그것은 뇌물이 되기 쉽습니다. 뇌물로서 드리는 헌금이 아니라 믿음과 사랑으로 드리는 헌금이어야 합니다. 무엇인가를 내 마음대로 할 수 있는 돈이요, 너무 소중한 돈이요, 많이 있어도 항상 부족한 돈이지만 십분의 일을 십일조로 드림은 그 모든 것이 하나님이 주신 것임을 고백하는 실제적인 고백이요, 그것은 내 마음대로 하고 싶은 것을 내려놓는 것입니다. 십일조를 드리는 것은 자기 몫에서 떼어드리는 최소한의 약해짐의 고백입니다.

죽는 연습을 하고 있었습니까? 나 자신을 죽이는 연습을 해야 합니다. 말씀에 순종하면서 나를 죽이는 연습을 하십시오. 가장 간단하고 좋은 연습은 고린도전서에서도 보았듯이 사랑하는 것입니다. 사랑의 수고를 하는 것이 나를 죽이는 가장 좋은 연습입니다. 그것이 말씀의 강령이기 때문입니다. 또한 말씀을 더욱 구체적으로 알아가면서 구체적으로 말씀에 따라 죽는 연습을 하십시오. 많이 죽는 것만큼 복입니다.

"우리 살아 있는 자가 항상 예수를 위하여 죽음에 넘겨짐은 예수의 생명이 또한 우리 죽을 육체에 나타나게 하려 함이라"(고후 4:11).

* * *

사느냐, 죽느냐? 세상 사람들은 자아가 살고자 모든 것을 하지만, 우리는 우리의 자아가 죽을 때 예수 그리스도께서 우리 안에 살기 때문에 죽는 연습을 해야 한다는 말씀을 들었습니다. 이제는 죽는 것을 선택하십시오. 사는 것이 복된 것이 아니라 죽는 것이 복된 것입니다. 끊임없이 자기 자신을 쳐 복종시켜서 내 안에서 나는 죽고, 그리스도께서 사는 삶이 되게 하십시오. 평생 자발적으로 약해진 만큼 사랑한 것입니다. 그것이 남는 것입니다. 강했던 것이 아니라 약해졌던 것이 남습니다.

최근에 어떤 힘든 일을 당하였습니까? 실패하였습니까? 욕을 들었습니까? 자존심 상하는 일을 당하였습니까? 그렇다면 힘들어하지 말고 자존심 상하지 마십시오. 오히려 기뻐하십시오. 옛날에는 훈련으로 수도원에서 욕 듣기를 하기도 하였습니다. 그렇게 들어야 죽습니다.

"우리가 사방으로 우겨쌈을 당하여도 싸이지 아니하며 답답한 일을 당하여도 낙심하지 아니하며"(고후 4:8).

우리가 힘든 일을 당하였기에 우리 자아가 죽을 수 있습니다. 답답한 일을 당하여야 우리의 자아가 겸손해집니다.

자존심이라는 것이 무엇입니까? 자아가 아닙니까? 실패하였을 때 우리는 다 괜찮은데 그리스도의 이름에 누가 되지 않았을까 해서 걱정하기도 합니다. 그 마음은 귀합니다. 그런데 그것도 걱정하지 마십시오. 우리가 실패하였다고 그리스도의 이름에 누가 되는 법은 결코 없습니다. 그러니 당당하게 낮아지십시오. 감사함으로 낮아지십시오. 기뻐함으로 실패하십시오. 마지막 날 하나님이 우리에게 이렇게 물으실 것입니다. "얼마만큼 죽었느냐?" 실패가 죽음을 가져온다면 그것은 복입니다. '사느냐 죽느냐 이것이 문제로다'가 아니라 이제 우리는 당연히 '죽는 삶'을 살아야 합니다. 부단히 죽는 연습을 하고 더 많이 죽으십시오.

THE MIND OF GOD
IN THE NEW TESTAMENT

신약에 나타난
하나님 마음

갈라디아서
죽은 믿음과 산 믿음

"자기의 육체를 위하여 심는 자는 육체로부터 썩어질 것을 거두고 성령을 위하여 심는 자는 성령으로부터 영생을 거두리라"(갈 6:8).

갈라디아서는 바울이 갈라디아 지역에 보낸 편지입니다. 갈라디아 지역은 오늘날 터키의 고원지역으로 바울이 1차 전도여행 때 복음을 전하였던 곳입니다. 갈라디아 지역 교회에 문제가 생겼습니다. 믿음에 대한 문제입니다. 겉으로는 할례와 날과 절기를 지키는 문제였습니다. 그런데 이것은 드러난 피상적인 문제입니다. 왜 이런 문제가 생겼을까요? 이 문제를 고민하면서 갈라디아서를 "죽은 믿음과 산 믿음"이라는 제목으로 함께 살펴보고자 합니다.

우리의 믿음은 죽은 믿음입니까? 산 믿음입니까? 죽은 믿음이라는 것은 믿음처럼 보이지만 가짜 믿음이라는 것이고, 산 믿음이란 진짜 믿음이라는 것입니다. 오늘날 교회에 스스로는 믿음이라고 생각하지만 실재로는 믿음이 아닌 죽은 믿음이 얼마나 될까요? 많을 것 같습니다. 우리의 믿음이 산 믿음이어야 합니다. 그것이 매우 중요합니다.

죽은 믿음

할례를 받아야 할까요, 말아야 할까요? 안식일을 비롯한 절기를 지켜야 할까요? 말아야 할까요? 구약에 기록된 의식들은 예수 그리스도께서 오실 때까지는 매우 중요하였습니다. 그 시대에는 생명처럼 중요하였습니다. 그러나 그리스도께서 오심으로 의식은 완성되었습니다. 그리스도 안에서 완성되었습니다. 그리스도 이후의 사람들은 그러한 의식을 행하는 것이 아니라 그것의 의미를 이루는 방식으로 지킵니다. 할례는 세례로, 안식일은 주일로 지킵니다. 월삭이나 다른 절기들은 오늘날 우리의 형편에 맞는 절기로 바꾸어서 지키고 있습니다.

의식을 여전히 지켜야 한다고 주장하는 것은 유대교입니다. 유대교는 예수님을 메시아로 받아들이지 않기 때문에 여전히 옛날의 의식을 지킵니다. 그래서 그들은 기독교가 아닙니다. 동물의 피를 드리는 제사와 십자가에서 죽으신 예수 그리스도를 믿는 것은 완전히 차원이 다릅니다. 구약에서 동물의 피로 제사를 드린 것은 예수 그리스도께서 흘리실 피를 예표하는 것입니다. 그래서 그림자와 실체의 차이입니다. 실체가 오기 전에는 그림자가 중요하였으나 실체가 오셨기에 이제는 그림자는 실체를 설명하는 것이 되어야 합니다. 그런데 다시 그림자로 돌아간다는 것은 근본적으로 문제가 있습니다. 할례를 해야 한다고 주장하고 안식일을 비롯한 날들을 지켜야 한다고 가르치는 사람들이 갈라디아 지역의 교회에 들어왔고 일부의 교인들이 그것에 현혹되었습니다. 동물의 피와 그리스도의 피를 어찌 비교할 수 있겠습니까? 그런데 그들은 비교하였습니다. 아니 동물의 피를 더 좋아하였습니다.

그들은 왜 그렇게 형편없는 주장에 넘어가게 되었을까요? 신앙이 좋아서 그런 걸까요? 그들이 그렇게 넘어간 이유는 불신앙 때문입니다. 하늘에 속한 믿음을 땅의 것으로 만드는 것입니다. 마치 하늘 하나님을 땅의 것으로, 즉 우상으로 만드는 것과 같습니다. 하나님을 만나지 못하였기 때문에 또 다른 것을 찾는 것입니다. 일 못하는 사람이 연장 탓하듯 자신의 불신앙을 생각하지 않고 또 다른 무엇인가를 더해야 하는 것으로 생각하는 것입니다.

그들의 겉모습은 무엇인가를 하나 더 행하는 것이니 믿음의 열심처럼 보입니다. 그러나 그렇지 않습니다. 믿음의 게으름 때문입니다. 이 당시에 할례가 가장 큰 문제가 되었는데요. 할례를 받는다는 것이 무엇입니까? 불편함은 있을 수 있지만 그렇게 함으로 구원을 보장받는다고 생각한다면 지극히 쉬운 일입니다. 그들은 쉬운 길로 가고 싶었던 것입니다. 근본을 살펴보면 그것은 육체의 욕심이라는 것도 알게 될 것입니다.

"스스로 속이지 말라 하나님은 업신여김을 받지 아니하시나니 사람이 무엇으로 심든지 그대로 거두리라"(갈 6:7).

할례를 받으려는 것은 일종의 자기 합리화입니다. 그것이라도 받아서 자신의 믿음을 확인 받으려는 것입니다. 무엇 하나 해 놓고 믿음이 있노라고 확인 받고 그 나머지는 자기 마음대로 살고 싶어 합니다. 육신의 욕심대로 삽니다. 죽은 믿음을 가지고 있어 하나님께 죽은 사람은 항상 육신의 일을 생각합니다.

죽은 믿음 곧 육체의 소욕에 따라 사는 사람이 어떻게 사는지 말씀을 읽어 보겠습니다.

"육체의 일은 음행과 더러운 것과 호색과 우상 숭배와 주술과 원수 맺는 것과 분쟁과 시기와 분냄과 당 짓는 것과 분열함과 이단과 투기와 술취함과 방탕함이라"(갈 5:19-21).

교회를 다니기는 하지만 여전히 많은 사람들이 여전히 이 수준에 머물러 있습니다. 이것이 우리의 아픔입니다.

우리의 믿음이 죽은 믿음이 아니기를 간절히 기도합니다. 죽은 믿음은 믿음같이 보이나 실상은 믿음이 아닙니다. 스스로는 믿음이라고 생각하나 사실은 믿음이 아닙니다. 어떤 사람은 교회에 다니지 않으면서도 믿음이 있다고 생각하는 사람이 있습니다. 큰 착각입니다. 인정상으로는 그렇다고 해주고 싶으나 실상은 그렇지 않습니다. 교회에 잘 다니는 사람도 죽은 믿음이 많은데 다니지 않으면서 어찌 산 믿음일 가능성이 높겠습니까? 어떤 사람은 예배에 참석하고 예배 드렸다고 생각합니다. 그러나 참석하는 것과 예배 드리는 것은 많이 다릅니다. 참석은 누구나 할 수 있습니다. 그러나 예배드리는 것은 산 믿음을 가진 사람만이 할 수 있습니다. 예배 드리는 것은 예배 중에 임하신 하나님을 만나며 하나님께 고백하고 하나님의 음성을 들으며 하나님께 반응하는 것입니다. 살아 있으니 하나님께 반응합니다.

　성경에서 산 자와 죽은 자를 나눌 때, 그 의미는 주로 그 사람이 하나님께 살아있는가 죽어있는가를 의미하는 것입니다. 살아 있는 사람은 반응할 것이요, 죽은 사람은 반응하지 않습니다. 그래서 살아 있는 사람은 하나님께 고백하고 하나님의 음성을 들으며 위로를 받고 기쁨을 얻습니다. 진심으로 찬양합니다. 그러나 죽은 사람은 찬양이 찬양이 되지 못하고 그냥 노래일 뿐입니다. 예배는 그냥 종교의식일 뿐입니다. 모든 삶이 하나님과 무관한 삶입니다. 그렇게 하나님께 죽어 있는 우리의 마음을 갈라디아 지역 교회처럼 합리화할 것이 아니라 일깨워야 합니다. 산 믿음으로….

산 믿음

　믿음의 형상화는 껍데기의 모방이 아니라 말씀의 실현을 통해 이루어져야 합니다. 믿음을 가질 때 우리 안에 오신 성령님은 말씀의 실현을 통해 우리 안에 거하십니다. 갈라디아서에서 말하길 성령께 깨어 있어야 한다고 말합니다. 성령의 인도하심을 알기 위해 우리는 말씀에 깨어 있어야 합니다. 말씀을 들어야 합니다. 말씀을 들어야 순종하든지 말든지 할 수 있기 때문입니다. 말씀을 자주 접하고 묵상하십시오. 그리고 순종하십시오. 그것이 성령께 깨어 있는 비결입니다. 그것이 바로 산 믿음의 길입니다. "가르침을 받는 자는 말씀을 가르치는 자와 모든 좋은 것을 함께 하라"는 말씀은 말씀 안에 생명이 있기 때문입니다. 생명 있는 곳에서 놀아야 하기 때문입니다. 그렇게 산 믿음의 길을 갈 때 성령의 열매를 맺는다고 말씀합니다. 성령의 열매가 없다면 산 믿음이 아닙니다.

　성령의 열매가 어떻게 맺어지는지 아십니까? 이것은 성령께서 내 안에서 일하실 때 맺어지는 결과입니다. 성령께서 우리 안에서 역사하시면 우리는 '이웃을 사랑하게 되고, 마음에는 항상 희락이 있고, 사람들과는 화평하며, 마음에 들지 않는 일이 생기더라도 오래 참고, 모든 이들에게 친절하며(자비), 착하다는 소리를 들으며(양선), 신실하고(충성), 부드럽고 따뜻하며(온유), 자신의 죄악 됨을 알기에 항상 (자신의 마음과 힘을) 절제'합니다. 여기에서 말하는 성령의 열매라는 것에 의아한 사람도 있을 수 있습니다. 이러한 성품은 세상의 도덕과 별 차이가 없기 때문입니다. 그러나 도덕과 성령의 열매는 완전히 다릅니다.

  성령의 열매가 되기 위해서는 두 가지가 있어야 합니다. 고백과 실제 열매입니다. 어떤 사람은 착한 것 같은데 성령님이 하시는 것이라는 고백이 없습니다. 자기의 힘으로 착한 일을 합니다. 그러면 그것은 성령의 열매로서 양선이 아니라 자기의 착함입니다. 기독교인들도 그런 사람이 있습니다. 그렇게 자기 힘으로 하는 도덕적인 삶은 자기 소진이라는 결과를 낳습니다. 착한 일을 하다가 나중에는 더 나쁜 사람이 되기도 합니다. 착한 일을 하면서 힘은 소진되고 사람은 알아주지 않으니 본전 생각이 나서 잘못된 길을 가기도 합니다. 그래서 착한 일을 한다고 다 성령의 열매가 아니라 성령께서 자기 안에서 역사하신다는 고백이 있어야 합니다. 그것은 행하면 행할수록 더 힘이 생깁니다. 또한 어떤 사람은 성령 이야기를 많이 합니다. 성령의 역사도 있는 것 같습니다. 성령의 복도 받는 것 같습니다. 그런데 착하지가 않습니다. 그렇다면? 그 사람도 성령의 열매가 아닙니다. 성령의 열매는 오늘 말씀처럼 구체적으로 사랑과 희락과 화평과 오래참음과 친절과 양선과 충성과 온유와 절제가 있어야 합니다.

  산 믿음이 되기 위해서는 거북이 같아야 합니다. 토끼와 거북이 이야기를 아실 텐데요. 토끼와 거북이가 달리기 시합을 해서 누가 이겼습니까? 거북이가 이겼습니다. 만약 단거리였다면 토끼가 이겼겠지요. 그러나 장거리였습니다. 그래서 꾸준했던 거북이가 이겼습니다. 우리 인생도 마라톤이라고 이야기합니다. 그래서 거북이 신앙을 가져야 합니다. 산 믿음을 가진 사람은 거북이 같은 신앙생활을 해야 합니다. 왜 그럴까요?

　인생길에서 겪는 모든 일이 중요하기 때문입니다. 사람들이 보기에는 크고 작은 일이 있습니다. 그러나 실상은 모든 일이 중요합니다. 큰 일, 작은 일이 구분되지 않습니다. 모든 일이 하나님과 함께 하는 길입니다. 큰일이라고 하나님이 더 함께 하시고, 작은 일이라고 함께하시지 않는 것이 아닙니다. 그런데 어떤 사람은 마치 토끼처럼 신앙생활을 합니다. 그래서 어떤 때는 하나님을 열심히 찬양하고 섬겨서 믿음이 좋은 것 같았다가 어느새 세상일에 열심입니다. 그때는 하나님과 함께 하지 않습니다. 하나님께 반응하지를 않습니다. 그것은 산 믿음이 아닙니다. 살아 있는 사람은 어느 순간에도 반응합니다. 신앙에는 크고 작음이 없습니다. 예술의 전당에서 독주회를 하든, 작은 교회에서 독주 찬양을 하든 똑같이 중요합니다. 어느 곳에서나 어느 일에나 그곳에서 하나님과 동행하며 소중히 여기며 묵묵히 갑니다. 그것이 거북이 신앙입니다. 나의 삶 전체가 하나님께 드려져야 합니다.

　살아 있어야 합니다. 그래야 열매를 맺습니다. 살아 있을 때 그 속에는 수없이 많은 일들이 일어납니다. 그러나 살아 있는 생명체에게는 그 모든 일들이 열매를 맺는 과정입니다. 봄, 여름, 가을, 겨울, 비바람, 눈보라, 뙤약볕, 가뭄까지 모든 것이 열매 맺는 과정입니다. 살아 있으면 그 모든 것에 반응합니다. 그것처럼 우리가 하나님께 살아 있어 인생의 모든 삶 속에서 하나님께 반응해야 합니다. 그 속에는 울음도 있고, 아픔도 있고, 분노도 있을 것입니다. 그러나 그 모든 것이 함께 어우러져 믿음이 됩니다.

생명 없는 것이 때로는 강해 보입니다. 조화를 보십시오. 뙤약볕이 내려쪼여도 여전히 꽃은 지지 않습니다. 매우 강해 보입니다. 좋아 보이기도 합니다. 그러나 이내 그 안에 생명이 없다는 것을 알면 그 조화는 더 이상 아름답게 느껴지지 않습니다. 눈물을 흘리지도 못하고 웃을 줄도 모른다면 그것이 어찌 생명체이겠습니까? 생명이 있기에 울기도 하고 웃기도 하는 것입니다. 생명 없는 것을 생명 있는 것과 비교하지 마십시오. 생명이 있으면 비록 들풀이라도 자연에 반응합니다. 아름답습니다. 생명 있는 것이 아름답습니다. 우리의 신앙이 생명이 있어야 합니다. 하나님께 반응하는 생명이 있어야 합니다.

나의 믿음이 생명 있는 산 믿음입니까? 어떤 일을 만나든 항상 하나님께 반응하십시오. 이 땅을 살면서 별의별 일을 다 겪지만 그럼에도 감사할 수 있는 것은 그것을 통해 하나님을 만나기 때문입니다. 그곳에서 하나님의 음성을 듣고, 하나님께 고백하며 하나님을 예배하고 싶은 마음이 더 생기기 때문입니다. 우리의 믿음은 그렇게 생명이 있어야 합니다. 생명 없는 것은 결코 따라올 수도 없고 알 수도 없는 그런 생명 있는 믿음이어야 합니다.

산 믿음입니까?

"자기의 육체를 위하여 심는 자는 육체로부터 썩어질 것을 거두고 성령을 위하여 심는 자는 성령으로부터 영생을 거두리라"(갈 6:8).

성령 하나님의 인도하심 곧 말씀을 따라 열심히 사십시오. 하나님께 마음을 두고 하나님의 인도하심에 순종하며 그렇게 생명 있는 삶을 사십시오.

* * *

죽은 믿음입니까? 산 믿음입니까? 생명이 없다는 것과 생명이 있다는 것은 천지 차이입니다. 요즘은 조화 기술이 발달하여 조화와 생화가 구분이 안 갑니다. 그래도 어찌 조화와 생화를 비교할 수 있겠습니까? 하나는 생명이 없고 다른 하나는 생명이 있습니다. 우리 안에 생명이 있어야 합니다. 모든 일에 하나님께 반응하십시오. 하나님을 바라보면서 감사하십시오. 갈라디아의 일부 교인들처럼 쉬운 것 하나만 붙잡고(예를 들면, 술·담배 안한다고 신앙인인 것처럼 생각하는 것) 나머지는 자기 마음대로 살고 있지는 않습니까?

> "그러므로 우리는 기회 있는 대로 모든 이에게 착한 일을 하되 더욱 믿음의 가정들에게 할지니라"(갈 6:10).

열심히 살아야 합니다. 기회 있는 대로 착한 일을 하며 말씀을 실현하는 삶을 살아야 합니다. 하나님께서 우리 안에서 역사하시는 성령의 열매를 맺는 삶을 사십시오. 모든 일에 하나님을 인식하면서 하나님께 순종하며 사십시오.

10

에베소서

교회여, 거룩한 빛을 발하라

"너희가 전에는 어둠이더니
이제는 주 안에서 빛이라
빛의 자녀들처럼 행하라"(엡 5:8).

바울서신을 성경의 순서대로 살펴보면 첫 4권(로마서, 고린도전·후서, 갈라디아서)은 그 당시의 가장 큰 도시 로마와 제2의 도시 고린도 그리고 넓은 지역에 걸친 갈라디아 지역에 보내진 서신으로 주로 교리적인 내용이 많은 편지였습니다. 그리고 이제 바울서신 중에 로마 감옥에서 기록한 옥중서신이라고 불리는 성경이 나옵니다. 4권의 성경 중에 먼저 나온 3권은 교회들에 보낸 편지입니다. 그 순서는 아마 도시의 중요성에 기인한 것 같습니다. 그래서 에베소, 빌립보, 골로새 세 도시 중에 먼저 에베소서가 앞에 위치해 있습니다. 에베소서는 에베소에 보낸 편지라는 뜻입니다. 에베소는 지금의 터키의 서쪽으로 그리스의 아테네 옆쪽에 위치해 있는 도시입니다. 에베소 교회는 바울이 가장 많은 공을 들인 교회이며 후에 기독교가 더욱 왕성하던 곳입니다. 사도 요한도 이곳에서 사역하였습니다.

에베소서는 교회에 대해 이야기합니다. 교회가 어떤 존재인지, 어떤 모습을 가져야 하는지. 오늘날 교회라는 단어를 들으면 어떤 생각이 먼저 떠오릅니까? 거룩한 영광입니까? 아니면 초라한 모습입니까? 교회를 생각할 때 머리가 흔들어집니까? 끄덕여집니까? 성경에서 말하는 교회와 우리의 머릿속에 있는 교회를 함께 비교하며 말씀을 상고해 보겠습니다.

교회의 영광(존재론적인 영광)

에베소서에서 가장 많이 나오는 단어 중에 하나는 '영광'입니다. 영광과 비슷한 분위기의 단어도 많습니다. '측량할 수 없는 풍성함, 기업의 영광, 능력의 지극히 크심, 흠이 없게 하려고, 선한 일을 위하여 지으심을 받은 자, 하나님의 모든 충만하심, 넘치도록 하실 이, 빛의 자녀, 장성한 분량, 강건, 담대히' 등의 단어들은 활기차고 진보적인 그 무엇을 풍기고 있습니다. 이처럼 에베소서의 분위기는 매우 활기찹니다. 왜 활기찰까요? 교회에 대한 이야기이기 때문입니다.

교회는 참으로 찬란한 그 무엇입니다. 교회는 우주의 창조주이시며 가장 존귀한 분인 예수 그리스도의 몸입니다(엡 1:23). 예수 그리스도께서 영광스러운 것처럼 교회도 영광스럽습니다. 교회는 하나님의 특별한 사랑을 받는 존재입니다. 창세 전부터 하나님의 깊은 사랑을 받고 있습니다. 소중한 것은 오랫동안 마음에 품습니다. 교회는 하나님의 사랑을 입은 존재로 창세 전부터 하나님의 마음에 가득하였습니다. 교회는 그렇게 하나님의 특별한 사랑을 받고 있습니다. 그러니 교회는 참으로 복됩니다. 하나님의 영광이 그 안에 가득하고, 하나님의 사랑을 가득히 받고 있습니다.

세상은 죄로 물들었습니다. 아주 많이 물들었습니다. 그래서 처참합니다. 어둠이 가득합니다. 그래서 슬픕니다. 그러나 이런 상황에서도 교회를 보면 그 영광으로 인해 세상이 환해집니다. 우리의 마음이 환해집니다. 교회는 그런 존재입니다. 그것이 교회의 본질입니다. 세상의 그 어떤 어둠에도 빛을 비출 수 있는 존재론적인 영광을 가지고 있습니다.

교회는 영광스럽습니다. 그 교회의 외형적 규모가 크든 작든 상관없이 동일하게 영광스럽습니다. 교회가 영광스러운 이유는 교회 자체에 있기보다는 교회의 머리되신 그리스도께 있습니다. 교회가 작으면 세상 사람들이 보기에도 불쌍합니다. 그러나 그것은 교회를 모르는 생각입니다. 모든 교회는 교회이기에 거룩하고 영광스럽습니다.

사도신경에서 "거룩한 교회(공회)를 믿는다"고 말합니다. 교회가 왜 거룩할까요? 교회에만 구원이 있기 때문입니다. 구원에 있어 거룩합니다. 구원이라는 가장 값진 것이 교회에 있는데 그 누가 어찌 교회를 함부로 말할 수 있겠습니까? 누구도 교회를 얕잡아 봐서는 안 됩니다. 교회를 넘어뜨려서도 안 됩니다. 교회의 영광을 보아야 합니다. 모든 교회에서 거룩을 보아야 합니다.

교회는 그리스도의 몸입니다. 그래서 교회를 대할 때는 그리스도의 몸을 대하듯 해야 합니다. 사람들은 그리스도를 보고싶어 하기도 합니다. 그렇다면 교회를 보십시오. 마음을 열고 교회를 보십시오. 교회는 그리스도의 몸이기 때문입니다. 교회를 잘 알면 그리스도를 알 수 있습니다. 그렇게 교회는 영광스러운 존재입니다. 비록 오늘날 교회가 누더기 옷을 걸치고 있지만 말입니다.

오늘날 교회는 그 구성원 때문에 누더기 옷을 걸친 모습입니다. 이곳저곳에서 교회는 욕을 먹고 있습니다. 사람들은 자기들도 잘못하면서 교회를 욕합니다. 교회도 사람들이 모인 곳입니다. 완전히 영화된 존재가 아니고 지금 구원(성화)되고 있는 모습입니다("주 안에서 성전이 되어가고", 엡 2:21). 그래서 아직 성화되지 않은 모습이 있을 수밖에 없습니다. 자신들의 죄에 대해서는 침묵하면서 교회의 허물에 대해서는 심하게 비난합니다. 그것은 정당하지 못합니다. 또한 한편으로는 정당할 수도 있습니다. 교회가 교회의 모습을 너무 많이 잃어버렸기 때문입니다. 세상보다 못한 교회가 되어버린 모습을 많이 봅니다. 교회는 자기가 깨어지는 곳입니다. 본질적으로 교회는 자기 자신은 깨어지고 주인되신 주님만 모시고 사는 사람들이 모인 곳입니다. 그런데 많은 교회들이 자기가 깨어지지 않고 자기를 채우기 위해 교회를 사용합니다. 그래서 때로는 잘못된 것을 더 추구합니다. 주변에서 기독교인의 모습을 들을 때면 부끄러움을 금할 길이 없습니다. 더 교만하고, 더 허세적이며, 더 큰 것만 좋아하는 그런 잘못된 자세를 가진 사람들이 있습니다. 그러나 그럼에도 교회는 거룩하고 영광스럽습니다. 교회는 존재론적으로 영광스럽기 때문입니다. 그리스도때문에 말입니다. 우리가 교회의 본질을 아는 것 같으나 알지 못합니다. 행동하지 못한다는 것은 알지 못한다는 것입니다. 이 존재론적인 본질을 더 잘 알아야 합니다. 깊이 알아야 합니다. 우리는 거룩합니다. 우리는 영광스럽습니다. 그 누구도 범접할 수 없는 거룩함입니다.

교회를 영광스럽게 보고 있습니까? 영광스럽다는 사실을 분명히 우리 마음판에 새겨야 합니다. 어찌 교회를 함부로 가볍게 볼 수 있습니까? 두렵고 떨림으로 교회를 보십시오. 교회에서 그리스도를 보십시오. 우리의 신앙이 교회 중심이어야 합니다. 우리가 어디에 있든 무엇을 하든 교회는 가장 중요합니다. 교회를 우선순위에 두십시오. 교회를 생각하면 우리는 당당하게 되어야 하고, 자다가도 기도가 되어야 하고, 감사가 되어야 합니다.

빛을 발하라(실존적인 영광)

본질적(존재론적)으로 영광스러운 교회는 이제 실존적으로 영광스러운 모습으로 살아야 합니다. 하나님의 영광은 우리의 삶이 작아서 가려지는 것이 아닙니다. 우리의 삶이 정결하지 못할 때 막힙니다. 사람들은 커짐으로 하나님께 영광을 돌린다고 착각합니다. 그러나 그것은 참으로 큰 착각입니다.

하나님이 징기스칸을 통하여 영광을 얻으셨습니까? 나폴레옹이나 진시황을 통하여 영광을 얻으셨습니까? 아닙니다. 그렇다면 하나님은 누구를 통해 영광 받으십니까? 하나님의 백성입니다. 하나님의 백성이 말씀에 순종할 때 영광 받으십니다. 그 삶이 비록 작을지라도 정결할 때 영광 받으십니다. 그렇기 때문에 우리가 어느 시대를 살든지, 어느 능력을 가졌든지 노력해야 할 것은 정결하게 되는 것입니다.

사람들이 하나님께 영광을 돌리기를 원한다고 하면서 큰 것만을 고집합니다. 큰 것이여야 하나님이 영광을 받으신다고 생각합니다. 그래서 금메달을 따야 한다고 생각합니다. 1등을 해야 한다고 생각합니다. 부자가 되어야 한다고 생각합니다. 그러나 큰 것과 작은 것은 전혀 다르지 않습니다. 하나님은 이미 더할 수 없을 영광을 가지고 계시기 때문입니다. 인간의 큰 것이 하나님의 영광을 더하는 것이 아닙니다. 물론 열심히 하여 금메달을 따고 하나님께 영광을 돌리는 사람이 있습니다. 보기에 좋습니다. 그러나 그것이 다른 것보다 더 특별한 영광은 아닙니다. 한 사람이 돌릴 수 있는 하나의 영광일 뿐입니다. 잘하여 드리는 영광이 더 특별한 것이 아닙니다.

진짜 중요한 것은 모든 사람이 하나님께 영광을 돌려야 한다는 것입니다. 하나님의 사람들이 모두 정결하여 그가 처한 상황에서 정결하여 하나님께 영광을 돌려야 합니다. 그것이 중요합니다. 그것이 모든 사람이 할 수 있는 것이고, 모든 사람이 가야 하는 길입니다. 모든 사람이 금메달을 따서 하나님께 영광을 돌릴 수는 없습니다. 그러나 모든 사람이 정결할 수는 있습니다. 정결함이 없이 금메달을 딴들 무슨 소용이 있겠습니까? 정결하지 못하여 거짓말하고, 남을 얕잡아 본다면 차라리 금메달을 따지 않는 것이 낫습니다. 주변에서 그런 기독교인을 많이 봅니다. 차라리 그 부와 그 명예를 가지지 않았으면 하나님께 영광을 돌릴 수 있었겠다고 생각되는 사람들이 많습니다. 스스로 속지 마십시오. 사탄에게 속지 말고 자기 자신의 악한 욕망에 속지 마십시오. 커야 하나님께 영광을 돌린다는 것은 세상풍조(엡 2:2)요, 육체의 욕심(엡 2:3)입니다. 정결해야 하나님께 영광을 돌릴 수 있습니다.

교회가 영광스럽다는 것은 무엇을 두고 하는 말입니까? 교회가 영광스럽다는 것은 세상 사람들이 영광스럽다고 생각하는 것과 일면은 비슷하고 일면은 다릅니다. 먼저 교회가 영광스럽다는 것은 세상 사람들이 생각하는 것처럼 그렇게 크고 화려한 것을 의미하는 것이 아닙니다. 바울은 말합니다.

"너희를 위한 나의 여러 환난에 대하여 낙심하지 말라 이는 너희의 영광이니라"(엡 3:13).

바울은 지금 이 서신을 로마감옥에서 쓰고 있습니다. 환난을 영광이라고 말하고 있습니다. 그것은 세상 사람들이 생각하는 영광과 다릅니다. 에베소 교회에도 세상의 방식으로 생각하는 사람들이 있었던 것 같습니다. 그래서 바울은 자신의 환난에 낙심하지 말라고 말합니다. 자신의 환난이 에베소교회에 영광이 된다고 분명하게 말합니다. 바울은 자신이 감옥에 있는 것을 영광스럽게 생각하였습니다. 죄수의 신분이기 보다는 사신의 신분으로 생각하였습니다. 그래서 '쇠사슬에 매인 사신'이라고 말합니다. 그는 감옥에 갇힌 구차한 죄수로서 생각하고 행동한 것이 아니라 쇠사슬에 매인 하늘의 사신으로 담대히 행동하였습니다. 그는 분명히 영광스럽게 생각하였고, 영광스럽게 행동하였습니다.

세상이 생각하는 것과 비슷한 영광에는 어떤 것이 있을까요? 거룩하고 흠이 없는 것입니다.

"자기 앞에 영광스러운 교회로 세우사 티나 주름 잡힌 것이나 이런 것들이 없이 거룩하고 흠이 없게 하려 하심이라"(엡 5:27).

교회가 거룩하고 흠이 없을 때 세상 사람들은 그것을 보고 영광스럽게 생각합니다. 교회는 거룩하고 흠이 없음으로 영광스러워야 합니다. 이것이 매우 중요합니다. 우리가 스스로 본질적인(신분) 영광만 생각하고 실존적인 영광이 있지 않다면 추한 사람이 됩니다. 만약 어떤 사람이 왕자인데 왕자다운 모습이 아니라면 어떨까요? 그런데 자신이 왕자라고 품만 잡으면 어떨까요? 보기 흉할 것입니다. 교회가 본질적으로 영광스러운 하나님의 자녀라면 또한 존재론적으로 영광스러워야 합니다.

이 두 가지는 함께 가야 합니다. 함께 하지 않는다면 그것은 가짜일 가능성이 높습니다. 그래서 바울은 말합니다.

> "음행과 온갖 더러운 것과 탐욕은 너희 중에서 그 이름조차도 부르지 말라 이는 성도에게 마땅한 바니라 누추함과 어리석은 말이나 희롱의 말이 마땅치 아니하니 오히려 감사하는 말을 하라 너희도 정녕 이것을 알거니와 음행하는 자나 더러운 자나 탐욕하는 자 곧 우상 숭배자는 다 그리스도와 하나님의 나라에서 기업을 얻지 못하리니 누구든지 헛된 말로 너희를 속이지 못하게 하라 이로 말미암아 하나님의 진노가 불순종의 아들들에게 임하나니"(엡 5:3-6).

이런 품행 없는 처신으로는 하나님 나라에 들어갈 수 없습니다.

예정되었기 때문에 무엇을 하든 구원받는다고 말하는 사람은 헛된 말로 속이는 사람입니다. 예정과 작정이라는 단어의 뜻을 알아야합니다. 예정은 구원받을 자가 계획되었다는 것이고, 작정은 모든 일이 계획되었다는 것입니다. 구원만이 아니라 세상의 그 어떤 사건도 하나님의 주권에서 벗어날 수 없습니다. 그렇다면 세상의 모든 것에 자유가 없고 기계적으로 일어나고 있는 것입니까? 결코 아닙니다. 예정은 자유를 억압하지 않습니다. 자유를 억압하는 것은 예정이 아니라 운명론입니다.

예정이라는 단어를 짧게나마 설명하고 가야 할 것 같습니다. 예정이라는 단어는 로마서에 2번, 에베소서에 2번 나오는 단어입니다. 예정이라는 단어는 삼위일체만큼이나 어렵고 힘든 주제입니다. 그러나 또한 꼭 알아야 하는 것이기도 합니다. 예정론을 체계화한 칼빈은 이것을 하나님의 주권과 은혜를 강조하기 위해 논리적으로 체계화하였습니다. 그의 주장은 아주 타당합니다. 그런데 오늘날 그것을 이해하지 못하고 엉뚱하게 사용하는 사람들이 많습니다. 예정은 하나님이 미리 구원 받을 사람을 정하셨다(창세 전, 시공간이 만들어지기 전, 시공간을 초월하는 곳)는 것인데 이것을 운명론이나 기계론적인 것으로 오해하는 사람들이 있습니다. 예정하였으면 믿음과 상관없이 구원을 받습니까? 이 질문 자체가 매우 어리석은 것입니다. 예정과 믿음이 따로 있을 수 없고요. 구원은 믿음으로 얻는 것이라고 성경에서 수 없이 말하고 있으니 말입니다.

예정을 우리가 이해할 수 있는 말로 하면 계획과 같은 것입니다. 그런데 하나님은 전지전능하셔서 그 계획이 틀림이 없을 뿐입니다. 그 계획은 사람의 인격을 존중하는 계획입니다. 인격적인 존재로 만드셨기 때문이지요. 인격적인 존재이어야 사랑이 가능하기 때문입니다. 왜 예정하셨습니까? 예정은 사람으로 말하면 계획과 같습니다. 계획하고 일을 합니다. 그것과 같이 하나님도 계획하고 일을 하십니다. 그 계획의 목적이 무엇입니까? 우리를 사랑하는 것입니다. 사랑의 완성입니다. 하나님의 백성으로 하여금 거룩하고 흠이 없게 하시려는 것입니다. 거룩하고 흠이 없이 하나님의 백성으로 서도록 훈련시키시고 만들어 가시는 것입니다. 그래서 순결한 신부가 되어 온전한 사랑을 하는 것입니다. 하나님의 놀라운 인도는 우리를 순결한 신부로 만들어가는 것입니다. 그 뜻에 맞게 교회는 이 땅을 영광스럽고 순결하게 살아야 합니다.

* * *

우리는 교회입니다. 그러니 거룩한 빛을 발해야 합니다. 아무리 작은 빛이어도 빛은 빛입니다. 아무리 작은 빛이어도 빛 앞에서 어둠은 물러갑니다. 교회가 작고 보잘 것 없어도 빛의 역할을 감당한다면 그 앞에서 어둠은 자취를 감추게 됩니다. 에베소교회를 보십시오. 지금 매우 작은 교회입니다. 핍박받는 처지였습니다. 이 당시 기독교는 지극히 적은 무리였습니다. 그러나 그들이 빛을 비추었을 때 어둠은 하나 둘 사라지고 빛이 세상에 가득하게 되었습니다.

지금은 교회가 너무 커서 빛을 잃어 버린 면도 많이 있습니다. 교회가 권세를 가지면 빛을 잃어 버리기 쉽습니다. 중세시대가 그랬습니다. 오늘날도 일부 권세를 가진 교회로 인하여 빛을 잃어 버리고 있습니다. 크지 않은 교회는 스스로 존재론적으로 빛이라는 것을 기억해야 하는데 그것을 놓치고 빛이라는 것을 망각하고 있고, 큰 교회는 실존적으로 빛이 되어야 한다는 것을 놓쳐 낮아지고 십자가를 지는 것을 놓치면서 빛을 잃었습니다.

빛을 발해야 합니다. '발하다'의 사전적인 뜻은 '속에 있는 그 무엇인가가 일어난다'입니다. 우리 안에는 성령 하나님이 계십니다. 우리는 존재론적으로 하나님의 자녀입니다. 교회라는 영광을 가지고 있습니다. 이제 일어나 그 영광을 발하는 사람이 되어야 합니다. 세상 속에서 무기력하게 주저앉아 있어서는 안 됩니다. 교회는 세상의 빛이 되어야 합니다. 일어나 세상을 비추십시오. 일어나 하나님의 영광을 발하십시오.

"빛의 자녀들처럼 행하라"(엡 5:8).

"잠자는 자여 깨어서 죽은 자들 가운데서 일어나라 그리스도께서 너에게 비추이시리라"(엡 5:14).

빌립보서
항상 기뻐하라

"주 안에서 항상 기뻐하라
내가 다시 말하노니 기뻐하라"(빌 4:4).

빌립보는 마케도니아에 속한 도시로 오늘날 그리스의 북동쪽에 위치한 도시입니다. 빌립보교회는 바울과 친밀한 관계였으며 바울에게 든든히 후원을 하는 교회였습니다. 그런데 바울이 감옥에 갇혔으니 빌립보교회가 얼마나 걱정을 했겠습니까? 바울은 그런 빌립보교회를 향하여 편지를 보냈습니다. 그 사랑스러운 교회를 향하여 바울은 무엇을 말했을까요? "항상 기뻐하라"고 권면하였습니다.

여러분은 항상 기뻐하고 있습니까? 우리는 예수 그리스도 안에서 구원받은 백성입니다. 세상에서 가장 귀한 구원을 가진 사람입니다. 가장 복된 사람이 되었습니다. 그래서 기뻐해야 합니다. 기뻐해야 하는 것이 아니라 당연히 기쁜 것이겠지요. 그런데 우리의 믿음이 부족하여 기뻐하지 못하고 있을 때가 많습니다. 기뻐한다는 것은 믿음생활에서 매우 중요한 주제입니다. 기독교인은 기쁨을 알아야 하고, 기뻐하면서 사는 것이 특징입니다. 그렇기 때문에 우리는 빌립보서에서 말하는 "항상 기뻐하라"는 말씀에 귀를 기울여야 합니다.

항상 기뻐한다는 것

항상 기뻐하고 있습니까? 기쁨을 많이 가진 사람이 될 수는 있습니다. 조금 더 웃으며, 조금 더 기쁜 일을 많이 생각하면 됩니다. 그런데 빌립보서가 말하는 기쁨은 그런 기쁨이 아니라 '항상 기뻐하는 기쁨'에 대해 이야기하고 있습니다. 언제 어느 상황을 만나든지 항상 기뻐하라는 것입니다.

항상 기뻐하고 있습니까? 인생을 살다보면 이런저런 일이 많은데 어찌 항상 기뻐할 수 있을까요? 그래서 어떤 사람은 이 기쁨은 그냥 목표일 뿐 실현 불가능한 것이라고 생각하기도 합니다. 그러나 여기에서 말하는 항상 기뻐하라는 말씀은 단순히 목표로만 제시된 것이 아닙니다. 우리는 이미 이 기쁨을 알고 있어야 하고, 더 많이 알아가야 합니다. 항상 기뻐한다는 것은 단순히 기뻐하는 것보다 더 깊은 기쁨입니다. 때로 표면적으로는 기뻐하지 못하여도 깊은 곳에서는 기뻐하는 그런 기쁨입니다.

바울은 에바브로디도라는 믿음의 동역자가 죽을병에 걸렸을 때 "근심 위에 근심"을 하였다고 말합니다.

> "그가 병들어 죽게 되었으나 하나님이 그를 긍휼히 여기셨고 그뿐 아니라 또 나를 긍휼히 여기사 내 근심 위에 근심을 면하게 하셨느니라"(빌 2:27).

사랑하는 사람이 죽을 병에 걸렸는데 마음이 아프지 않은 사람이 어디 있겠습니까? 마음 아파하지 않는다면 그것은 신앙이 좋은 것이 아니라 비인간적인 사람입니다. 바울은 항상 기뻐하라고 말 하면서 본인의 개인 이야기를 하고 있는데요. 본인이 에바브로디도 때문에 근심을 많이 하였는데 하나님이 긍휼히 여기셔서 자신의 근심을 덜게 되었다고 말합니다. 이 마음이 목회를 하면서 철저히 동감됩니다. 항상 기뻐하라고 했기 때문에 항상 "헤헤"거리며 웃고 다니라는 것이 아닙니다. 아픈 사람과는 함께 아파하는 것이 올바른 것입니다. 그렇다면 항상 기뻐하는 것은 무엇입니까? 항상 기뻐하라는 것은 그 중심이 절망하지 않는 것입니다.

믿음과 소망이 가져오는 기쁨은 이 세상의 그 어떤 것으로도 흔들 수 없습니다. 믿음은 전능하신 하나님과 사랑의 관계이기에 다른 것이 흔들 수 없으며, 소망이란 미래에 두고 있는 것이기 때문에 오늘이 결코 넘어뜨릴 수 없습니다. 그래서 항상 기뻐하는 것은 흔들리지 않는 기쁨입니다. 세상의 이런저런 일에 이리저리 마음이 흔들릴 수 있지만 그 중심에는 기쁨이 있습니다. 이 기쁨은 결코 사라지는 기쁨이 아닙니다. 사라지는 기쁨이라면 항상 기뻐할 수 없을 것입니다. 이 기쁨은 크고, 깊고, 넓어서 우리 안에 깊숙이 중심에 있으며 사라지지 않는 기쁨입니다.

항상 기뻐하기 위해서는 우리 기쁨의 근거를 하나님께 두어야 합니다. 세상은 항상 변합니다. 만약 우리의 기쁨이 세상에 근거를 두고 있다면 그 세상과 더불어 항상 이리저리 춤을 출 것입니다. 우리의 감정에 근거를 둔다면 어떨까요? 우리의 감정은 더더욱 요동합니다. 같은 환경에서도 좋았다가 금세 슬픈 것이 우리의 마음입니다. 그래서 우리의 마음을 기쁨의 근거로 한다면 우리는 결코 항상 기뻐할 수 없습니다. 오직 하나님께 근거를 두어야 합니다. 가장 크고 위대하신 하나님 때문에 기뻐한다면 우리의 기쁨은 변하지 않을 것입니다. 하나님은 변하지 않기 때문입니다. 가장 큰 것 때문에 기뻐한다면 나머지 비교할 수 없을 정도로 작은 그 무엇 때문에 그 기쁨을 빼앗기지는 않을 것이기 때문입니다.

우리가 얼마나 행복한 존재인지 아십니까? 하나님의 큰 사랑을 받았습니다. 그래서 행복합니다. 우리를 위해 하나님이 독생자를 주실 정도로 우리를 사랑하십니다. 그분이 우리를 가장 좋은 길로 인도하고 계십니다. 우리는 그것을 믿습니다. 그러니 이 땅에서 일어나는 사소한 것에 목숨을 걸지 않습니다. 사소한 것에 기쁨을 빼앗기고 마치 그것이 전부인양 절망하고 우울해 한다면 그것은 작은 것에 목숨 거는 어리석은 사람입니다. 하나님은 우리를 사랑하십니다. 그 하나님이 이 세상을 통치하고 계십니다. 아직은 비록 우리의 죄 때문에 슬프고 힘든 일이 일어나는 세상이지만 이 땅에서의 아픔도 슬픔도 결국은 우리의 성장을 위해 있습니다. 우리의 남은 구원을 위해 있는 것입니다(두렵고 떨림으로 너희 구원을 이루어가라). 그렇기 때문에 우리는 진정 감사하며 기뻐할 수 있습니다. 믿음이 있으면 말입니다. 그것을 믿으면 말입니다. 그래서 우리는 항상 기뻐하는 것입니다.

항상 기뻐하고 있습니까? 이제는 항상 기뻐하십시오. 우리 가슴 속 깊은 곳 중심에는 기쁨이 있습니다. 우리를 구원하신 그분으로 인해 기쁨이 있습니다. 우리를 선한 길로 인도하시는 그분에 대한 믿음 때문에 기쁨이 있습니다. 항상 기뻐하는 마음이 없다면 믿음이 나약해져서 그런 것입니다. 그렇기 때문에 빨리 자신의 믿음을 다시 회복시켜야 합니다. 세상이 우리를 절망케 하는 것이 아니라, 우리 안에 있는 불신앙이 우리를 절망케 합니다. 절망하는 사람, 우울한 사람이 아니라 항상 기뻐하는 사람이 되십시오.

기쁨을 잃지 마라

항상 기뻐하는 것을 지켜야 합니다. 그렇기 때문에 위해 항상 기뻐하는 우리의 마음을 빼앗아 가곤 하는 것이 무엇인지를 알아야 합니다. 우리의 기쁨을 앗아가는 대표적인 것은 우리의 무능입니다. 우리가 스스로 무능하다고 느낄 때, 기쁨을 잃기 쉽습니다. 세상이 우리를 무시할 때, 우리는 기분이 상합니다. 기쁨을 빼앗깁니다. 그러나 기억하십시오. 기독교인은 결코 무능한 사람이 없습니다. 어떤 누구도 무능하지 않습니다. 단지 낮아진 것입니다. 무능과 낮아진 것은 겉모습은 비슷하지만 본질적으로 다릅니다.

성자 하나님이 자신을 비우셔서 이 땅에 인간의 몸을 입고 오셨습니다(빌 2:6-7). 전능하신 하나님이 이 땅의 시공간과 물질에 제약 받으시고, 창조주이신 그분이 피조물에 매이셨습니다. 이것만큼 불행한 것이 어디 있겠습니까? 그러나 그분은 이것을 불행으로 여기지 않으셨습니다. 그분은 낮아지신 것이기 때문입니다. 무능한 것이 아니라 낮아지신 것입니다. 스스로 낮아지신 것입니다.

물론 우리는 오늘날 스스로 낮아진 것은 아닙니다. 우리는 우리의 죄로 인해 낮아졌습니다. 만약 우리가 죄 가운데만 있었다면 우리는 무능한 것입니다. 그러나 이제 우리가 믿음 안에 거하게 되었다면, 이제 우리의 신분은 하나님의 자녀입니다. 그래서 지금은 낮아진 것입니다. 비록 우리가 자원한 것은 아니지만 우리가 후에 천국 백성이 되어 얻게 될 영광에 비하면 지금 우리는 분명히 낮은 자리에 있는 것입니다. 세상의 무능력에 기분 상하지 마십시오. 세상의 허황된 자랑과 허세에 기분 상하지 마십시오. 우리가 무능해서가 아닙니다. 우리는 낮아진 것입니다. 낮아지신 하나님의 아들을 생각하십시오. 그분은 그 보좌에서 내려오셨습니다. 낮아지셨습니다. 그리고 기쁨으로 이 땅에서의 삶을 사셨습니다. 그런데 우리가 이 땅에서 낮은 자의 모습을 받아들이지 않고 산다는 것은 참으로 큰 교만입니다. 우리도 이 땅에서 낮은 자로 살아야 합니다. 오히려 더 낮아져야 합니다. 낮아지는 것이 복입니다. 그러니 낮은 자리에 있다고 기분 상하지 마십시오. 결코 본질적으로 낮은 사람은 없습니다. 기독교인은 모두가 하나님의 거룩한 백성입니다.

바울은 그가 선택할 수 있다면 사는 것을 선택해야 할지 죽는 것을 선택해야 할지 모르겠다고 말합니다.

"내가 둘 사이에 끼었으니 차라리 세상을 떠나서 그리스도와 함께 있는 것이 훨씬 더 좋은 일이라 그렇게 하고 싶으나 내가 육신으로 있는 것이 너희를 위하여 더 유익하리라"(빌 1:23-24).

그러면서 말합니다.

"살든지 죽든지 내 몸에서 그리스도가 존귀하게 되게 하려 하나니"(빌 1:20)

그는 사는 것을 회의하고 있는 것이 아니라 죽는 것을 두려워하지 않고 있는 것입니다. 사나 죽으나 유익하기 때문입니다.
우리 기독교인들이 그렇습니다. 우리는 사나 죽으나 다 유익이라는 것을 압니다. 그래서 죽음을 두려워하지 않습니다. 그래서 일사각오의 자세로 이 세상을 삽니다. 그런데 아이러니하게도 죽음은 각오하면서도 작은 선행이나 작은 용서에는 실패하기도 합니다.

죽음을 두려워하지 않는데 왜 세상의 작은 것에 두려워합니까? 왜 세상의 가난에 두려워하고, 세상의 작은 비난과 조롱을 두려워합니까? 우리가 두려워해야 할 것은 오직 하나님뿐입니다. 그런데 그 하나님이 우리를 사랑하시니 우리는 항상 기뻐하며 살 수 있는 것입니다.

사람이 가장 집착하는 것 중에 하나는 생명입니다. 그런데 바울은 그 생명에 있어 사나 죽으나 유익이라고 말하고 있습니다. 하나님의 인도하심을 믿기에 집착하지 않는 것입니다. 우리들이 이 땅에서 집착하는 것들도 그렇습니다. 무엇을 가지고 있으면 그것 때문에 좋은 것이 있고, 가지고 있지 않으면 그것 때문에 좋은 것이 있습니다. 가져야 한다고 집착하거나 가지지 않은 것을 절망하는 것은 어리석은 것입니다. 집착하는 것을 이루지 못하였을 때 느끼는 커다란 낭패는 우리의 기쁨을 빼앗아 갑니다. 그러나 주신 분도 하나님이시요 앗아가시는 분도 하나님이시니, 우리는 감사함으로 취하기도 하고 감사함으로 버리기도 해야 합니다.

우리는 하나님을 신뢰합니다. 주실 때도 우리를 사랑하셔서 주시는 것이며, 앗아가실 때도 우리를 사랑하셔서 앗아가신다는 것을 믿습니다. 아들까지 주신 하나님이 뭐가 아까워서 다른 것을 앗아가시겠습니까? 오직 우리를 위해서입니다. "지금은 혹시 이해되지 않더라도 이제는 그것을 믿습니다." 그렇게 되어야 합니다. 그 하나님이 우리를 구원하기 위해 독생자 아들까지 주셨으니 우리는 항상 기뻐하며 살 수 있습니다. 악한 뜻을 가진 사람은 사나죽으나 불행입니다. 무엇을 한들 악한 뜻을 이루려고 하는 것이기 때문입니다. 돈이 있어도 불행인 것은 그것으로 악한 뜻을 이루려고 하기 때문입니다.

그러나 선한 뜻을 가진 사람은 사나죽으나 무엇을 한들 다 행복입니다. 어느 곳에 있든지 그곳에서 선을 이루려고 할 것이기 때문입니다. 우리는 믿음을 가지고 있으니 이제 사나 죽으나 최고입니다. 무엇을 가지고 있든 안 가지고 있든 그것으로 우리는 최고를 이루어 가고 있습니다. 하나님의 영광이라는 최고를 이루어가고 있는 것입니다. 많은 경우, 가난해야 하나님께 영광이 되기도 합니다. 없는 중에 기뻐하는 것이 진짜 하나님을 영화롭게 합니다. 그러니 우리는 어떤 것의 유무에 상관없이 항상 기뻐할 수 있어야 합니다.

기쁨을 잃은 적이 있습니까? 왜 기쁨을 잃었는지 잘 생각해 보아야 합니다. 우리의 기쁨을 잃게 한 것이 얼마나 사소한 것인지, 그리고 우리 안에 있는 기쁨은 얼마나 큰 것인지를 깨달아야 합니다.

* * *

항상 기뻐하라. 진정 항상 기뻐하며 사는 사람이 되십시오. 며칠 전에 영국 스코틀랜드 에어셔에 거주하는 콜린(64)과 크리스 위어 씨(55) 부부가 큰 돈을 벌었습니다. 이들은 얼마 전 실시된 '유로 밀리언스'(Euro Millions) 추첨에서 2,760억 원에 달하는 거액을 손에 쥐게 되었답니다. 그래서 졸지에 영국에서 418번째 부자가 되었습니다. 얼마나 좋을까요? 듣기만 해도 부럽습니까? 그렇습니다. 좋을 겁니다. 저도 그런 돈에 당첨되었다면 좋아할 겁니다. 그런데 기억해야 할 것이 있습니다. 그 기쁨이 이미 우리 안에 있는 기쁨보다는 작다는 것입니다. 비교할 수 없을 정도로 작습니다. 우리 안에 있는 기쁨은 영원한 기쁨입니다. 만약에 그 2,760억과 저의 믿음 중에 하나를 택해야 한다면 저는 주저 없이 믿음을 선택할 것입니다. 여러분도 그렇지 않습니까? 당연히 그럴 것입니다. 그러니 이제 세상의 작은 것이 우리의 기쁨을 빼앗아 가지 않도록 하십시오.

믿음이 있고 믿음의 길을 가고 있는 것이 얼마나 행복한 것인지요. 죽을 병에 걸린 사람이 기적적으로 살게 되었다면 그 사람의 마음은 어떨까요? 아주 기쁜 마음을 가지고 살 것입니다. 하루하루가 다를 것입니다. 우리는 어떻습니까? 우리는 영원히 죽을 사람이었는데 영원히 사는 사람이 되었습니다. 그렇다면 우리의 하루하루도 다르지 않겠습니까? 그 큰 기쁨이 우리 안에 있기를 기도합니다.

12

골로새서

머리되신 그리스도를 붙들라

"머리를 붙들지 아니하는지라 온 몸이 머리로 말미암아
마디와 힘줄로 공급함을 받고 연합하여
하나님이 자라게 하시므로 자라느니라"(골 2:19).

골로새는 지금의 터키에 있는 도시입니다. 에베소의 동쪽에 위치한 작은 도시입니다. 골로새 교회에 문제가 있었습니다. 그래서 바울은 그 교회를 사랑하는 마음으로 펜을 들어 편지를 보냅니다. 문제는 여러 문제였습니다. 그런데 해답은 하나입니다. 예수 그리스도입니다. 예수 그리스도에 대한 바른 지식은 교회 안의 신학적인 문제나 윤리적인 문제를 해결하는 유일한 해답이었습니다. 그래서 골로새서는 그리스도에 대한 내용이 많이 나옵니다. 예수 그리스도에 대한 위대한 선언과 그리스도에 대한 고결한 지식이 담겨 있습니다.

골로새서의 내용은 그리스도입니다. 그리고 주제는 '머리되신 그리스도를 붙들라'로 정하였습니다. 골로새서라는 이름에서 '골'이라는 단어가 한문과는 전혀 상관이 없지만 기억하기 쉽도록 연상법을 사용하여 뇌를 의미하는 '골'로 기억한다면 '우리의 머리되신 그리스도를 붙들라'는 주제가 조금 더 기억하기 쉬울 것입니다.

머리되신 그리스도

교회의 머리는 그리스도입니다.

> "그는 몸인 교회의 머리시라"(골 1:18).

그리스도가 우리의 머리가 되신다는 사실이 감격스럽습니까? 그분이 우리와 하나가 되고 우리의 머리가 되셔서 다스리신다는 사실은 참으로 감격스러운 진리입니다. 그리스도가 누구입니까?

> "그는 보이지 아니하는 하나님의 형상이시오 모든 피조물보다 먼저 나신이시니 만물이 그에게서 창조되되…만물이 다 그로 말미암고 그를 위하여 창조되었고"(골 1:15-16).

만물이 그에게서 창조되었습니다. 만물이 그를 위하여 창조되었습니다. 창조자이신 그리스도가 친히 우리의 머리가 되신다는 것입니다. 이것이 실감납니까?

　동네 작은 행사에 국회의원이 참석하면 주최 측은 내심 영광스럽게 생각합니다. 그래서 자랑거리로 내빈을 소개합니다. 대통령이 초청하여 함께 식사를 한다면 가문의 영광으로 생각할 것입니다. 같은 피조물끼리도 사회적 신분이 있는 사람이 함께 해주면 그것을 매우 영광스럽게 생각합니다. 그런데 피조물이 아니라 창조자이신 그분이 우리와 함께 하시고 우리의 머리가 되신다고 말씀합니다. 피조물과 창조자 사이의 거리가 얼마나 먼지 아십니까? 그 영광의 차이가 얼마나 큰지 생각해 보셨습니까? 창조자가 피조물인 우리의 머리가 되신다는 것은 참으로 영광스러운 일입니다.

　창조자가 피조물인 우리와 함께 하신다는 그 영광스러운 사실을 넘어 더욱더 위대한 진리가 있습니다. 창조자인 그분이 우리를 위해 인간이 되셨고 우리의 죄를 사하기 위해 십자가를 지셨다는 것입니다. 이것은 우리가 자주 들어서 신선하지 않고 놀라지 않을지 모르겠습니다. 그러나 이 사실만큼 세상에 빅뉴스는 없습니다. 이것만큼 놀라운 일이 없습니다. 만물의 창조자이시며 경배를 받으시는 그분이 우리를 위해 십자가를 지셨습니다.

> "그의 십자가의 피로 화평을 이루사 만물 곧 땅에 있는 것들이나 하늘에 있는 것들이 그로 말미암아 자기와 화목하게 되기를 기뻐하심이라"(골 1:20).

만물을 자신과 화목하게 하시려고 십자가를 지셨습니다. 곧 우리와 함께 하시고자, 우리의 머리가 되시고자 우리의 죄의 대가를 대신 치르셨습니다. 뭐가 아쉬워서 창조자가 피조물이요, 못된 우리를 위해 그렇게 하셨을까요? 도저히 이해할 수 없습니다. 이해할 수 없는 위대한 일이 벌어진 것입니다. 그래서 그분이 하신 모든 일, 그분 자신이 우리에게 비밀이 됩니다. 도저히 이해할 수 없는 비밀이 됩니다.

"이 비밀은 너희 안에 계신 그리스도시니 곧 영광의 소망이니라" (골 1:27).

우리 안에 있는 그분은 영광의 비밀입니다. 그분은 너무 영광스러워서, 그분의 사랑이 너무 커서, 그분의 은총이 너무 커서 우리에게 비밀이 될 수밖에 없는 비밀 그 자체입니다. 비밀이신 그분이 우리에게 다가오셔서 우리의 머리가 되시고자 하셨고 믿는 자들의 머리가 되셨습니다. 이것은 참으로 큰 신비입니다. 이 비밀의 신비를 알아야 합니다. 이것은 참으로 어렵고도 두려운 일입니다. 그러나 믿음으로 깨달으면 참으로 영광스러운 것입니다.

"그 안에는 지혜와 지식의 모든 보화가 감추어져 있느니라"(골 2:3).

그렇습니다. 그리스도 안에 세상 모든 것을 다 합한 것보다 더 위대한 지혜와 지식이 담겨 있습니다. 그 안에서 우리는 무한한 가치를 발견해야 합니다. 그 안에서 무한한 가치를 발견하십시오. 오직 그분 안에서만 무한한 가치를 발견할 수 있습니다. 그분 안에서 발견되는 지혜와 보화는 그분 밖에서 발견되는 그 어떤 것에도 비교될 수 없습니다. 모든 것이 오직 그분 안에서만 무한한 가치를 가집니다.

교회인 우리의 머리는 그리스도입니다. 이 사실이 영광스럽게 생각됩니까? 그리스도께서 우리의 머리가 되신 것은 우리를 귀찮게 하고 우리를 옭아매려는 것이 아닙니다. 그분이 우리의 머리가 되신다는 것은 말로 다 표현할 수 없는 영광입니다. 우리 안에 계셔 우리에게 말씀하시는 예수 그리스도 그분께 이제 꿇어 엎드리십시오. 혹시 그동안 그분을 귀찮아하고, 가벼이 대하지는 않았습니까? 이제는 그분이 우리의 머리 되신다는 사실을 새롭게 인식하고 그분이 우리의 머리가 되시도록 우리 삶의 주도권을 그분께 내어 드리십시오.

머리를 붙들라

바울이 골로새에 편지를 쓴 이유 중에 하나는 골로새교회 안에 잘못된 신앙을 가진 사람들이 있었기 때문입니다. 그들을 대략 간단히 요약하면 의식존중주의, 금욕주의, 천사숭배주의 등입니다. 이들의 특징은 일단 겉으로는 좋아 보인다는 것입니다. 의식존중주의는 구약에 대한 잘못된 신학에서 출발합니다. 그러나 그들이 안식일을 철저히 지키고, 할례를 철저히 행할 때 겉보기에는 분명히 더 신앙이 있어 보였을 것입니다. 또한 금욕주의를 따르는 사람들이 세상과 단절하고 세상의 것을 멀리하고 사는 모습은 성스럽고 존경스럽기까지 하였을 것입니다. 그리고 천사숭배주의(본 것에 의지, 골 2:18)는 오늘날 우리가 보기에는 별것 아닌 것 같이 보일지 모르지만 천주교에서 수많은 천사와 성인을 모시는 것처럼 이 당시의 천사숭배주의는 영적인 경험을 기반으로 하는 신비스러운 그 무엇이었습니다. 그렇기 때문에 사람들에게 매우 매력적이었을 겁니다.

그러나 그러한 것들의 가장 큰 취약점은 무엇일까요? 그들 안에 예수 그리스도가 없다는 것입니다. 예수 그리스도가 중심이지 않았습니다. 그들은 많은 것을 이룬 것 같으나 가장 중요한 그리스도를 놓치고 있었습니다. 의식이 중요한 것도, 때로는 금욕이 필요한 것도, 그리고 때로는 신비적 경험도 모두 그리스도 안에 있어야 합니다. 그러한 것들이 그리스도를 비추는 것이어야 하며, 결국은 그리스도께 가까이 가게 하는 것이어야 합니다. 그리스도의 제자가 되게 하고, 그리스도의 말씀에 순종하게 하는 방향으로 가야합니다. 그러나 그러한 것들 자체가 우선 되어 말씀이 사라지고 그리스도가 보이지 않는다면 그것은 잘못된 것입니다.

오늘날에도 이쪽저쪽에서 신비한 일을 말하기도 합니다. 병 고치는 은사집회를 말합니다. 영적인 쓰러짐의 경험을 했다고 말합니다. 그런데 그 안을 들여다보면 그로 인해 그리스도께 더 가까이 가는 것이 보이지 않습니다. 그리스도의 말씀에 더 순종하여 더 사랑하는 사람, 사랑스러운 사람이 되었다는 소리가 들리지 않습니다. 그들은 그러한 일을 하는 목회자나 교회에만 가까이 갑니다. 예수 그리스도께 가까이 가지 않습니다. 그것은 지극히 잘못된 것입니다. 모든 신앙은 예수 그리스도를 통해 하나님께 가까이 가는 것이어야 합니다. 모든 신앙은 예수 그리스도의 말씀에 순종하는 면에 있어 자라가야 합니다. 예수 그리스도를 머리로 한 자라감이 없다면 그것은 가짜입니다.

그리스도가 우리의 머리가 되신다는 것은 우리의 본질입니다. 우리는 우리의 머리되신 그리스도를 붙들어야 합니다. 무엇이든지 그리스도를 나타내지 않는다면 그것은 잘못된 것입니다. 우리는 철저히 그리스도 중심적이어야 합니다. 그렇다면 그리스도를 나타낸다는 것은 무엇을 의미할까요? 어떻게 하여야 그리스도를 드러내는 것일까요?

그리스도를 드러낸다는 것은 어디에서든지 그의 이름을 많이 말하는 것을 의미하지는 않습니다. 착한 일을 하고 내가 기독교인이라는 것을 말하는 것이 그리스도를 드러내는 것이 아닙니다. 그것은 오히려 그리스도를 감춰지게 할 수 있습니다. 잘한 일을 두고 생색을 내면 때로는 추해집니다. 어떤 사람은 착한 일을 하고나면 꼭 "교회 다니라"고 말을 해야 한다는 의무감을 갖고 있는 것 같습니다. 그러나 그리스도를 드러내는 것은 착한 일을 하는 것 그것만으로 충분합니다. "교회 다니십시오"라는 말을 꼭 해야 하는 것은 아닙니다. 그저 그리스도가 우리 안에서 주인이 되도록 그렇게 살면 됩니다.

예수님이 하신 일을 보십시오. 그분은 놀라운 일을 하시고 생색 내지 않으셨습니다. 주로 항상 "말하지 말라"고 하셨습니다. 그분이 직접 말한 것은 거의 없습니다. 그냥 살면 되는 것입니다. 우리가 그리스도를 주인으로 모셔 바르게 살았을 때 때로는 상대방이 내가 기독교인인 것을 몰라도 됩니다.

그러나 분명한 것은 내 안에 그분이 행하신 것을 나는 압니다. 그리고 주변 사람들도 자연스럽게 압니다. 그렇기 때문에 그리스도를 드러낸다는 것은 그의 이름을 말하는 것이 아니라 그분이 주인이 되어 사는 것입니다. 그분이 주인이 되어 우리 안에 사신다면 우리가 굳이 그리스도의 이름을 말하지 않아도 그리스도의 뜻이 구현될 것입니다. 그리스도의 뜻이 구현된다면 그것만큼 그리스도를 드러내는 일이 어디 있을까요? 그리스도의 뜻을 행한다면 그것이 바로 그리스도가 우리의 머리가 되신 삶입니다. 머리가 원하는 것을 몸이 따르는 것처럼 그리스도께서 원하시는 뜻을 따라 살면 그것이 그리스도를 머리로 하여 사는 것입니다. 그리스도를 드러내는 것입니다.

그분이 우리의 머리가 되신다는 것은 고백으로도 나타나지만 고백으로만 끝난다면 그것은 공수표입니다. 그리스도가 우리의 머리가 되신다는 것은 관계로 나타나야 합니다.

" 또 무엇을 하든지 말에나 일에나 다 주 예수의 이름으로 하고 그를 힘입어 하나님 아버지께 감사하라 아내들아 남편에게 복종하라…남편들아 아내를 사랑하며 자녀들아 모든 일에 부모에게 순종하라 아비들아 자녀를 노엽게 하지 말지니…종들아 모든 일에 육신의 상전들에게 순종하되…상전들아 의와 공평을 종들에게 베풀지니"(골 3:17-4:1).

땅에서 각각의 역할이 있습니다. 그런데 그 역할도 주 예수의 이름으로 하라고 말씀하고 있습니다. 그리스도를 머리로 삼고 살라는 것입니다. 그 관계는 사회에서의 관계, 교회, 가정에서의 관계에서 드러납니다.

우리의 내면을 보십시오. 우리의 삶을 보십시오. 그분이 우리의 머리이십니까? 그렇다면 우리는 영광스러운 삶을 살고 있는 것입니다. 세상 사람이 보기에 어떠하든지 우리는 영광스러운 삶을 살고 있는 것입니다. 그러나 만약 머리되신 그리스도를 발견하지 못한다면 우리의 삶은 참으로 무가치한 것으로 전락합니다. 그리스도 밖의 것은 그 어떤 것도 가치가 없습니다. 그것은 쉬 사라지는 것이기 때문입니다. 그 어떤 것도 그리스도만큼의 가치가 있지 않기 때문입니다. 창조자이신 그분만이 세상의 모든 것보다 더 위대한 가치를 가지기 때문입니다. 우리의 모든 존재와 삶이 그리스도를 머리 삼은 것이 되도록 하십시오. 그것이 복입니다. 그것이 우리가 복이라 말할 수 있는 유일한 것입니다.

* * *

머리를 붙들라. 골로새서에서 외울 말씀입니다.

> "머리를 붙들지 아니하는지라 온 몸이 머리로 말미암아 마디와 힘줄로 공급함을 받고 연합하여 하나님이 자라게 하시므로 자라느니라"(골 2:19).

잘못된 신앙생활을 하는 것은 그리스도를 머리로 붙들지 않기 때문입니다. 교회 된 우리는 그리스도를 머리로 하여 살아야 합니다. 곧 그리스도께서 공급하시는 힘으로, 그리스도의 뜻을 좇아 살아야 합니다. 그리하여 자라가야 합니다. 하나님께 더 가까이 자라가야 합니다. 그리스도를 더 닮아가야 합니다.

창조자이신 그리스도께서 친히 피조물인 우리의 머리가 되신다는 것의 무한한 신비를 알아야 합니다. 그 신비를 알아야 다른 신비를 찾지 않게 됩니다. 우리의 신비는 오직 그리스도 그분입니다. 그분을 아는 것입니다. 그분이 우리의 머리가 되신다는 것은 무한한 영광입니다. 이 영광을 알아야 다른 영광을 탐하지 않게 됩니다. 우리가 그분을 우리의 머리로 모시고 사는 것이 무한한 영광입니다. 우리의 성스러움은 오직 그분께 있습니다. 무엇을 본 것이 아니라 그분께 순종한 것이 가장 성스러운 것입니다. 오직 우리의 머리되신 그리스도를 붙들고 사는 신비스럽고, 영광스러우며, 성스러운 삶 곧 아름다운 삶이되기를 기도합니다.

데살로니가전서

재림신앙을 가져라

"우리는 낮에 속하였으니 정신을 차리고
믿음과 사랑의 호심경을 붙이고
구원의 소망의 투구를 쓰자"(살전 5:8).

바울서신은 교회에 보낸 서신과 개인에게 보낸 서신으로 나뉘는데 데살로니가전·후서는 교회에 보낸 서신서 중에 가장 뒤편에 위치해 있습니다. 아마 그 내용이 재림에 대한 것이기 때문에 제일 뒤편에 위치한 것 같습니다. 데살로니가는 그리스 북동쪽(빌립보와 가까움)에 위치한 항구도시로 이 당시에 마게도냐 지역의 수도였으며, 서방과 동방을 이어주는 교통의 요충지였습니다. 지금은 그리스 제2의 도시입니다. 신약성경에서 가장 먼저 기록된 성경은 야고보서인데 그 다음에 기록된 것이 데살로니가전서입니다. 바울서신 중에는 가장 먼저 기록된 성경입니다.

데살로니가교회는 참된 믿음·소망·사랑이 있었던 교회입니다. 그들은 많은 환난 중에도 다른 교회의 모범이 되었습니다.

"마게도냐와 아가야에 있는 모든 믿는 자의 본이 되었느니라"
(살전 1:7).

그들이 왜 이렇게 아름다운 신앙을 가질 수 있었을까요? 그들은 재림신앙을 가지고 있었습니다. 그 재림신앙에 대해 바울은 더 자세히 이야기합니다. 재림신앙, 오늘날 재림이라는 단어는 인기가 없습니다. 그러나 재림만큼 귀중하고 기쁘고 아름다운 언어는 없습니다. 데살로니가전서 성경 말씀을 함께 살펴보면서 재림이라는 단어가 우리 안에 그렇게 귀하고 기쁘고 아름답게 간직되기를 바랍니다.

재림이 있다

재림이란 예수님이 이 땅에 다시 오신다는 뜻입니다. 재림을 알기 위해서는 초림을 먼저 알아야 합니다. 재림이란 '두 번째 오신다'는 것이니 '첫 번째 오셨을 때'부터 살펴보아야 두 번째 오시는 이유를 알 수 있을 것입니다. 태초에 천지를 창조하신 하나님의 외아들이신 성자 하나님이 지금으로부터 2,000여 년 전에 인간의 몸을 입고 이 땅에 오셨습니다. 그때를 초림이라고 말합니다. 그때는 사람을 구원하기 위하여 오셨습니다. 하나님 나라를 가르치셨고, 십자가에 못 박혀 죽으심으로 사람들의 죄를 대속하셨습니다. 재림은 예수님이 이 땅에 다시 오시는 것을 말합니다. 처음에 이 땅에 오셔서 죽으시고 승천하셨던 예수님이 땅에 다시 오실 것입니다. 초림은 구원을 여시기 위해 오셨고, 재림은 구원을 완성하기 위해 오십니다. 재림은 구원을 완성하는 것입니다. 주님의 초림이 십자가 사건에서 절정을 이루는 은혜요 슬픈 일이라면, 주님의 재림은 보좌와 천국에서의 영광이요 기쁨입니다.

재림이라는 단어에 대한 오해가 많습니다. 이상한 사람들이 재림이라는 단어를 사용하기 때문입니다. 재림에 대한 바른 신학을 가지지 않은 사람들 곧 재림에 대해 모르는 사람들이 재림을 독점하다시피 하고 있습니다. 그래서 많은 사람들이 재림에 대해 좋지 않은 생각을 가지고 있습니다. 이제 우리들은 재림에 대한 바른 개념을 회복해야 합니다. 재림만큼 위대하고 아름다우며 행복한 단어는 없습니다. 우리가 그토록 바라던 구원이 완성되어 현실화되며 주님의 얼굴을 맞대어 보게 될 터인데 이보다 더 큰 기쁨이 어디 있겠습니까?

주님이 언제 오실까요? 주님이 오실 날을 소망하고 있습니까? 준비하고 있습니까? 그날은 참으로 고통과 슬픔이 마치는 날입니다. 그렇게 좋은 날을 기다리지 않는다는 것은 조금 이상하지 않습니까? 어렸을 적 운동회를 기다리던 때가 있었습니다. 운동회가 되면 즐겁습니다. 유일하게 자장면을 먹는 날이기도 하였습니다. 그러니 얼마나 기다렸겠습니까? 즐거운 날은 기다립니다. 직장인들은 주말을 소망하고, 갓난아기를 키우는 부모들은 아이가 걸어 다니게 될 때를 소망합니다. 자기 집을 처음으로 분양받아 아파트 입주할 날이 다가오면 가슴은 소망으로 설렐 것입니다. 그렇게 좋은 일은 소망하지 말라고 해도 소망합니다. 그날을 생각하면 마음이 저 깊은 곳에서부터 행복해지기 때문입니다.

그 좋은 일 중에 으뜸은 구원입니다. 세상의 좋은 일이라는 것은 작은 구원입니다. 힘든 일로부터의 구원이요, 전셋집에서의 구원입니다. 그런데 그런 모든 문제로부터 일시적으로 완전히 영원토록 구원에 이르게 하는 것이 바로 예수님의 재림입니다. 그렇다면 믿음의 사람들은 그 재림을 소망해야 하지 않겠습니까? 재림을 믿는 사람이라면 그 재림을 소망하지 않겠습니까? 재림을 알면 소망해야 합니다. 재림을 믿는다면 소망하게 됩니다. 소망한다는 것은 참으로 행복한 일입니다. 데살로니가전서에서 바울이 데살로니가 교회를 칭찬한 유명한 구절이 있습니다.

"너희의 믿음의 역사와 사랑의 수고와 우리 주 예수 그리스도에 대한 소망의 인내를 우리 하나님 아버지 앞에서 끊임없이 기억함이니"(살전 1:3).

그렇게 역사가 있는 믿음, 수고가 있는 사랑을 가질 수 있었던 이유가 무엇일까요? 그것은 소망 때문입니다. 그들은 그리스도의 오심에 대한 소망을 가지고 있었습니다. 그래서 그들의 믿음은 역사하는 힘이 있었고, 그들의 사랑은 수고를 피하지 않는 사랑이었던 것입니다. 그리스도의 재림을 소망하였기에 이런 모든 것이 가능했습니다.

소망이라는 것이 무엇입니까? 소망한다는 것이 무엇입니까? 소망한다는 것은 미래의 일을 오늘 가슴에 품는 것입니다. 그래서 소망하게 되면 미래의 일이 오늘의 현실이 됩니다. 소망이 강할수록 현실에 근접합니다. 그래서 그 소망하는 것을 오늘 누리면서 살게 됩니다. 소망한다는 것은 그것을 오늘 생각하는 것이고. 그래서 그것이 오늘에 영향을 미칩니다. 주님의 재림은 미래의 일입니다. 미래의 그 일이 어떻게 오늘을 살고 있는 데살로니가 교인들에게 큰 영향을 미쳤을까요? 그것은 바로 소망 때문입니다. 그들이 그것을 소망하였기에 그것이 그들의 오늘이 되었습니다.

소망이라는 것이 그렇습니다. 미래의 일이 오늘이 될 수 있는 유일한 방법은 소망하는 것입니다. 소망하면 미래의 일이 오늘 그 사람의 마음에 영향을 미칩니다. 그래서 아직 이루어지지 않았음에도 불구하고 기쁘고 행복합니다. 그리고 그렇게 소망하는 사람만이 그 소망하는 미래가 미래의 어느 시점에 오늘이 됩니다. 오늘 소망하지 않는다면 그 사람에게 그 미래는 도래하지 않을 것입니다. 소망하는 사람만이 그 것을 소유할 수 있습니다. 소망하는 사람만이 그것을 오늘 누릴 수 있고, 미래에 소유할 수 있게 됩니다. 그렇다면 우리는 가장 즐거운 날인 주님의 재림을 기다려야 하지 않겠습니까?

예수님이 이 세상에 오시기 전에 사람들은 메시아를 기다렸습니다. 그때 예수님은 초림으로 오시는 것이었습니다. 그때 예수님은 사람들의 죄를 사하기 위해 오셨습니다. 예수님은 이 세상에 오셔서 십자가를 지심으로 사람들의 죄를 사하셨습니다. 그리고 승천하셨습니다. 그런데 죄를 사하셨음에도 불구하고 우리는 여전히 죄의 굴레 속에서 살고 있습니다. 이 땅에서의 정신적 육체적 모든 고통은 다 죄의 굴레입니다. 이 지긋지긋한 죄의 굴레에서 벗어나고 싶습니다. 이 죄의 굴레에서 언제 벗어납니까? 예수님의 재림입니다.

자기 자신에게 질문해 보십시오. 재림이 있다는 것을 믿고 있었는가? 그리고 재림을 소망하고 있었는가? 구원을 안다면 어찌 소망하지 않을 수 있겠습니까? 그것이 구원인데 말입니다. 재림이 있습니다. 이 땅의 구원을 위해 2,000년 전에 오셔서 구원의 사역을 시작하셨던 예수님은 그 구원을 완성하기 위해 이 땅에 다시 오실 것입니다. 구원이 얼마나 놀랍고 영광스럽고 기쁜 일입니까? 우리는 그 구원을 이루는 재림을 알아야 합니다. 잘 알아야 합니다. 그리고 소망해야 합니다. 재림을 소망하는 사람 곧 재림신앙을 가져야 합니다.

재림을 소망하라

재림이 있습니다. 그렇기 때문에 재림을 소망해야 합니다. 그리고 소망하는 사람은 분명히 오늘 재림을 준비하고 있을 것입니다. 재림이 있습니다. 그렇다면 마땅히 재림을 준비해야 하지 않겠습니까? 재림을 준비하지 않는 사람들이 많습니다. 그것은 참으로 큰 불행입니다.

개인의 종말은 징조가 있습니다. 사고나 갑자기 닥치는 징조 없는 특별한 종말도 있지만 그래도 어느 정도는 예상할 수 있습니다. 그래서 기대수명이라는 것이 있습니다. 그래서 그때 준비해도 됩니다. 무덤도 그때 준비하면 됩니다. 그런데 우주적 종말(재림)은 징조가 없습니다. 언제 닥칠지 모릅니다. 그래서 평상시 항상 준비되어 있어야 합니다. 언제라도 주님을 맞이할 준비가 되어 있어야 합니다. 개인적 종말(죽음)은 죽으면 끝인 것 같지만 우주적 종말(재림)은 그때부터 시작하는 것입니다. 그래서 재림을 준비하는 사람은 더욱더 준비해야 할 일이 많습니다. 재림 때에 심판이 있다는 것을 믿기에 모든 삶으로 준비해야 합니다.

이 땅에서의 삶은 따분하고 답답하며 모순투성이입니다. 비참합니다. 그래서 우리에게 주님의 재림이 필요합니다. 구원의 완성인 주님의 재림이 필요합니다. 이 땅에서 더 이상 못살겠습니다. 이 땅은 너무 많은 아픔이 난무합니다. 우리는 주님의 재림이 필요합니다. 재림이 필요하다고 느낄 때, 그때가 우리가 더욱더 재림을 준비해야 할 때입니다. 준비하지 않은 사람에게는 그날이 오히려 불행이 될 것입니다.

재림이 필요 없는 시대에 살고 있습니다. 때론 너무 잘 살아서 재림이 필요 없습니다. 그러나 진짜 그런지요? 어떤 누구도 그렇게 잘살고 있는 것이 아닙니다. 단지 잊어버리고 살 뿐입니다. 인간의 본연의 모습을 잃어 버리고 그냥 그럭저럭 살고 있는 것을 잘 살고 있다고 착각하는 것입니다. 그리고 다가올 미래에 어떻게 될지를 모르기에 재림을 필요로 하지 않고 사는 것입니다. 다가올 미래를 너무 모르고 말입니다.

　재림을 소망하지 않는다면 그것은 아주 크게 잘못하고 있는 것입니다. 이 땅에서의 가장 큰 불행은 재림을 소망하지 않는 것입니다. 너무 잘 살아서 재림을 소망하지 않는다면 그 사람은 지금 가장 못살고 있는 것입니다. 가장 불행한 것입니다. 어떤 사람이 지금 너무 힘들어서 재림을 소망하고 그래서 재림을 더 잘 준비한다면 그 사람은 지금 가장 복된 삶을 살고 있다 할 수 있습니다. 경제적으로 어려웠던 과거에는 주님의 재림을 소망하는 마음이 많았습니다. 그런데 오늘날 많은 사람들 마음에 재림을 소망하는 마음이 약해져 있고 그래서 재림을 준비하지 못하고 있는 것을 발견합니다. 그렇다면 그것은 복 받은 것이 아니라 복을 잃은 것입니다.

　바울은 재림신앙을 가지고 있었기 때문에 탐심을 가지지 않았고(살전 2:5), 자신의 영광을 구하지 않았으며(살전 2:6), 목숨까지도 교회를 위하여 주었노라(살전 2:8)고 말하고 있습니다. 재림신앙을 가지지 않은 사람은 이 땅에서 누리고 영광 받기를 원합니다. 그래서 탐심으로 삽니다. 이 땅에서 영광을 구하고, 오직 자기 자신만을 위하여 삽니다. 그러나 주님의 재림을 기다리는 사람은 그렇게 살지 않습니다.

　주님의 재림은 우리에게 두 가지를 생각나게 합니다. 첫째, 구원입니다. 둘째, 평가(심판)입니다. 예수님이 오시는 것이기에 당연히 구원이 있는 날입니다. 그리고 예수님은 심판하러 오신다고 말씀하셨습니다. 그래서 이 땅에서의 삶을 하나하나 다 평가하고 심판하실 것입니다. 그렇기 때문에 주님의 재림을 생각하는 사람은 오늘 이 땅에서의 삶을 더욱더 바르게 살고자 합니다. 잘못된 종말론자들은 재림을 생각하면 세상의 것을 다 버리고 살아야 한다고 생각합니다. 그러나 그것은 지극히 잘못된 생각입니다. 참된 종말론은 심판을 생각하는 것으로서 이 땅의 것을 가지고 더 열심히 노력하고 더 많은 달란트를 남기기 위해 노력하는 것입니다.

우리는 이 땅을 종말론적으로 살아야 합니다. 종말을 생각하지 않고 마치 영원히 살 것처럼 살아서는 안 됩니다. 세상 사람들을 보십시오. 영원히 살 것처럼 삽니다. 그들은 분명히 영원히 살지 못한다는 것을 압니다. 그러나 사는 것을 보면 영원히 살 것처럼 삽니다. 그래서 탐심을 가지고 자신의 영광을 위해 삽니다. 우리는 종말론적인 삶을 살아야 합니다. 언제든지 주님이 오시면 기쁨으로 맞이할 수 있는 준비된 사람이 되어야 합니다.

재림을 소망하며 준비하고 있습니까? 그렇다면 재림신앙을 가진 것이요, 준비하고 있지 않습니까? 그렇다면 재림신앙을 놓치고 살고 있는 것입니다. 재림신앙을 가지고 살아야 합니다. 재림은 모든 사람에게 닥치는 가장 중요한 현실이기 때문입니다. 영광의 그날에 웃기 위해서는 재림신앙을 가져야 합니다.

* * *

재림신앙을 가지고 있습니까? 지금 상상해 보십시오. 지금 당장 예수님이 재림하신다면 기뻐할 것 같습니까, 슬퍼할 것 같습니까?

어떤 사람은 말하기를 "내가 결혼은 하고 예수님이 오셔야 하는데"라고 말합니다. 그 사람은 아직도 재림을 잘 모르는 사람입니다. 재림이 결혼에 비하여 작은 기쁨이라면 그렇게 말할 수 있습니다. 그러나 재림은 이 세상에 가장 큰 기쁨입니다. 그날은 사람들이 그토록 바라던 구원이 완성되는 날입니다. 그러니 그날은 가장 기쁜 날입니다. 그렇게 큰 기쁨이 있는 날인데 어찌 다른 작은 기쁨이 생각나겠습니까?

> "우리는 낮에 속하였으니 정신을 차리고 믿음과 사랑의 호심경을 붙이고 구원의 소망의 투구를 쓰자"(살전 5:8).

그렇습니다. 소망 없이 사는 사람들처럼 세상에 집착하여 세상의 것에 일희일비하는 삶을 살지 말아야 합니다. 정신 차려야 합니다. 우리는 세상의 것을 소유하는 것이 아니라 세상의 것에서 구원받아야 할 사람입니다. 세상의 것을 갖고자 한다면 영원히 잃을 것이요, 세상의 것을 내려놓으면 영원히 소유하게 될 것입니다. 영원히 소유하게 될 그 구원의 날을 소망하며 우리는 이 땅에서 더욱더 아름답게 살아야 합니다. 구원의 소망의 투구를 쓰고 아름답게 살기를 소망합니다. 재림신앙을 가지고 아름답게 살기를 기도합니다. 재림의 영광과 기쁨의 주인공이 되기를 기도합니다.

데살로니가후서

재림신앙으로 이겨라

"형제들아 우리가 너희를 위하여 항상 하나님께 감사할지니
이것이 당연함은 너희의 믿음이 더욱 자라고
너희가 다 각기 서로 사랑함이 풍성함이니"(살후 1:3).

신약성경은 역사서 5권, 서신서 21권, 예언서 1권 총 27권으로 되어 있습니다. 서신서 중에는 바울서신이 13권, 공동서신이 8권입니다. 바울서신 중에서도 교회에 보낸 서신이 9권이요, 개인에게 보낸 서신이 4권입니다. 데살로니가후서 성경은 교회에 보낸 서신 중 마지막 성경입니다. 그렇다면 데살로니가후서는 신약성경 중 몇 번째 성경일까요? 14번째 성경입니다.

데살로니가전서는 재림을 소망하며 재림신앙을 가지고 사는 것에 대한 것이었습니다. 데살로니가후서도 역시 재림신앙에 대한 것입니다. 특별히 재림신앙으로 세상을 이기는 것에 대해 이야기 합니다. 데살로니가 교인들은 박해를 받으며 환난을 당하고 있었던 것 같습니다. 그런데 그들은 그 환난을 잘 이겨가고 있었습니다. 여기에서 환난을 이긴다는 것은 환난을 잠재운다는 것이 아니라 환난을 잘 참는다는 것을 의미합니다. 어떻게 힘든 환난에도 불구하고 여전히 신앙의 길을 잘 갈 수 있었을까요? 그들이 재림신앙을 가지고 있었기 때문입니다. 그래서 바울은 그들을 칭찬하면서 재림신앙에 대해 일부 혼란스러운 부분에 대해 바로 잡아주며 데살로니가후서 편지를 쓰고 있습니다.

환난이 재림신앙을 멈추게 하지 못함

데살로니가교회에 있었던 환난이 그들의 신앙의 여정을 멈추게 하지 못했습니다. 그들은 박해와 환난에도 불구하고 신앙의 여정을 멈추지 않고 더욱더 앞으로 나아갔습니다.

"너희가 견디고 있는 모든 박해와 환난 중에서 너희 인내와 믿음으로 말미암아 하나님의 여러 교회에서 우리가 친히 자랑하노라"(살후 1:4).

환난 중에도 믿음을 유지하고, 그것이 긴 기간임에도 불구하고 인내한다는 것은 참된 신앙의 표징입니다.

환난 중에도 믿음을 간직하고, 계속된 환난에도 끝까지 믿음을 간직한다는 것은 말로는 간단하지만 실상은 그리 쉬운 것이 아닙니다. 오직 참 믿음이어야만 가능한 것입니다. 데살로니가 교회는 바로 그런 참 신앙을 가지고 있었습니다. 그래서 그들의 그 믿음을 생각할 때 바울은 감사하였습니다. 그리고 "우리가 친히 자랑하노라"라고 말하는 것처럼 다른 사람들에게 자랑하였습니다.

많은 신앙인들이 재림신앙을 가지고 있어도 환난을 당할 때 그 환난으로 인하여 잠시 흔들리기도 하고 혼란스러워하기도 합니다. 그러나 그것은 재림신앙이 문제가 아니라 그들이 잠시 길을 잃었기 때문입니다. 재림신앙을 놓친 것이지요. 오히려 그렇게 환난이 있을 때 더욱더 재림신앙을 잡아야 합니다. 재림신앙만이 위로가 됩니다. 힘이 됩니다. 재림신앙을 확고히 가지고 있으면 어떤 환난도 그를 멈추게 할 수 없습니다.

재림신앙에서 환난은 무엇입니까? 그것은 영광입니다. 재림 때에 있을 영광은 이 땅에서 어떻게 쌓이게 될까요? 환난(고난)으로 쌓입니다. 선한 일 곧 믿음의 일을 하다가 겪게 되는 고난은 고스란히 재림 때에 영광이 됩니다. 이 땅에서 선한 일을 한다는 것은 곧 무엇을 의미합니까? 고난을 받는다는 것을 의미합니다. 누군가에게 커피 한 잔 타다 주는 것에서부터 시작하여 무엇을 하든 그 선한 일은 내 몸이 수고해야 하고, 내 돈이 들어야 하고, 내 마음을 쏟아야 가능합니다. 그러한 모든 믿음의 역사와 사랑의 수고를 한 마디로 말하면 고난이라 할 수 있습니다.

선한 일을 위하여 고난 받고 있습니까? 그렇다면 재림 때에 받을 영광도 클 것입니다. 그러나 만약 고난을 피하여 편하게만 신앙생활을 하고 있다면 주님이 재림 하실 때에 구원은 받을지언정 영광은 크지 않을 것입니다. 선을 위해 겪는 이 땅에서의 고난과 아픔이 주님 재림 때에 영광이 된다는 것을 아는 사람은 이 땅의 고난을 기쁨의 고난으로 기꺼이 감수할 것입니다. 그러나 주님이 재림하실 때 그것이 영광이 된다는 것을 모르는 사람은 고난을 회피하는 삶을 살 것입니다. 곧 고난을 받는다는 것은 재림에 대한 믿음이 있다는 것이요 그 믿음만큼 상급을 받을 것이며, 고난을 받지 않는다는 것은 믿음이 없다는 것으로서 그만큼 상급을 얻지 못하게 될 것입니다.

믿음을 위해 고난 받는 것을 가벼이 여기지 마십시오. 믿음을 위해 고난 받는 것은 세상에서 일어나는 그 어떤 일보다 더 가치 있고 복된 것입니다. 고난을 받는 것은 "하나님의 나라에 합당한 자로 여김을 받게 하려 함이니"(살후 1:5)라고 말합니다. 고난이 있어야 하나님 나라에 합당한 자라 여김을 받을 수 있다는 것입니다. 나중에 천국에서 심판 받을 때에 불신앙자들이 하나님을 향하여 " 왜 저들은 천국에 들어갑니까?"라고 물으실 때 공의로우신 하나님께서 대답할 말 중에 하나는 바로 "저들은 나를 위해 고난을 받았다"라는 것입니다. 믿음을 위해 고난을 받으셨습니까? 그렇다면 하나님 나라에 합당한 사람입니다. 하나님의 공의에 합한 사람입니다.

믿음 때문에 고난이 있고, 믿음 때문에 고난을 받아야 했을 때 어떻게 하였습니까? 그것이 영광스럽게 생각되었습니까? 아니면 그냥 고난일 뿐이었습니까? 받지 않아도 되는데 믿음 때문에 받는 그 고난은 주님 재림하실 때 큰 영광이 될 것입니다. 이 세상은 고난의 연속입니다. 그래서 슬픕니다. 그런데 자원하여 믿음 때문에 받는 고난에 대해서는 슬퍼하지 마십시오. 자원하여 받는 고난에는 기뻐하십시오. 하늘에서 상급이 크기 때문입니다. 이 세상에서 편하고 영광 받으려 한다면 그것은 재림을 바라는 것이 아닙니다. 그것은 이 세상을 바라는 것입니다. 이 세상에서 더 많이 고난 받으며 사는 그것이 재림신앙입니다.

재림신앙은 앞으로 가는 것임

재림신앙은 멈추지 않고 앞으로 나아가게 하는 속성을 가지고 있습니다. 재림은 미래의 일입니다. 그래서 그날이 임할 때까지 앞으로 가게 합니다. 이 땅에서 별의별 일이 다 있는 것은 아직 재림이 임하지 않았기 때문입니다. 그래서 이 땅에서 생기는 별의별 일은 재림신앙을 멈추게 할 수 없습니다. 재림은 고귀합니다. 그 어떤 것보다 존귀합니다. 그래서 이 땅의 그 어떤 것도 재림신앙의 길을 멈추게 할 수 없습니다. 그래서 계속 앞으로 나갑니다. 저 앞에 있는 존귀한 것을 향해 계속 앞으로 가는 것입니다. 그래서 데살로니가 교회는 믿음과 사랑이 자라갔습니다. 믿음이 더욱 자라고 믿음의 가장 큰 특징인 사랑이 더욱 풍성해져 갔습니다. 이것이 없으면 참 신앙이 아닙니다. 자라감이 없으면 재림신앙이 아닙니다.

재림신앙을 가지고 있다면 열심히 그 길을 가야 합니다. 재림신앙을 가지고 있다는 것은 재림의 가치를 안다는 것입니다. 그 가치를 아는 사람이 세상 가치를 이루기 위해 사는 사람보다 더 노력하지 않는다면, 세상 사람들이 세상의 것에 대해 가지는 가치보다 우리가 재림신앙에 대해 가지는 가치가 작다는 것을 의미합니다.

세상은 열심의 대결입니다. 악과 선이 싸우면 누가 이깁니까? 악한 사람과 선한 사람이 싸우면 누가 이깁니까? 선이 이기는 것도 악이 이기는 것도 아닙니다. 열심인 사람이 이깁니다. 아무리 착한 목적을 가지고 공부를 하여도 열심히 공부하지 않으면, 나쁜 목적을 가지고 열심히 공부하는 사람을 당할 수 없습니다. 그렇기 때문에 우리는 열심내야 합니다. 세상의 작은 가치를 추구하는 사람보다 비교할 수 없는 더 큰 열심을 내야 합니다.

재림신앙을 가지고 사는 사람과 세상의 것을 욕심내며 사는 사람을 비교해 보십시오. 재림신앙이라는 것은 영원을 준비하는 것입니다. 재림신앙을 모르는 사람은 그들의 80년 생애를 위해 열심을 냅니다. 그렇다면 누가 더 열심내야 하겠습니까? 비교 자체가 안 되는 것 아니겠습니까? 우리는 영원을 준비하고 있습니다. 그렇기 때문에 열심히 그 영원한 세상을 준비해야 합니다. 오늘 열심히 착한 일을 해야 합니다. 오늘 열심히 믿음의 일을 해야 합니다. 세상 사람들이 오늘 열심히 자기 세상을 건축해 갈 때 우리는 열심히 자기를 깨트려가야 합니다. 세상 사람들이 자기들의 이익과 이기심을 채워갈 때 우리는 우리의 자아를 깨트리고 자아를 내려놓으며 하나님의 나라를 이루어가야 합니다. 그래서 세상 사람들이 세상에 그들의 보물을 쌓을 때 우리는 하늘에 쌓아야 합니다. 그래야 기쁨으로 주님을 맞이할 수 있습니다.

열심을 낼 때 조심해야 할 것이 있습니다. 그것은 질서입니다. 신학에도 질서가 있고, 조직에도 질서가 있습니다. 이 질서를 잘 배우고 순종해야 열심이 영광이 됩니다. 그렇지 않으면 열심이 오히려 큰 해가 될 수 있습니다. 문제는 열심 없는 사람이 만드는 것이 아니라, 열심 있는 사람이 만듭니다. 가만히 있어도 중간은 간다는 말이 있습니다. 그렇습니다. 가만히 있으면 중간은 갈 때가 있습니다. 그러나 질서를 벗어난 열심은 열심이 없는 것보다 못합니다. 자기 열심 때문에 교회를 깨트린 사람을 많이 보았습니다. 그는 자기가 옳다고 말합니다. 그러나 결코 맞지 않습니다. 그리고 백번 양보하여 옳다고 하여도 틀립니다. 만약 어떤 일이 99%가 맞고 1%가 잘못됐는데 그 잘못된 1%를 비난한다면 그 지적이 옳은 것 같지만 틀릴 때가 많습니다. 그 말 자체만 보면 맞습니다. 그러나 전체로 보면 그가 비난하는 그 1%로 말미암아 나머지 전체도 깨지곤 합니다. 그래서 큰 잘못이 됩니다. 열심인 사람은 자신의 허물은 보지 못하고 남의 허물을 파헤치고 후벼 팝니다. 그래서 문제를 만듭니다. 그래서 "일을 만들기만 하는 자"(살후 3:11)가 됩니다.

열심을 낼 때 중요한 것이 있으니 그것은 다른 이를 비난할 것이 아니라 자기 자신의 길을 열심히 가야 한다는 것입니다. 나에게 주어진 길을 열심히 가십시오. 질서 속에 주어진 일에 열심을 낼 때 그 열심은 전체에 유익이 됩니다. 그러나 질서를 벗어나면 나만 열심을 낼 뿐 전체에 유익이 되지 않고 해가 됩니다. 질서를 잘 헤아려 우리의 열심이 앞으로 잘 나가는 열심이 되도록 해야 합니다.

자신을 돌아보십시오. 재림신앙을 가지고 있기에 지금 열심히 살고 있습니까? 우리 안에 믿음과 사랑의 진보가 얼마인지 계산해 보십시오. 우리 삶속에 말씀이 실현되고 퍼져가도록(살후 3:1) 열심내고 있습니까? 열심내야 합니다. 열심내지 않고는 아무것도 이룰 수 없습니다. 악한 것에 열심인 사람, 세상의 일에 열심인 사람조차도 이길 수 없는 열심이어서는 안 됩니다. 우리가 추구하는 재림이 얼마나 영광스러운 것인지 마음에 잘 새겨서 우리가 세상의 열심을 이기는 열심으로 이 땅에 하나님 나라를 이루어 가는 사람이 되어야 합니다.

* * *

재림신앙으로 열심히 살고 있었습니까? 아니면 세상의 여러 이유로 멈추어 있습니까? 우리의 재림신앙은 고귀하니 이 신앙으로 세상에서 일어나는 모든 것을 이겨야 합니다. 이길 수 있습니다. 세상의 그 어떤 것도 재림신앙의 가치를 가지고 있지 않습니다. 그러니 그 어떤 것에도 재림신앙을 멈추어서는 안 됩니다. 환난은 우리의 재림신앙의 길을 멈추게 하는 것이 아니라 오히려 더 소망하게 하고 더 영광이 되게 하는 것입니다. 재림신앙은 움직이는 것입니다. 죽더라도 목숨이 붙어 있는 이상 그곳을 향하여 걸어가는 것입니다. 뛰어가는 것입니다. 온몸이 상처투성이여서 움직일 수 없으면 기어서라도 가는 것입니다.

데살로니가교회는 그들이 당하는 환난 때문에 그들의 신앙을 멈추지 않았습니다. 아니 오히려 더 열심히 앞으로 갔습니다. 바울은 데살로니가교회가 자랑스러웠습니다. 그래서 자랑했습니다. 오늘 우리의 신앙은 데살로니가교회처럼 자랑스러운 신앙일까요? 그렇게 되기를 소망합시다. 오늘 그렇게 됩시다. 고지가 앞에 있습니다. 앞으로 가십시오. 열심히 가십시오. 믿음의 길을 가는 것은 그만큼의 고난입니다. 그러나 고난의 흔적들은 영광의 흔적이 될 것입니다. 울지 마십시오. 고난은 영광이니, 고난을 기쁨으로 쌓으며 가십시오. 주님 오실 때까지. 주님 품에 안길 때까지.

THE MIND OF GOD
IN THE NEW TESTAMENT

신약에 나타난
하나님 마음

15

디모데전서

교회를 교회 되게 하라

"만일 내가 지체하면 너로 하여금 하나님의 집에서
어떻게 행하여야 할지를 알게 하려 함이니
이 집은 살아 계신 하나님의 교회요 진리의 기둥과 터니라"
(딤전 3:15).

디모데전서는 바울서신에서 개인에게 보낸 서신들 중에 가장 앞에 위치해 있습니다. 디모데라는 인물이 바울의 수제자였기 때문일 겁니다. 개인에게 보낸 서신 4개 중에 앞의 3개 곧 디모데전·후서와 디도서는 목회서신이라고 부르기도 합니다. 바울이 디모데와 디도에게 곧 목회자가 목회자에게 목회에 관하여 쓴 서신이기 때문입니다.

디모데전서에서는 바울이 아들과 같으며 후배 목회자인 디모데에게 어떻게 목회해야 하는지를 말해주고 있습니다. 특별히 교회의 많은 문제를 다루고, 교회라는 조직을 세워가는 면에 있어 교회를 되게 해야 하는 측면을 많이 말하고 있습니다. 교회라는 거룩한 공동체가 거룩히 세워지도록 노력할 것을 권면하고 있습니다. 우리는 교회가 거룩히 세워지도록 일조하고 있습니까? 디모데전서 말씀을 통해 교회를 교회 되게 하는 일군이 되기를 소원하며 함께 말씀을 살펴보겠습니다.

거룩한 공동체

교회는 무엇입니까?

"너로 하여금 하나님의 집에서 어떻게 행하여야 할지를 알게 하려 함이니 이 집은 살아 계신 하나님의 교회요 진리의 기둥과 터니라"(딤전 3:15).

교회는 하나님의 집입니다. 하나님이 교회에 거하십니다. 교회된 사람들은 교회에 거하시는 하나님을 보아야 합니다. 눈으로는 보이지 않으나 믿음으로 보아야 합니다. 그래서 그렇게 행동해야 합니다. 마치 하나님을 보는 사람처럼. 그래서 그 앞에 잠잠해야 합니다. 그 앞에서 조심해야 합니다. 당신은 지금 교회(하나님의 집)에서 하나님을 보고 있습니까?

　교회를 생각하면 먼저 생각되는 것이 어쩌면 문제일지 모르겠습니다. 교회에는 많은 문제가 있기 때문입니다. 교회는 공동체입니다. 그래서 문제가 따르기 마련입니다. 만약 단지 예배만 참석하고 다니고 있다면 교회에서 문제를 발견하지 못할 것입니다. 사실 많은 기독교인들이 그렇게 쉽게 교회에 다닙니다. 그러나 교회는 공동체이어야 합니다. 공동체로 다녀야 합니다. 교회에서 문제를 보지 못하고 있다면 그것이 가장 큰 문제입니다. 공동체로 함께 한다는 것이 내포하고 있는 가장 큰 의미 중에 하나는 그 안에 많은 문제를 안고 있다는 것입니다. 어쩌면 문제의 홍수 속에 있을지 모르겠습니다.

　교회를 다닐 때 멀리서는 모든 것이 좋아 보입니다. 그런데 그 안으로 들어가 보면 다릅니다. 멀리서 보면 다 착해 보입니다. 그러나 안으로 들어가 보면 그렇지 않습니다. 그렇게 조금 가까이 가면 많은 문제가 보이기 시작합니다. 그러다 보니 많은 사람들이 겁을 먹고 다시 멀어집니다. 멀리 있는 것이 좋다고 생각합니다. 그러나 그것은 공동체가 아닙니다. 교회의 본질에서 멀어져 있는 것입니다. 그래서 다시 공동체 안으로 들어가야 합니다. 그리고 이제 공동체로서 살 때 필수적으로 따라 붙는 문제라는 것을 직면해야 합니다.

　문제를 해결하는 방법이 무엇입니까? 그 문제를 없애는 것이 아닙니다. 문제는 항상 있습니다. 문제를 해결하는 가장 근본적인 방법은 그 문제를 인정하는 것입니다. 인정해야 하나씩 풀어갈 수 있습니다. 교회 공동체로서 함께 살아가다 보면 수없이 많은 문제를 보게 될 것입니다. 그 문제 속에서 살다보면 어느새 우리는 문제만 보기 쉽습니다. 그래서 교회생활이 힘들고 어려워집니다. 그러나 기억해야 합니다. 교회는 살아 계신 하나님의 집입니다. 그 안에는 거룩한 하나님의 역사하심이 있습니다. 아무리 문제가 많다 할지라도 문제만 보아서는 안 됩니다. 그 속에 거하시는 하나님을 볼 수 있어야 합니다. 교회의 설교, 교회내의 조직(여전도회, 구역…)에서 문제만 보지 말고 그 속에 역사하시는 하나님을 보십시오. 문제의 홍수 속에서도 교회 안에 거하시는 하나님을 보아야 합니다. 그럼에도 불구하고 그 속에서 역사하시는 하나님을 보아야 합니다. 참아 주시며 그들을 통해 역사하시는 하나님을 보아야 합니다. 분명한 것은 교회 속에 하나님이 계시다는 것입니다. 교회가 많은 문제를 가지고 있고 문제 많은 사람이 교회 안에 가득 있어도 그곳에 하나님이 계십니다. 교회는 하나님의 집이니 우리는 교회에서 하나님을 보아야 합니다. 그리고 그 앞에서 겸손해야 합니다. 그 앞에 꿇어 엎드려야 합니다. 곧 교회에서 겸손해야 합니다. 엎드리는 자세이어야 합니다.

교회에서 자기 생각과 자기 감정과 자기 환경대로 행동하지 않도록 조심해야 합니다. 조심하고 또 조심해야 합니다. 어떤 이들은 감히 교회에서 자기 성질대로 하려고 합니다. 자기 감정대로 일하고 싶을 때는 일하고, 일하고 싶지 않을 때는 안 합니다. 그러나 그것은 하나님을 무시하는 행동입니다.

어른을 모시고 사는 사람은 어떻게 해야 합니까? 집안에 어른을 모시고 사는 법 중에 가장 중요한 것은 내가 하고 싶은대로 하지 않는 것입니다. 그래서 부부 싸움을 하더라도 부모가 있는 곳에서는 하지 않습니다. 싸우려면 밖에 나가서 싸웁니다. 집에는 부모라는 어른이 계시기 때문이지요. 부모 앞에서 부부 싸움을 하는 사람은 어른대접을 할줄 모르는 사람입니다. 그렇게 자기감정을 죽이고 사는 것이 어른을 모시고 사는 자세입니다.

그런데 하나님의 집에서 하나님이 거하시는 교회에서 어찌 내가 하고 싶다고 하고, 하고 싶지 않다고 안 하면 되겠습니까? 교회에서는 내 감정이 어떤지 내 생각이 어떤지를 드러내지 말고 하나님이 드러나도록(진리의 터) 해야 합니다. 그래서 철저히 자기 자신을 죽이며 하나님의 마음이 어떨지를 따라 말을 하고 행동해야 합니다. 교회에서 내 생각대로 행동하고 내 감정대로 행동하면 그만큼 하나님의 집이 아니라 나의 집이 되어 버립니다. 교회가 내 집이 됩니다. 교회에서는 하나님의 뜻이 더욱더 이루어지도록 해야 합니다. 하나님이 드러나도록 해야 합니다.

한결 같으십시오. 그 한결같음이 바로 내 감정이 아니라 하나님의 뜻에 따라 하는 중요한 표징입니다. 항상 변하는 내 감정에 따라 행동하는 것이 아니라 한결같이 교회를 사랑하시는 하나님의 마음에 따라 한결같이 교회를 사랑하며 섬겨야 합니다.

나는 교회에서 하나님을 보고 있습니까? 교회 안에 있는 문제와 거룩한 하나님 중에서 우리는 무엇을 보고 있습니까? 문제 때문에 넘어질 것이 아니라 하나님 때문에 심령이 세워지고 겸손히 엎드려야 합니다. 교회는 살아 계신 하나님의 집입니다. 하나님이 거하시니 우리는 그 하나님을 보아야 하고, 우리의 모습을 통해 하나님이 드러나야 합니다. 내가 드러나지 않고 하나님이 드러나도록 하십시오. 그래서 철저히 절제해야 합니다.

되게 하라

교회는 살아 계신 하나님의 집이니 우리는 마음을 다하여 교회가 되게 하여야합니다. 교회를 파괴하는 사람이 아니라 세워가는 사람이 되어야 합니다. 교회는 구원의 방주이니 되게 하여야 합니다. 하나님의 아들은 교회가 되도록 하기 위해 성육신하셨습니다. 모든 사람이 구원 받기를 원하셔서(2:4) 이 땅에 대속물로 오셨습니다.

"크도다 경건의 비밀이여…그는 육신으로 나타내신 바 되시고" (딤전 3:16).

그렇습니다. 그분이 육신으로 오신 것은 참으로 놀라운 비밀입니다. 타락하여 죽어가는 이 땅의 사람들을 구원할 방법이 도저히 없었습니다. 그러나 그곳에서 하나님의 아들은 방법을 찾으셨고 그 자신이 이 땅에 오셨습니다.

어떻게 하여야 교회가 왕성해질까요? 어떤 단체이든지 안 되는 이유를 찾지 말고 되게 하는 이유를 찾아야 합니다. 대안 없는 비난이 나쁜 까닭은 그것이 되게 하는 것이 아니기 때문입니다. 항상 되게 해야 합니다. 그 단체가 중요하면 중요할수록 되게 하는 이유를 찾아야 합니다. 모든 곳에는 장단점이 있습니다. 그런데 어느 곳은 잘 되고 어느 곳은 안 됩니다. 그 차이가 무엇인지 아십니까? 장점이 많은 곳이 잘되고, 단점이 많은 곳이 안 되는 것이 아닙니다.

장점이 부각되는 곳은 잘 되고, 단점이 부각되는 곳은 안 되는 것입니다. 장점이 부각되어 장점이 힘을 발휘하면 그 단체는 잘 됩니다. 그러나 단점이 부각되어 단점이 힘을 발휘하면 그 단체는 무너집니다. 그래서 잘 되는 기업도 한 순간에 단점이 부각되면서 무너지곤 합니다. 그렇다면 언제 장점이 힘을 발휘하고, 언제 단점이 힘을 발휘할까요?

힘이 발휘되려면 에너지가 있어야 하는데 그 에너지는 말과 생각으로 채워집니다. 장점을 생각하고 그것을 말하면 그 장점에 에너지가 공급되어 힘을 발휘합니다. 물론 단점을 생각하고 말하면 그 단점에 에너지가 충전됩니다. 어떤 사람들은 때로는 좋은 의도라고 생각하고 단점을 말하곤 합니다. 단점을 부각시킵니다. 그런데 그렇게 단점이 부각되면 좋은 의도임에도 불구하고 더 악영향을 미치곤 합니다. 단점이 힘을 발휘하였기 때문입니다.

칠흑같이 어두운 밤 시골길을 걷고 있다고 생각해 보십시오. 그때 귀신이 생각났습니다. 그러면 어떨까요? 무섭지요? 그래서 이렇게 생각합니다. "귀신을 생각하지 말아야하지 생각하지 말아야지."

그러면 어떻게 될까요? 의도는 좋았습니다. 귀신을 생각하지 말아야 무섭지 않으니까요. 그러나 그렇게 생각할 때, 그 사람은 더욱더 귀신이 생각날 것입니다. 그래서 무서울 것입니다. 생각과 말은 그 대상을 부정하든 긍정하든 영향을 미칩니다. 곧 '귀신을 생각해야지'라고 말을 하든 '생각하지 말아야하지'라고 말을 하든 말을 하면 그것이 힘을 받아 더 생생해집니다. 그렇기 때문에 우리는 좋은 의도라 하여도 단점 지적하는 것을 신중해야 합니다. 좋은 의도라면 장점을 더 말하십시오. 그래서 장점이 더 많은 힘을 받아 더 발휘되게 하십시오.

교회에서 소모적인 변론을 일삼아서는 안 됩니다. 교회가 되게 하기 위해서는 생산적인 일에 힘을 기울여야 하기 때문입니다.

> "다른 교훈을 가르치지 말며 신화와 끝없는 족보에 몰두하지 말게 하려 함이라 이런 것은 믿음 안에 있는 하나님의 경륜을 이룸보다 도리어 변론을 내는 것이라"(딤전 1:3,4).

바울은 디모데전서에서 다른 교훈을 가르치는 사람을 경계해야 한다고 말합니다. 다른 교훈이라는 것이 무엇일까요? 많이 다르면 이단이라고 합니다. 적게 다르면 성경해석상의 차이를 가지고 있는 다른 교파적인 해석이라고 할 수도 있습니다. 교회에서 다른 교훈은 쓸모없는 소모적 변론을 낳습니다. 그래서 교회는 담임목사의 목회철학에 의해 일사불란하게 움직여야 합니다. 감독과 집사를 뽑을 때도 다투는 자가 아니어야 한다고 말씀하고 있습니다. 말을 함부로 하는 자가 아니라 신중한 자이어야 하며, 말이 앞서서 일구이언 하는 자가 아니라 묵묵히 행동하는 자가 되어야 한다고 말씀하고 있습니다(딤전3:3, 8).

교회를 되게 하는 사람은 일을 가지고 분쟁하는 자가 아니라 일을 짊어지는 사람입니다. 교회에 문제가 생길 때도 그것을 가지고 책임소재를 따지며 싸우는 것이 아니라, 그 문제를 자신이 짊어지는 사람이 교회를 되게 하는 사람입니다. 교회의 진짜 일원은 책임지는 사람입니다. 공동체는 한 몸이기에 누군가 다른 사람이 잘못했어도 내가 잘못한 것이기 때문입니다.

솔로몬의 판결을 생각해 보십시오. 한 아기를 두고 서로 자기가 진짜 엄마라고 싸우고 있을 때 솔로몬은 "아기를 반으로 잘라 나누어 가지라"고 판결하였습니다. 가짜 엄마는 "그렇게 하라"고 말합니다. 그러나 진짜 엄마는 "내가 아기를 포기하겠다"고 말합니다. 가짜는 이기려고만 합니다. 그러나 진짜는 아기의 생명을 책임집니다. 어떻게든 아기를 살리려고 합니다. 진짜 교인도 그러합니다. 문제 속에서 자기의 이익을 따지지 않고, 자기의 실리를 챙기는 것이 아니라 어찌하면 교회가 세워질지를 생각합니다. 우리 모두는 교회를 향하여 이 마음을 가져야 합니다. 그것이 교회를 사랑하는 사람입니다. 교회공동체의 진짜 일원입니다. 쓰레기가 많다고 100번 말하는 것보다 자신이 한 번 줍는 것이 더 낫고, 기도하자고 100번 말하는 것보다 자신이 한 번 기도하는 것이 더 낫습니다.

나는 교회가 교회 되게 하는 사람이었습니까? 교회가 교회 되게 만드는 이유를 찾으십시오. 교회가 교회 되도록 하기 위해 내가 해야 하는 것을 찾으십시오. 내가 할 수 있는 것을 찾으십시오. 교회에서 말만 하는 사람이 아니라 일하는 사람이 되십시오. 책임지는 사람이 되십시오. 교회를 자기 몸으로 생각하고 교회와 함께 운명 공동체가 되어 교회가 어떻게 하든 되게 하려는 사람이 적습니다. 교회가 교회 되게 하십시오. 교회에 선한 에너지를 불어 넣고, 교회가 교회 되게 하십시오. 자기 몸 의식을 자기고 본능적으로 교회를 생각하고 교회를 세우는 사람이 되십시오.

* * *

교회를 교회 되게 하라. 교회는 살아 계신 하나님의 집입니다. 하나님이 거하시니 하나님의 존전에서 겸손하고 거룩해야겠지요. 하나님의 집이신 거룩한 교회를 되게 하십시오. 어찌하든 교회가 되게 하십시오. 교회가 교회 될 때 우리 자신도 살고 교회로 인해 더욱더 많은 이웃이 살게 됩니다.

교회가 되기 위해서는 내가 죽어야 합니다. 수없이 많이 죽어야합니다. 그렇게 죽을 때 결국은 내가 삽니다. 바울은 디모데에게 말합니다.

"네가 네 자신과 가르침을 살펴 이 일을 계속 하라 이것을 행함으로 네 자신과 네게 듣는 자를 구원하리라"(딤전 4:16).

그가 교회를 살리기 위해 말씀을 읽히고 권면하고 가르치는 것에 전념하여야 했습니다. 그것은 힘든 일이지만 결국은 그것이 자기 자신을 구원하고 이웃을 구원케 하는 길이라고 말씀하고 있습니다. 그렇습니다. 교회를 세우는 일을 할 때 (수많은 문제로 인해)그 일이 힘들지만 결국은 우리를 구원하고 우리 이웃을 구원케 될 것입니다. 교회를 교회 되게 하는 것은 가장 큰 복된 일입니다.

THE MIND OF GOD
IN THE NEW TESTAMENT

신약에 나타난
하나님 마음

디모데후서

네게 부탁한 아름다운 것을 지키라

"하나님이 우리에게 주신 것은
두려워하는 마음이 아니요
오직 능력과 사랑과 절제하는 마음이니"(딤후 1:7).

신약성경 중에 옥중서신이라 불리는 성경이 있습니다. 바울이 감옥에서 쓴 서신을 그렇게 부르는데요. 에베소서·빌립보서·골로새서·빌레몬서가 그에 속합니다. 그런데 옥중서신이라는 이름은 붙어 있지 않지만 사실 옥중서신이라고 불릴 수 있는 서신이 하나 더 있는데 바로 디모데후서입니다. 앞에서 옥중서신이라 불려지는 4권의 성경은 바울이 처음 로마 감옥에 있을 때이고, 디모데후서는 바울이 다시 로마 감옥에 갇혔을 때 쓴 서신입니다.

디모데후서를 기록하고 있을 때는 앞선 옥중서신하고 환경이 많이 달랐습니다. 이때는 네로 황제가 심하게 박해를 하고 있던 시기입니다. 바울이 처음 감옥에 갇혔을 때는 어느 정도 자유가 있는 가택연금의 형식이었지만, 지금은 어둡고 차가운 감옥에 갇혀 있는 상태입니다. 몸은 힘들고 미래는 어두웠습니다.

디모데후서는 상황이 상황인지라 마치 임종을 앞둔 사람이 유언을 하는듯한 분위기가 있습니다. 그러나 그 분위기는 침울하지 않습니다. 오히려 강하고 활기찹니다. 무엇 때문에 바울은 그렇게 활기찰 수 있었을까요? 디모데후서 주제를 "네게 부탁한 아름다운 것을 지키라"로 잡았습니다. 우리에게는 맡겨진 아름다운 일이 있다는 것입니다. 디모데후서 말씀을 통해 그것을 듣고자 합니다.

하나님이 주시는 마음

바울은 생명의 위협을 느끼며 감옥에 있었습니다. 주변의 많은 사람들이 그를 떠났습니다. 상황은 악화일로를 걷고 있었습니다. 그러한 상황은 바울을 힘들게 하였을 것이고, 그를 사랑하는 주변 사람들도 힘들게 하였을 것입니다. 이러한 상황에서는 모든 사람이 의기소침할 수밖에 없습니다. 그러나 바울은 그러한 상황에서 심기일전(이전까지 먹었던 마음을 바꿈)해야 함을 말합니다. 그 상황에 마음을 빼앗긴 채 그렇게 주저앉아 있지 말고 마음을 바꾸어야 하였습니다. 그래서 바울은 디모데에게 편지를 쓰고 있는 것입니다. 상황이 악화되면 사람들의 마음이 어떻게 됩니까? 의기소침(기운을 잃고 풀이 죽음)해 집니다. 저항할 수 없는 외부적 요인일 때는 더욱 더 그러합니다.

오순절 성령사건으로 교회가 태동된 지 이제 35년 정도 되었습니다. 교회는 해야 할 일이 아주 많았습니다. 우주를 창조하신 그분이 이 땅에 오셔서 사람들에 의해 십자가에 못 박혀 죽으시기까지 한 그 놀라운 일, 말로 다 할 수 없는 그 놀라운 일을 전해야 하는데 지금 상황은 거꾸로 가고 있었습니다. 그 놀라운 일이 바로 눈앞에 아른거리는데 상황은 거꾸로 가고 있었습니다. 그러니 힘들고 믿음조차도 흔들릴 수 있는 상태였습니다. 이 당시의 상황은 네로의 박해가 한 바탕 휩쓸아치고 간 시기입니다(네로의 대박해가 3년 전쯤 일어났었습니다). 그리고 네로는 지금도 눈을 부릅뜨고 있습니다. 지금 상황은 두려운 때입니다. 그렇습니다. 사람들은 두려워하고 있었습니다. 아무리 종교가 좋아도 생명과 죽음이 왔다 갔다 하는 순간에는 참 두려운 법입니다.

그래서 바울은 디모데에게 이렇게 말합니다.

"하나님이 우리에게 주신 것은 두려워하는 마음이 아니요 오직 능력과 사랑과 절제하는 마음이니"(딤후 1:7).

두려워하는 마음은 하나님이 주신 마음이 아니라는 것입니다. 그렇습니다. 두려워하는 마음은 하나님이 주신 마음이 아닙니다. 네로의 힘이 아무리 강하다 할지언정 어찌 하나님이 그를 두려워하시겠습니까? 그러니 하나님의 백성도 두려워할 필요가 없습니다. 두렵다는 것은 힘이 없을 때 갖는 마음입니다. 성도는 전지전능하신 분을 아버지로 둔 사람입니다. 그렇기 때문에 네로를 결코 두려워할 필요가 없습니다. 지금 디모데와 교인들이 가져야 하는 마음은 두려워하는 마음과 의기소침 하는 마음이 아니라 심기일전하여 새로운 마음을 가져야 합니다. 그 새로운 마음이 무엇입니까? 그것은 능력과 사랑과 절제입니다.

하나님이 주시는 마음은 능력과 사랑과 절제입니다. '능력의 마음'을 갖는 다는 것이 무엇입니까? 우리는 힘이 있다는 마음을 가지는 것입니다. 우리에게는 힘이 있기 때문입니다. 겉으로 보면 분명 힘이 없습니다. 감옥에 있는데 무슨 힘이 있겠습니까? 그러나 때리는 힘보다 더 강한 힘은 맞는 힘입니다.

"오직 하나님의 능력을 따라 복음과 함께 고난을 받으라"(딤후 1:8).

바울은 가장 강력한 힘인 하나님의 능력으로 고난을 받으라고 말합니다. 고난은 힘이 없기 때문에 받는 것이 아닙니다. 힘이 강하기 때문에 받을 수 있습니다. 그 고난은 오직 하나님의 힘으로만 가능합니다. 고난 받는 이여! 하나님의 힘으로 고난을 받으십시오. 하나님의 능력! 곧 가장 강력한 힘으로 고난을 받고 있는 것입니다. 고난 받고 있으니 힘이 없는 것이 아닙니다. 그러니 우리는 고난을 받을 때 더욱 힘을 내서 고난을 받아야 합니다. 하나님의 능력을 부여잡고 고난을 받아야 합니다. 그러한 고난의 때에도 우리의 마음은 하나님이 주시는 능력의 마음을 잡고 있어야 합니다. 하나님이 주시는 힘을 느껴야 합니다.

둘째, 하나님이 주시는 마음은 사랑의 마음입니다. 두려워하는 마음은 하나님이 주시는 마음이 아니니 두려워하는 마음이 들면 버리고, 그 대신 사랑하는 마음을 잡아야 합니다. 고난을 주는 그 두려운 사람까지도 사랑하는 마음을 가져야합니다. 고난을 받고 있다고 우리가 약자입니까? 아닙니다. 우리는 여전히 강자입니다. 그러니 우리는 다른 이를 긍휼히 여기며 사랑해야 합니다. 바울이 디모데전서에서 "임금들과 높은 지위에 있는 모든 사람을 위하여 기도하라"고 말할 때 가장 먼저 떠오른 사람은 네로였을 것입니다. 그 당시에 네로는 로마의 황제였습니다. 사랑하는 마음을 붙잡아야 합니다.

마지막으로 절제입니다. 절제는 '훈련'(self-discipline)으로 번역할 수 있습니다. 일어나는 모든 일을 자기 훈련의 기회로 삼아야 한다는 것입니다. 인간은 평생 훈련되고 배워야 하며, 깨지고 세워져야 합니다. 그러한 모든 과정을 훈련이라 할 수 있습니다. 하나님은 우리에게 훈련으로 그러한 일을 허락하셨습니다. 그렇기 때문에 우리는 그러한 일을 훈련으로 여겨야 합니다. 모든 일이 자기를 훈련하는 계기가 되게 해야 합니다.

우리를 두렵게 하는 어떤 일이 일어날지라도 그곳에서 두려워하는 마음을 갖지 말고 하나님이 주시는 마음인 힘, 사랑, 훈련을 놓치지 마십시오.

지금 어떤 상황입니까? 여러 상황일 겁니다. 그런데 그 상황에서 중요한 것은 상황의 '어떠함'이 아니라 우리 마음의 '어떠함'입니다. 우리의 마음이 어떠합니까? 우리는 마음을 지켜야 합니다. 무엇보다 중요한 것은 마음을 지키는 것입니다. 많은 사람들이 세상에 속고, 자기 자신에게 속고 있습니다. 그래서 하나님의 이름으로 두려워하고, 의기소침하고, 미워하고, 주저앉아 있습니다. 그러나 그러한 것은 하나님이 주신 마음이 아닙니다. 하나님이 주신 마음은 능력과 사랑과 절제(훈련)라는 것을 기억해야 합니다.

아름다운 일

아무리 어려운 상황이어도 우리는 마음을 굳건히 하여야 합니다. 그리고 우리가 가야 하는 소명(하나님이 우리를 구원하사 거룩하신 소명으로 부르심. 딤후 1:9)의 길을 보아야 합니다. 많은 사람들이 살다보니 소명을 잃어버리곤 합니다. 우리의 소명을 혼탁케 하는 일이 참 많습니다. 지금 디모데후서가 기록될 때는 세상의 어려움으로 인해 소명을 잃은 사람들이 많았던 것 같습니다. 그래서 바울은 말합니다.

"우리 안에 거하시는 성령으로 말미암아 네게 부탁한 아름다운 것을 지키라"(딤후 1:14).

바울이 디모데에게 가르치고 부탁한 그 소명의 길을 성령의 힘으로 가라는 말씀입니다.

우리에게 맡겨진 일(소명)이 무엇입니까? 많은 사람들이 독수리오형제 콤플렉스를 가지고 있습니다. 지구를 지키는 것과 같은 큰일을 하고 싶은데 정작 지금 하고 있는 일이 너무 작아서 의기소침해 있습니다. 한국의 사법체계를 세우고 정의사회를 구현하려고 법조인이 되었는데 하는 일이라고는 사소한 가정 싸움의 뒤치다꺼리입니다. 이 나라의 경제를 살리고 싶은데 하고 있는 일이라는 것이 자그마한 식당에서 음식을 만들고 설거지나 하고 있습니다. 지구를 지키는 것은 고사하고 역사에 이름 한 자 새길 수 없는 우리네의 삶은 고달프고 서글프기만 합니다. 그러나 그것은 독수리오형제 콤플렉스입니다.

하나님은 우리에게 지구를 지키라 말씀하지 않으셨습니다. 하나님은 우리에게 그것보다 더 중요한 일을 맡기셨습니다. 지구의 모든 사람을 사랑하는 방식은 오늘 '내 이웃을 사랑하는 것'입니다. 내 주변에서 우리가 해야 하는 일이 있습니다. 하나님은 내가 할 수 없는 일을 결코 요구하지 않으십니다. 오늘 우리가 할 수 있는, 우리 각자에게 맡겨진 일은 참으로 존귀하고 귀합니다. 이것을 확실히 알아야 합니다.

지금 바울은 감옥에서 그의 동료들조차도 버릴 정도로 비참한 상황입니다. 바울은 지금 여러 나라에 복음을 전하고 싶었습니다. 어쩌면 인도를 넘어 중국으로 그리고 그 곁의 작고 작은 고구려에도 복음을 전하고 싶었을지도 모릅니다. 그러나 지금 그가 할 수 있는 일이라곤 감옥에서 편지를 쓰는 것 밖에 없었습니다. 얼마나 비참한지요. 얼마나 작은 일인지요. 그러나 그의 삶은 결코 비참하지 않았습니다. 그는 의기소침하지 않았고 심기일전하여 지금 '능력의 마음'으로 열심히 살고 있습니다. 그곳에서 그가 할 수 있는 일을 힘 있게 하고 있습니다. 그래서 이렇게 디모데후서 말씀을 기록하였습니다. 그러한 것들이 다른 사람들이 보기에는 지극히 작은 것이지만 하나님은 그것을 사용하셨습니다. 위대하게 사용하셨습니다.

오늘 우리의 삶도 그러합니다. 지금 지극히 작은 것이고 힘들고 지쳐 가는 길일 수 있지만 하나님 앞에 정직하고 성실하게 그 길을 가고 있다면 하나님은 그 길을 사용하실 것입니다. 위대하게 말입니다.

지금 우리 앞에는 걸어야 할 거룩한 길이 있습니다. 의기소침하여 주저앉아 있어서는 안 됩니다. 디모데후서는 바울이 힘들고 어려운 상황에서 기록하였습니다. 그래서 조금은 어두운 단어들이 나옵니다. "네 눈물", "모든 사람이 나를 버렸다"라고 나오는데, 전체적인 내용을 보면 바울의 마음은 청년의 마음입니다. 디모데에게 아주 강력한 활력을 주고 있습니다.

"생명의 약속"
"거룩하신 소명"
"내가 복음을 위하여 선포자와 사도와 교사로 세우심을 입었노라"
"그가 능히 지키실 줄을 확신함이라"
"내게 들은 바를 충성된 사람들에게 부탁하라"
"너는 그리스도 예수의 좋은 병사로 나와 함께 고난을 받으라"

바울은 그가 디모데에게 전한 '아름답고 존귀한 일'을 향하여 계속 힘차게 나갈 것을 강력히 말하고 있습니다. 바울은 그가 하고 있는 일이 무엇인지를 알았습니다. 그래서 낙심하지 않았습니다. 고난도 당당히 받았습니다.

마음이 지친 이여! 지친 마음을 추스르십시오. 우리에게는 여전히 가야 하는 존귀한 길이 앞에 있습니다. 어떤 이는 사업에 실패하였다고 인생이 끝난 것처럼 생각하고, 어떤 이는 재산을 잃었다고 모든 것을 잃은 것처럼 주저앉아 있습니다. 그러나 그때 불행한 것은 잃어버린 것 때문이 아니라 주저앉아 있는 그 모습 때문입니다. 우리가 어느 곳에 있든지 우리 앞에는 우리가 가야 하는 존귀한 길이 있습니다. 그 길은 무엇을 잃어 버렸기 때문에 가지 않는 것이 아닙니다. 지식이 없고, 능력이 없기 때문에 못가는 것도 아닙니다. 감옥에 있어 못하는 것도 아닙니다. 그 길은 우리 모두의 앞에 있습니다. 그 길은 우리가 하나님이 주시는 능력의 마음과 사랑의 마음과 훈련의 마음을 가질 때 갈 수 있는 길입니다. 우리 앞에 놓여 있습니다. 힘 있게 가십시오. 사랑하며 가십시오. 훈련하며 가십시오.

이 아름다운 길을 가십시오. 이 아름다운 길을 가기 위해 무엇을 하고 있습니까? 가장 중요한 것은 말씀입니다.

"성경은 능히 너로 하여금 그리스도 예수 안에 있는 믿음으로 말미암아 구원에 이르는 지혜가 있게 하느니라"(딤후 3:15).

"모든 성경은 하나님의 감동으로 된 것으로 교훈과 책망과 바르게 함과 의로 교육하기에 유익하니 이는 하나님의 사람으로 온전하게 하며 모든 선한 일을 행할 능력을 갖추게 하려 함이라"(딤후 3:16-17).

"너는 말씀을 전파하라 때를 얻든지 못 얻든지 항상 힘쓰라" (딤후 4:4).

그렇기 때문에 우리는 오늘 말씀에 열심이어야 합니다.

* * *

네게 부탁한 아름다운 것을 지키라. 우리가 가지고 있는 복음이라는 것이 얼마나 귀중하고 복된 것입니까? 우리는 그것을 우리 자신에게 계속 가르쳐야 합니다. 그래서 깊어지게 해야 합니다. 그것을 하지 않고 다른 것에 기웃기웃 거리다가 마음을 잃고 상처를 받곤 합니다. 우리의 구원과 이웃의 구원을 위하여 열심히 말씀에 눈과 귀를 기울이십시오. 그래서 우리가 가야 하는 소명의 길(수많은 소명의 길이 있습니다)을 매일매일 발견하십시오. 매일 말씀을 들으십시오. 그래서 하나님이 우리에게 주신 아름다운 것을 지킬 수 있게 하십시오. 세상이 주는 두려움과 우울함과 무기력함과 미움이 아니라, 하나님이 주시는 능력과 사랑과 훈련으로 하루하루를 사십시오. 우리 앞에 놓인 하루는 그렇게 소중하게 살아야 합니다. 아름다운 것을 지키며 살아야 합니다.

어떻습니까? 우리 마음에 아직도 의기소침함과 우울함과 슬픔이 있습니까? 그것은 하나님이 주신 마음이 아닙니다. 그러니 버리십시오.

"하나님이 우리에게 주신 것은 두려워하는 마음이 아니요 오직 능력과 사랑과 절제하는 마음이니"(딤후 1:7).

이 말씀을 기억하십시오. 언제든지 그렇습니다. 언제든지 하나님은 바로 이 마음을 우리에게 주시고 계십니다. 이 마음을 붙잡으십시오. 그래야 하나님이 우리에게 주신 아름다운 길을 갈 수 있습니다.

THE MIND OF GOD
IN THE NEW TESTAMENT

신약에 나타난
하나님 마음

17

디도서

온전한 믿음

"이 증언이 참되도다 그러므로 네가 그들을 엄히 꾸짖으라
이는 그들로 하여금 믿음을 온전하게 하고"(딛 1:13).

    디도서는 그레데 섬에 목사로 파견된 디도에게 바울이 목회편지입니다. 그리스 밑에 위치한 그레데 섬은 폭은 제주도와 비슷하고 길이는 제주도의 3배 정도 되는 섬으로 도덕적으로 불명예를 가지고 있던 지역입니다. 그곳에 목사로 파견되어 지도자를 세우고 돌보는 일을 맡았던 바울의 동역자인 디도에게 바울이 편지를 보냈습니다.

    디도서의 주내용은 교회의 지도자를 뽑을 때는 어떤 사람을 뽑아야 하고, 교회의 성도들은 어떻게 행동해야 하는지를 말하고 있습니다. 그래서 디도서는 "온전한 믿음"을 주제로 하여 함께 말씀을 살펴보고자 합니다. 온전한 믿음을 가지고 있습니까? 온전한 믿음이란 무엇일까요?

바뀌어야 한다

교회에게 항상 필요한 것이 있습니다. 안으로부터의 개혁입니다. 디도서를 쓸 때는 네로가 로마의 황제로 있을 때입니다. 네로가 로마의 화제를 핑계로 기독교를 크게 박해 할 때가 64년인데, 디도서는 바로 직전인 63년경에 쓰인 것으로 추정됩니다. 네로는 대박해를 시작하기 전에도 포악한 사람으로 유명했고, 기독교를 지독하게 박해했던 사람입니다. 교회의 외부적 상황은 그렇게 좋지 않았습니다. 염려스러웠습니다. 그러나 진짜 중요한 것은 외부가 아닙니다. 교회 안입니다. 그래서 디도서에서는 외부적인 상황에 대해서는 전혀 언급하지 않고 교회 내부적인 모습만 언급합니다.

교회가 무너지는 것은 언제입니까? 외부의 상황 때문입니까, 내부의 상황 때문입니까? 교회는 결코 외부적인 것에 의해 무너지지 않습니다. 교회가 무너진다면 그것은 엄청난 박해가 아니라 내부적인 타락 때문일 것입니다. 교회가 무너질 때는 권력이 없어서가 아니라 권력이 많아서입니다. 교회가 무너지는 것은 항상 내부적인 것이 원인임을 기억해야 합니다. 교회는 외부적인 상황을 탓하기보다는 내부의 타락을 경계해야 합니다. 우리의 안이 바뀌는 것이 가장 먼저 필요합니다.

우리가 바뀌기 위해서는 훈련이 필요합니다. 노력이 필요합니다. 우리는 자신도 모르게 많은 세상 관습에 의해 행동하고 있습니다. 믿음을 받아들인 후에도 여전히 그 관습을 가지고 살고 있는 경우가 많습니다. 그레데 섬 사람들도 좋지 않은 관습이 있었습니다.

"그레데인 중의 어떤 선지자가 말하되 그레데 인들은 항상 거짓말쟁이며 악한 짐승이며 배만 위하는 게으름뱅이라 하니" (딛 1:12).

그레데 섬사람에 대한 이러한 평가는 주전 6세기경에 한 시인이 쓴 글입니다. 그 시인의 글에 대해 바울은 "그 말이 참되도다"라고 말하였습니다. 그레데 사람들을 비난하기 위해 하는 말이 아니라 그들의 관습에 대해 말하고 있는 것입니다.

사람은 환경에 많은 영향을 받습니다. 저는 어렸을 적(초등학생 때까지) 욕을 많이 한다는 말을 들었었습니다. 그런데 그 당시 지방에서 욕은 욕이 아니라 그냥 일상적인 언어였습니다. 성격이 괴팍하고 사나워서 욕을 한 것이 아니라 그냥 일상적인 언어를 말했던 것이지요. 욕을 자연스럽게 하는 환경에서 자란 사람은 욕을 자연스럽게 합니다. 거짓말을 하는 것이 자연스러운 환경에서 자란 사람은 거짓말을 자연스럽게 하는 경향이 있습니다. 그렇기 때문에 어느 정도 그런 경향을 이해해 주어야 합니다. 그러나 우리가 그리스도를 안 이후에는 여전히 그런 상황을 탓하고 있으면 안 됩니다.

이제 그리스도 안에서 바뀌어야 합니다. 그리스도는 환경에 묶이는 분이 아니기 때문입니다. 우리는 이제 환경을 탓할 것이 아니라 그리스도께서 우리를 주장하시도록 내어 드려야 합니다. 그래서 우리도 모르게 우리를 붙잡고 있던 환경을 이겨야 합니다. 환경 안에서 형성되었던 성격과 성품이 이제는 그리스도 안에서 바뀌어야 하는 것이지요. 그레데 섬사람들의 거짓말하는 경향은 오랫동안의 역사와 환경을 통해 그들의 고유한 관습이 되었던 것 같습니다. 그레데 섬사람들은 거짓말 잘하는 것으로 온 헬라 지역에 소문났습니다. 그런데 거짓말하는 것은 잘못된 것입니다. 그렇기 때문에 고쳐야 했습니다. 그들의 거짓말을 가만히 놔두는 것은 믿음을 왜곡시키는 결과를 낳습니다.

그래서 바울은 디도에게 말합니다.

"그러므로 네가 그들을 엄히 꾸짖으라 이는 그들로 하여금 믿음을 온전하게 하고"(딛 1:13).

그렇습니다. 거짓말을 바꾸어야 합니다. 잘못된 것은 바꾸어야 합니다. 믿음에서 벗어난 것은 바꾸어야 합니다.

바꾸는 것은 쉽지 않습니다. 그래서 조금 해 보다가 힘들면 이렇게 말합니다.

"그냥 이렇게 살다 죽게 놔둬"
"이렇게 태어났는데 어떻게 하라고."

그런데 그런 말은 지극히 잘못되었습니다. 잘못된 습관은 고쳐야 합니다. 그것이 오랫동안 익힌 습관이기 때문에 쉽게 고쳐지지 않을 것입니다. 그렇다면 습관이 될 정도로 반복된 것보다 더 많이 거룩한 행위를 반복하여 고쳐야합니다. 그래서 잘못된 것은 엄히 꾸짖어야 합니다. 그것이 잘못이라는 것을 확실히 알도록 말입니다.

복음을 받아들인 이후 많이 바뀌었습니까? 복음에 의해 내가 바뀌지 않으면 우리는 복음을 바꾸는 잘못을 저지릅니다. 복음이 바뀔 수 없습니다. 그런데 복음이 바뀐다는 것은 내가 복음을 왜곡한다는 것이겠지요. 복음을 왜곡하지 마십시오. 우리는 복음에 의해 계속 바뀌어야 합니다. 내 환경과 나의 고정관념에 의해 뿌리 깊이 박힌 잘못된 습관과 생각이 복음에 의해 깨트려지고 바뀌어야 합니다.

지금 내 안에 바뀌어야 할 것이 무엇입니까? 생각나는 그것을 바꾸십시오. 그리고 아직은 생각나지 않는 수없이 많은 것이 있다는 것도 기억하십시오. 그래서 우리는 끊임없이 말씀을 읽고 묵상하며 새롭게 날마다 바뀌어 가야 한다는 것을 명심하십시오. 믿음은 우리에게 그렇게 바뀔 것을 요구합니다. 엄히 요구합니다.

온전한 믿음

바울은 디도에게 그레데 섬사람들의 믿음이 온전한 믿음이 되도록 목회하기를 권면하고 있습니다. 그렇다면 온전한 믿음이란 무엇일까요? 온전한 믿음에 대해 알기 위해서는 바울이 디도에게 가르치고 있는 장로 선정 기준과 교회 안의 여러 성도를 어떻게 가르쳐야 할지를 권면하는 내용을 염두하여야 합니다. 장로가 될 사람의 기준을 보십시오. 많은 조건들이 나오는데요. 어떤 면에 있어서는 조금 당혹스런 본문일 수도 있습니다. 하나님의 일을 하는데 믿음만 있으면 되지 무슨 이런 조건들이 있어야 하는지 혼란스러울 수도 있습니다. 그런데 믿음이라는 것이 그렇게 종교적 행동만을 의미하는 것이 아닙니다.

믿음에 대한 착각이 많습니다. 마치 하나님을 믿는다고 말만 하면 그것이 믿음이라고 생각합니다. 열심히 교회만 참석하면 그것이 믿음이라고 생각하는 사람들이 있습니다. 그러나 그것은 믿음의 일부이지 믿음의 전부가 아닙니다. 믿음은 예수 그리스도를 구주로 믿는 것에서부터 시작하여 하나님과 하나가 되는 것까지 나가야 합니다. 그래서 하나님이 내 안에 거하고 내가 하나님 안에 거하는 경지까지 나가야 합니다.

장로를 세울 때 온전한 믿음을 가진 사람을 선택해야 합니다. 그래야 믿음으로 교회를 잘 돌볼 수 있기 때문입니다. 여기에서 말하는 조건은 단순한 조건이 아니라 믿음의 조건입니다. 한 사람의 남편이 되는 것은 믿음의 조건 중에 하나이며, 순종하는 것도 믿음의 하나의 조건입니다. 존경을 받는 모습도 믿음의 한 조건이며, 수군 거리며 비방하고 다니지 않는 것도 믿음의 한 조건입니다. 바로 그러한 것이 모여 온전한 믿음이 되는 것입니다.

교회내의 성도들을 가르쳐야 하는 것(딛 2:1-15)에서 크게 공통된 조건을 두 가지만 찾아본다면 그것은 자신을 조절(신중)하는 것과 존경받는 것(경건, 거룩)입니다. 자기 자신을 조절할 수 있어야 합니다. 자기 마음대로 자기 생각대로 하는 사람이 아니라 내 안에 계신 예수 그리스도께서 어떻게 행동하실 지를 생각함으로 그렇게 행동해야 합니다. 그래서 사람들에게 존경받는 사람이 되어야 합니다.

온전한 믿음이란 무엇일까요? 온전한 믿음은 지·정·의가 함께 하는 인격적인 믿음입니다. 지·정·의가 함께 하는 온전한 믿음은 삶으로 드러납니다. 바울은 그레데 교회의 문제꾼들에 대해 말합니다. 그들은 스스로 믿음이 있다고 생각합니다. 그러나 실재로는 믿음이 없는 사람들이었습니다.

"그들이 하나님을 시인하나 행위로는 부인하니 가증한 자요 복종하지 아니하는 자요 모든 선한 일을 버리는 자니라"(딛 1:16).

행위가 믿는 사람답지 않다면, 교회에 복종하지 않는다면, 선한 일을 하지 않는다면 그것은 믿는 사람의 모습이 아닙니다.

온전한 믿음이란 아름다운 삶을 동반합니다. 여기에서 아름다운 삶이라는 것은 단순한 행위가 아니라 그것은 믿음 자체입니다. 기억하십시오. 아름다운 삶이 없는 믿음은 믿음이 아닙니다. 그렇기 때문에 믿음이 커간다는 것은 아름다움이 커간다는 것을 의미하기도 합니다. 그래서 믿음이 자라가기 위해서는 '선한 일'을 더욱더 열심히 힘써야 합니다.

> "이 말이 미쁘도다 원하건대 너는 이 여러 것에 대하여 굳세게 말하라 이는 하나님을 믿는 자들로 하여금 조심하여 선한 일을 힘쓰게 하려 함이라 이것은 아름다우며 사람들에게 유익하니라"(딛 3:8).

그 삶이 아름답고 사람들에게 유익이 되는 사람이 되어야 합니다. 예수 그리스도는 아름다운 분입니까? 아닙니까? 그분은 아름다운 분입니다. 완벽히 아름다운 분입니다. 사람들은 아름다움이라는 것을 착각하기도 합니다. 그래서 명품을 걸치거나 세상 사람들 속에서 크게 칭찬을 듣는 영웅적인 행동을 아름다운 것으로 생각하곤 합니다. 존경이라는 것도 오염되어 사회적 명성을 얻은 사람을 존경한다고 말하곤 합니다. 목회자 사이에서도 큰 교회 목회자들이 칭찬을 듣고, 사회적으로 큰 일을 해야 칭찬을 듣곤 합니다. 그러나 그러한 것은 기준이 아닙니다. 예수 그리스도께서 이 세상을 사실 때 대부분의 시간을 목수로 사셨습니다. 그분의 모습은 사람들에게 크게 칭찬을 듣지 않았습니다. 그러나 우리는 그분이 얼마나 아름답게 사셨는지를 압니다. 완벽하게 아름답게 사셨습니다. 그것입니다. 오늘날 우리들이 아름다운 삶을 살아야 한다는 것은 크거나 화려한 것이 아닙니다. 예수님이 우리 안에 사시면 그것이 아름다운 삶이 됩니다. 예수님이 아름다운 삶을 사셨을 것이라는 것은 분명합니다.

믿음은 그분을 우리의 주인으로 받아들이는 것입니다. 우리의 모든 영역에서 예수님을 주인으로 받아들이는 것입니다. 그래서 그분이 우리 안에서 더 많이 주인이 될수록 우리의 믿음이 더 커진다고 말하는 것입니다. 그분이 우리 안에서 더 많이 주인이 된다면 우리의 삶이 어떻게 될까요? 아름답게 되지 않겠습니까? 그러니 믿음이 자라간다는 것은 당연히 아름다워진다는 것입니다. 사람들에게 칭찬 받는 사람이 되십시오. 존경받는 사람이 되십시오. 가장 먼저 자기 자신에게 존경받는 사람이 되십시오. 그리고 배우자에게 칭찬을 듣고 존경을 받으십시오. 그리고 친구들에게 존경받으십시오. 나를 아는 사람들에게 존경을 받으십시오.

온전한 믿음을 가지고 있습니까? 아름다운 믿음을 가지고 있습니까? 나의 믿음 때문에 나의 삶이 더 아름다워졌으며, 나의 믿음 때문에 나의 주변 사람들이 더 유익을 얻게 되었습니까? 분명히 그러한 변화가 있어야 합니다. 그래야 지금 나의 믿음은 온전한 믿음으로 나가고 있는 것이 됩니다.

* * *

온전한 믿음을 소유하십시오. 오늘날 사람들을 보면 믿음의 영역이 너무 좁습니다. 그래서 믿음이 선한 영향을 미치지 못하고 악한 영향을 미치는 경우도 있습니다.

대법원장 출신인 김상원 씨는 국내 법정 소송의 20% 정도가 교회나 교인의 소송으로 추정된다고 말합니다. 기독교는 온유하고, 다투기를 좋아하지 않으며, 원수까지 사랑하는 마음을 가져야 하는데 어찌 법정 소송을 줄이지 못하고 있을까요? 기독교인은 이혼 비율이 훨씬 적어야 하는데 그렇지 못하다는 통계를 본 적이 있습니다. 부부 문제는 믿음도 별 수 없는 것일까요? 왜 주일에 학교에 가고 학원가는 것이 그리 많아질까요? 믿음이 자녀 공부에는 영향을 미치지 못하고 있나요? 그러한 모든 문제도 믿음의 영역 안에 있습니다. 우리는 이제 그러한 모든 영역 안에서 믿음의 아름다움을 선포해야 합니다. 부끄럽게도 믿음이라는 이름으로 전쟁을 하고, 믿음이라는 이름으로 소송을 하고, 믿음이라는 이름으로 다툼을 일삼는 사람들이 있습니다. 그것은 믿음의 영역을 좁게만 생각하기 때문입니다. 믿음의 영역이 좁은 사람은 값싼 은혜를 낳습니다. 값싼 은혜를 남발합니다. 그래서 더욱더 가볍고 가짜 믿음을 양성합니다.

우리의 믿음이 온전한 믿음이 되어, 아름다운 믿음이 되도록 노력해야 합니다. 내가 가지고 있는 믿음이 사람들 보기에 아름다워야 하나님 보시기에 참다운 믿음이 될 것입니다.

저에게 한국교회에 지금 가장 시급한 문제가 무엇이냐고 물으면 '윤리'라고 말할 것입니다. 기독교 윤리가 회복되어야 합니다. 온전한 믿음은 윤리가 있습니다. 예수님은 믿음이 없는 사람들에게도 성인이라는 소리를 들으십니다. 믿음은 어떤 누가 보기에도 아름다운 윤리가 있습니다. 믿음의 아름다움이 회복되어야 합니다. 교회가 아름다워져야 합니다. 교회가면 이상한 사람이 되는 것이 아니라 아름다운 사람이 되어야 합니다. 거짓말하던 그레데 사람들이 진실을 말하는 사람으로 바뀌어야 했던 것처럼, 한국 교인들이 전통적인 샤머니즘적 신앙, 기복 신앙의 틀을 벗고 이제는 성경이 말하는 예수님을 닮은 아름다운 성도가 되어야 합니다.

THE MIND OF GOD
IN THE NEW TESTAMENT

신약에 나타난
하나님 마음

빌레몬서
문제를 푸는 지혜

"그를 내게 머물러 있게 하여
내 복음을 위하여 갇힌 중에서
네 대신 나를 섬기게 하고자 하나" (몬 1:13).

빌레몬서는 바울서신 중에 마지막 성경입니다. 그렇다면 빌레몬서는 신약성경 중에 몇 번째 성경이 될까요? 18번째(5+13=18) 성경입니다. 빌레몬서는 지극히 개인적인 서신이라 할 수 있습니다. 그래서 바울서신 중에서 제일 뒤에 위치시킨 것 같습니다.

빌레몬서에는 세 명의 주요 등장인물이 나옵니다. 바울과 빌레몬 그리고 오네시모입니다. 오네시모는 전에는 빌레몬의 종이었으나 지금은 바울 옆에서 바울을 돕고 있는 사람입니다. 그런데 오네시모는 전에 빌레몬의 종이였으며 그의 돈을 훔쳐 달아난 과거를 가지고 있었습니다. 그것을 알게 된 바울은 고민하다가 펜을 들어 편지를 씁니다. 빌레몬이 오네시모를 용서해 주기를 간청하는 편지입니다. 빌레몬과 오네시모 사이에서 고민하며 빌레몬에게 보낸 편지인 빌레몬서를 "문제를 푸는 지혜"라는 제목으로 함께 말씀을 살펴보고자 합니다.

신중한 자세

인생은 문제의 연속이라고 말합니다. 바울은 로마 감옥에서 전혀 예기치 않았던 새로운 문제를 만납니다. 꼬인 인간관계 문제였습니다. 로마 감옥에서 바울은 오네시모라는 사람을 만나 그에게 복음을 전하였고, 오네시모는 믿음이 자라 바울을 돕는 동역자로까지 자랐습니다. 그런데 어느 날 오네시모는 바울에게 자신의 과거를 고백하였습니다. 자신은 도망 온 노예라고 말입니다. 그는 주인의 돈을 훔쳐 도망쳐 나온 죄인이었습니다. 그런데 더욱더 놀라운 것은 오네시모가 배반한 주인은 빌레몬이라는 사람으로 바울에게 복음을 듣고 회심한 사람이었습니다. 빌레몬은 골로새교회의 중요한 위치에 있는 사람이었고, 그의 아들은 골로새교회의 사역자였던 것 같습니다.

바울은 오네시모와 빌레몬 사이의 커다란 문제에 끼었습니다. 자칫 잘못하면 골로새교회를 잃을지도 모르는 일이었습니다. 그렇다고 지금 회심하여 바울을 돕고 있는 오네시모를 나 몰라라 할 수도 없었습니다. 바울은 어떻게 처신해야 할까요? 여기에서 잘못 처신하면 그가 전도하여 낳은 아들과 같은 둘 중에 하나를 잃을 처지였습니다.

문제를 만나면 문제를 풀기 위해 가장 먼저 하나님의 뜻이 무엇인지를 신중하게 분별하여야 합니다. 하나님의 뜻을 분별하지 못하고 문제를 풀면 더 많은 문제가 생깁니다. 문제를 만난 바울은 아주 신중히 지혜롭게 처신합니다. 우리는 이것을 배워야 합니다.

바울의 상황에서 그가 할 수 있는 가장 쉬운 선택은 자신의 생각대로 밀어붙이는 것입니다. 오네시모는 자신에게 필요한 사람이니 그를 용서하라고 일방통행으로 빌레몬에게 요구하고 오네시모를 계속 자기 곁에 두면 됩니다. 그렇게 할만한 충분한 합리적 조건과 이유가 있었습니다. 바울은 사도이고, 빌레몬은 평신도입니다. 바울은 전도자이고 빌레몬은 전도 받은 사람입니다. 바울은 빌레몬보다 나이가 조금 더 많았던 것 같습니다. 바울은 감옥에 있고 빌레몬은 편한 곳에 있습니다. 그러니 편한 곳에 있는 빌레몬이 양보해야 할 것 같습니다. 이러한 것들을 생각해 보면 분명히 바울은 바울의 생각대로 그냥 밀어 붙여도 될 것 같습니다.

그러나 가장 중요한 것이 하나 있습니다. 책임의 한계입니다. 오네시모는 바울의 종이 아니라 빌레몬의 종입니다. 오네시모는 바울에게 죄를 지은 것이 아니라 빌레몬에게 죄를 지었습니다. 그래서 오네시모의 목숨을 손에 쥐고 있는 사람은 빌레몬입니다. 오네시모를 용서할지 말아야할지를 결정해야 하는 사람도 빌레몬입니다. 바울이 오네시모를 곁에 두고 싶어 하는 그 마음은 충분히 이해가 갑니다. 그래도 오네시모 문제에 대해 책임과 권리를 가지고 결정할 사람은 빌레몬입니다.

  책임의 한계를 아는 것이 중요합니다. 모든 일에는 각자의 영역이 있습니다. 위로는 하나님의 고유한 결정사항이 있으며, 세상의 권력, 교회의 권력, 각 물건의 사용권력 등 다양한 책임의 한계 영역이 있습니다. 윗사람도 영역이 있고, 아랫사람도 영역이 있습니다. 이것을 잘 기억해야 합니다. 참 다행인 것은 바울이 이것을 잘 알고 있었다는 것입니다. 오네시모을 용서해야 할 사람은 자신이 아니라 빌레몬이라는 것을 바울은 잘 알았습니다. 그래서 오네시모를 빌레몬에게 돌려보냈습니다. 바울이 여기에서 이러한 책임의 한계에 대해 두루뭉술하였다면 그것은 분명히 잘못입니다. 그것은 더 많은 문제를 낳았을 것입니다.

  책임의 한계라는 것은 하나님이 각자에게 주신 가장 중요한 소명이요, 질서입니다. 아무리 옳은 것 같아도 결국은 자녀의 문제는 그 부모가 결정해야 하고, 자녀가 결혼을 하고 나면 부모가 아무리 똑똑하여도 결국은 자녀가 선택하도록 해야 하며, 내 시간과 돈과 재능에 있어 결정권은 결국은 나이며, 교회에서 각자 맡은 직무에 따라 책임과 권한이 있다는 것 등은 모두 하나님이 주신 소명이요 질서입니다. 이 질서를 인정해야 합니다. 그것이 하나님을 인정하는 것입니다. 바울은 오네시모의 일에 대해 철저히 빌레몬에게 결정권을 맡기고 있습니다. 자신의 마음은 오네시모를 일천 번이라도 용서하고 싶었을 것입니다. 그러나 그 결정을 빌레몬에게 맡깁니다. 그것은 빌레몬에 대한 배려이고, 빌레몬에게 권한을 주신 하나님에 대한 순종입니다.

문제를 만날 때 신중하였습니까? 옳고 그름을 따지기 전에 누구에게 속한 일인지를 명확히 이해하는 것이 매우 중요합니다. 하나님이 각자에게 주신 저마다의 인생이 있고, 저마다의 판단이 있고, 저마다의 지혜가 있는데 오직 힘 있는 사람만의 세상이 되는 것을 봅니다. 많은 사람들이 횡포를 부립니다. 자신이 부모라고, 선배라고, 힘이 있다고 횡포를 부립니다. 그래서 부모라고 무조건 옳고, 선배라고 무조건 옳고, 힘이 있다고 무조건 옳은 세상이 되어 버리곤 합니다. 그러나 어찌 무조건 옳을 수 있겠습니까? 힘을 가진 사람의 가장 큰 덕목은 그 힘을 자제하는 것입니다. 그 힘으로 다른 사람의 영역까지 침범할 수 있기 때문입니다. 바울과 빌레몬의 관계에서 바울은 분명히 힘을 가진 사람입니다. 그러나 그는 그 힘으로 빌레몬을 강제하지 않았습니다. 그는 간청하였습니다. 우리는 문제를 내 마음대로 풀지 말고 하나님이 주신 질서를 생각하며 신중하게 풀어야 합니다. 기도하며 신중하게 풀어야 합니다.

용기 있는 자세

문제를 만났을 때 가장 필요한 것 중에 하나는 용기입니다. 신중하게 생각하고 판단을 내렸으면 그 이후에 필요한 것이 용기입니다. 빌레몬서의 주인공은 세 명이라 하였습니다. 바울, 빌레몬 그리고 오네시모입니다. 빌레몬서가 있기까지는 이 세 명의 용기가 있었기 때문에 가능하였습니다.

먼저 바울의 용기입니다. 바울은 심사숙고하고 책임의 한계를 면밀히 생각을 한 후 오네시모를 빌레몬에게 보내기로 결정을 합니다. 이일은 매우 위험한 일입니다. 오네시모를 빌레몬에게 보냈다가 일이 잘못되면 오네시모를 잃고, 빌레몬도 잃고, 더 나아가 자신의 명예를 잃을 수 있는 일이었습니다. 그래서 지금 있는 그대로의 상황, 곧 오네시모는 자기 옆에 있고 빌레몬은 모르는 상태를 계속 유지하고 싶었을 것입니다. 그러나 그것은 옳은 선택이 아닙니다. 바울은 자신이 안 이상 오네시모가 빌레몬에게 용서를 구하는 것이 옳다고 생각하였습니다. 그래서 여러 상실의 위험이 있었음에도 불구하고 용기를 내어 오네시모를 빌레몬에게 보냈습니다.

빌레몬에게도 용기가 필요했습니다. 빌레몬서는 바울이 빌레몬에게 오네시모를 용서해 줄 것을 간청하는 편지이기 때문에 이 성경에는 빌레몬에게 되돌아간 오네시모 이야기가 나오지 않습니다. 그런데 분명히 이 서신을 들고 오네시모는 빌레몬에게 갔습니다. 그 상황을 생각해 보십시오. 빌레몬은 오네시모를 생각만 해도 화가 났을 것입니다. 신임했던 종이 도망을 갔고, 게다가 돈까지 가지고 도망을 갔으니 분명히 오네시모에게 엄청난 분노를 가지고 있었을 것입니다. 그런데 어느 날 그 오네시모가 나타났습니다. 오네시모는 편지 한 장을 가지고 있었습니다. 빌레몬서입니다. 그것이 바로 오네시모에 대한 분노는 일단 보류하고 빌레몬은 자신의 영적 스승인 바울의 편지를 들고 읽기 시작합니다. 그런데 그 내용이 오네시모를 용서하라는 것입니다. 그 짧은 편지를 읽으면서 빌레몬은 수없이 많은 생각을 하였을 것입니다. 오네시모에 대해 품었던 분노는 아주 길었고 편지를 읽는 시간은 아주 짧았습니다. 그러니 어떤 마음이 더 앞서겠습니까? 그런데 그때 빌레몬은 용기를 냅니다. 오네시모를 향해 가지고 있던 분노를 접기로 용기를 낸 것입니다. 전에 가지고 있던 자신의 감정을 접는다는 것은 엄청난 용기기 필요합니다. 다른 종들에게 잘못된 선례를 남길 수 있는 위험도 있었습니다. 돈을 가지고 도망갔는데 용서해 준다면 다른 종들도 그럴 수 있습니다. 그러나 빌레몬은 그런 여러 환경적인 정황을 잘 알고 있으면서도 용기를 내어 오네시모를 용서합니다. 믿음으로만 가능한 용기입니다.

마지막으로 우리는 오네시모의 용기를 생각해 볼 수 있습니다. 사실 가장 큰 용기를 낸 사람은 어쩌면 오네시모일 것입니다. 바울에게는 명예와 사랑하는 사람과의 관계가, 빌레몬에게는 재산과 감정이 달린 문제였지만, 오네시모에게는 목숨이 달린 문제였기 때문입니다. 오네시모는 자신이 빌레몬에게 간다는 것은 죽음을 무릅쓰는 것이라는 것을 잘 알고 있었습니다. 전에는 상상도 할 수 없는 일입니다. 그러나 오네시모는 지금 복음을 받아들인 상태입니다. 그는 목숨이 위험하지만 '땅에서 맨 것을 풀어야 하늘에서도 풀린다'는 것을 알았습니다. 그래서 그는 자신의 주인인 빌레몬에게 자신의 죄를 용서해달라고 바울의 편지 한 장 달랑 들고 갔던 것입니다. 호랑이 소굴에 제 발로 들어간 것입니다. 오직 믿음으로…

우리의 믿음이 역동적이어야 합니다. 문제를 만났을 때 사그라지는 믿음이 아니라 문제를 이기는 용기 있는 믿음이어야 합니다. 문제를 만났을 때 우리의 믿음은 문제보다 더 크다는 것을 기억하십시오. 우리의 믿음이 문제보다 더 크다는 것을 증명해야 합니다. 믿음을 발휘해야 할 그때 많은 사람들은 환경 때문에 어쩔 수 없다고 말합니다. 그래서 세상의 환경에 의해 한계가 정해지고, 세상의 관습에 막히면서 여전히 세상 때문이라고 말합니다. 그러나 세상때문이 아니라 우리의 믿음이 나약해서입니다. 우리는 문제를 넘어 믿음을 고백하는 결단이 있어야 합니다. 문제를 파헤치고 가는 용기가 있어야 합니다. 결단과 용기는 온 마음이 그렇게 느끼기 때문에 하는 것이 아닙니다. 오히려 10%의 마음도 안 될 때도 있습니다. 그래서 용기가 필요한 것입니다. 마음으로는 멈추고 싶은 생각이 열 번, 천 번 들어도 믿음의 길이기에 용기를 내어 가는 것입니다.

바울이 사람을 잃을까봐 마음을 졸이며 고민하지 않았겠습니까? 빌레몬이 과거를 잊으려 할 때 그 속마음에서는 얼마나 갈등이 있었겠습니까? 오네시모가 목숨을 담보로 빌레몬에게 가고자 하였을 때 그 안의 마음이 어찌 편하였겠습니까? 그러나 그들 안에 있는 믿음 때문에 그들은 용기를 내어 결단하였던 것입니다. 그렇게 믿음은 역동적입니다. 우리의 모든 것을 초월합니다. 믿음은 모든 것을 초월하시는 하나님을 향한 믿음이기 때문입니다.

문제를 만났을 때 용기를 내지 못해 결국은 아무것도 하지 못 한 적은 없습니까? 믿음은 우리에게 용기를 요구할 때가 많습니다. 바울과 빌레몬과 오네시모가 믿음의 사람이었기 때문에 그들은 용기를 낼 수 있었고 빌레몬서라는 위대한 성경이 탄생할 수 있었습니다. 위대한 초대교회를 이루어 갈 수 있었습니다. 우리의 믿음이 세상에 막히지 않게 하십시오. 옳은 길, 믿음의 길이라면 결단하고 용기를 내어 그 길을 가십시오.

* * *

문제를 푸는 지혜가 필요합니다. 인생을 살면서 수없이 많은 문제를 만나게 될 터인데 우리는 그때 주님의 백성답게 문제를 푸는 사람이 되어야 합니다. 문제를 푸는 주님의 음성이 무엇입니까? 문제를 만날 때 주님은 우리에게 "신중하라" 말씀하십니다. 문제를 만날 때 주님은 우리에게 "용기를 내라"고 말씀하십니다.

문제를 만나 풀지 못하고 뒤로 역주행하는 우리의 신앙을 볼 때 참 아쉽습니다. 문제를 만나 풀지 못하면 사람들은 뒤로 역주행합니다. 신앙이 한참 뒤로 후퇴합니다. 문제를 만났을 때 문제를 믿음으로 푸는 사람이 되십시오. 하나님은 그 문제 속에 함께 계십니다. 그러니 그 문제 속에서 신중히 하나님의 뜻을 찾으십시오. 기도하며, 책임의 소재를 분명히 하며 무엇이 하나님의 뜻인지 분별하십시오. 그리고 하나님의 뜻을 깨달았으면 이제 용기를 내십시오. 하나님은 문제보다 더 크신 분입니다. 아무리 어려워도 우리는 그 문제를 헤쳐 나가야 합니다. 용기를 내십시오. 그러면 하나님이 이루어 주실 것입니다. 그렇게 될 때 믿음은 힘차게 앞으로 가게 될 것입니다. 문제를 믿음으로 지혜롭게 잘 풀어 문제를 넘어 믿음과 확신의 자리로 나아가는 우리가 되기를 기도합니다.

19

히브리서

예수님을 깊이 생각하라

"그러므로 함께 하늘의 부르심을 받은 거룩한 형제들아
우리가 믿는 도리의 사도이시며 대제사장이신 예수를
깊이 생각하라"(히 3:1).

히브리서는 바울서신과 공동서신 사이에 낀 서신입니다. 그래서 성경 권수를 외울 때는 편의상 공동서신 속에 집어넣습니다. 그래서 공동서신은 8권입니다. 히브리서는 저자가 누구인지 알려져 있지 않습니다. 옛날에는 바울이라고 하기도 하였는데 요즘 학계에서는 바울이라고 하는 사람은 거의 없습니다. 히브리서를 저술하였다고 생각할 수 있는 유력한 사람은 바나바와 아볼로입니다. 둘 다 바울과 친한 사람이었는데요, 구약성경에 능통한 사람이기도 합니다.

히브리서는 그 대상이 히브리인이라고 할 수 있습니다. 내용이 주로 구약성경을 잘 알고 있는 사람에게 전하는 말씀이기 때문입니다. 히브리인 곧 유대인들 중에서 복음을 듣고 복음을 받아들인 사람들이 생겼습니다. 그런데 시간이 흐르면서 그들이 옛날 관습으로 다시 돌아가려는 경향이 생겼습니다. 그들에게는 눈에 보이는 성전 대신 눈에 보이지 않는 예수님을 섬긴다는 것이 쉬운 일이 아니었습니다. 히브리서가 쓰인 시기는 예루살렘 성전이 무너지기 1-2년 전 쯤으로 보입니다. 그렇기 때문에 그들은 여전히 성전의 화려함에 마음이 끌렸을 것입니다. 그러나 믿음이 가야 할 길은 그것이 아닙니다. 믿음이 가야 할 길이 있습니다. 그래서 히브리서 주제를 "예수님을 깊이 생각하라"로 정하였습니다. 예수님을 깊이 생각함으로 우리가 가야 하는 길을 힘 있게 가도록 격려하는 성경이기 때문입니다.

예수님을 깊이 생각하라

믿음생활을 잘 하다가도 주저앉거나 거꾸로 가는 사람들이 있습니다. 히브리서는 그들에게 믿음이 무엇인지를 다시 기억해야 한다고 말합니다. 우리가 믿는 믿음이 무엇입니까? 창조주 하나님과 우리를 구원하기 위해 이 땅에 오신 예수 그리스도를 믿는 것입니다. 하나님의 영광의 광채이신 성자 하나님이 이 땅에 오셨습니다. 우리를 구원하기 위해 오셨습니다. 그분은 우리를 위해 이 땅에 오셨고 십자가에서 죽기까지 하셨는데 우리가 그것을 잊는다면 믿음이 없는 것입니다. 왜 교회에 오지 못하였는지 물으면 "바빠서 오지 못하였다"고 합니다. 왜 큐티를 하지 못하였는지 물으면 "그럴 겨를이 없다"고 합니다. 그런데 대답이 합당할까요? 믿음이 없는 사람에게는 말이 되지만 믿음을 가진 사람에게는 말이 안 됩니다. 그것은 이런 말입니다. "세상의 종노릇하느라 시간이 없었습니다."

성경은 말합니다.

> "내가 이 세대에게 노하여 이르기를 그들이 항상 마음이 내 길을 알지 못하는도다"(히 3:10).

많은 사람들이 세상에 정신이 없습니다. 우리의 마음이 세상이 미혹되지 말아야 합니다. 우리가 가야 하는 '하나님의 길'이 있습니다. 세상의 종노릇에 시간이 없어서는 안 됩니다. 우리가 그 길을 가기 위해 필요한 것은 '예수님을 깊이 생각하는 것'입니다.

예수님을 믿는 것이 실제 생활이 아니라 추상적 관념인 사람이 많습니다. 예수님을 잘 알지 못하기 때문입니다. 예수님은 하나님 아버지와 함께 이 세상을 창조하신 실체이십니다. 예수님은 이 땅에 인간의 몸을 입고 오셨습니다. 그분은 이론으로 오신 것이 아닙니다. 구체적으로 2,000년 전에 이 땅에 오셨습니다. 그리고 그분은 고통 당하셨습니다. 우리를 위해 처절한 모든 고통을 당하셨습니다. 이러한 모든 것을 어찌 추상적 관념 속에 가두어 두려고 하는

지요? 예수님이 우리에게 오신 그것을 더 깊이 알아야 합니다. 더 상세하게 알아야 합니다. 더 실제적으로 알아야 합니다. 그래서 우리는 그분을 알기 위해 더 깊이 생각해야 하는 것입니다.

한 사람이 하루에 육만 가지 생각을 한다고 합니다. 그 중에 우리가 예수님을 생각하는 것은 몇 가지나 됩니까? 천지를 창조하시고 다스리시는 그분과 이 땅에 오셔서 우리를 위해 하신 그 일과, 그리고 지금도 다스리고 계시는 그분을 우리가 더 깊이 생각해야 합니다. 더 깨달아야 합니다. 그러기 위해서 우리에게 필요한 것은 부지런히 배워가는 것입니다.

힘써 배워야 합니다. 인내하며 배워가야 합니다. 우리가 정신을 차리고 배우지 않으면 성경은 우리에게 경고합니다.

"그들은 내 안식에 들어오지 못하리라"(히 3:11).

"형제들아 너희는 삼가 혹 너희 중에 누가 믿지 아니하는 악한 마음을 품고 살아 계신 하나님에게서 떨어질까 조심할 것이요 오직 오늘이라 일컫는 동안에 매일 피차 권면하여 너희 중에 누구든지 죄의 유혹으로 완고하게 되지 않도록 하라"(히 3:12-13).

하나님께 떨어지지 않도록 해야 합니다. 그렇기 때문에 우리가 해야 하는 것이 무엇입니까?

"우리가 시작할 때에 확신한 것을 끝까지 견고히 잡고 있으면 그리스도와 함께 참여한 자가 되리라"(히 3:14).

끝까지 견고히 잡아야 합니다. 우리가 은혜 받은 것을 끝까지 견고히 잡아야 합니다. 은혜 받았다고 끝난 것 아닙니다. 그것을 끝까지 견고히 잡아야 합니다. 그것을 붙잡고 또 앞으로 나가야 합니다. 그것이 그리스도를 깊이 생각하는 것입니다. 그래야 그리스도를 더 깊이 알게 됩니다. 더 알지 못한다면 우리는 세상의 것에 미혹되어 오히려 떨어지는 자가 될 것입니다. 전에 우리나라 경제가 샴페인을 너무 일찍 터트렸다는 평가를 들은 적이 있습니다. 그것처럼 오늘날 기독교인이 만약 멈추어 있다면 그것은 너무 일찍 샴페인을 터트린 것입니다. 주님 품에 갈 때까지, 이룬 자로서의 자세가 아니라 이루어가는 자의 자세를 가져야 합니다.

 예수님을 깊이 생각하고 있습니까? 우리의 믿음이 가벼운 믿음이 되지 않도록 하십시오. 에서는 장자권을 팥죽 한 그릇에 팔았습니다(히 12:16). 우리는 믿음을 무엇과 바꾸고 있습니까? 우리도 팥죽 한 그릇 정도에 팔고 있지는 않습니까? 아니면 1억이면 팔겠습니까? 10억이면 팔겠습니까? 믿음의 가격을 올리십시오. 지금 우리의 믿음이 10억입니까? 안 됩니다. 빨리 100억으로 올리고, 더 나아가 내 목숨보다 더 소중한 것으로 올리고, 더 나아가 나의 모든 것이 없어져도 믿음만은 붙잡는 사람이 되십시오. 그러기 위해서 우리는 예수를 더 깊이 생각해야 합니다. 더 알고 더 만나는 축복이 임하길 기도합니다.

구원을 바라며 가라

앞으로 가고 있습니까?

"나의 의인은 믿음으로 말미암아 살리라 또한 뒤로 물러가면 내 마음이 그를 기뻐하지 아니하리라"(히 10:38).

하나님의 사람은 오늘 믿음으로 살고 있어야 합니다. 믿음으로 살면서 믿음으로 앞으로 나가야 합니다. 물러가면 안 됩니다. 이제 되었다 생각하며 멈추어서도 안 됩니다.

믿음이라는 것이 무엇입니까?

"믿음은 바라는 것들의 실상이요 보이지 않는 것들의 증거니"(히 11:1).

"믿음은 바라는 것들의 실상"이라는 것은 미래의 일(바라는 것)을 믿음으로 인해 오늘의 일(실상)처럼 실제적으로 느낀다는 것입니다. 우리가 바라는 것을 마치 오늘 가진 것처럼, 오늘 보고 있는 것처럼 실제적으로 느끼며 살아간다는 것입니다. 바라는 그것이 오늘 가진 것처럼 보는 것처럼 확실한 실상이기에 얼마나 큰 기쁨이 있겠는지요? 얼마나 힘차게 가겠는지요?

그렇다면 여기서 바라는 것이 무엇입니까? 도대체 무엇을 바라고 있습니까? 어떤 사람은 "믿음은 바라는 것들의 실상이라 하여 많이 바랐는데 하나도 이루어지지 않았다"고 말하는 사람도 있습니다. 그러나 그것은 그가 잘못 바란 것입니다. 만약 병이 낫기를 바랐는데 이루어지지 않았습니다. 그래서 실망합니다. 그러나 여기에서 우리가 바라는 것은 사탕발림이 아니라는 것을 알아야 합니다. 물론 우리는 그러한 작은 구원도 원합니다.

그러나 우리가 바라는 것은 영원하고 근원적인 구원입니다. 사람들이 돈이 더 많고, 더 건강해지고, 더 행복해지는 것을 원하는 것은 당연합니다. 우리는 그러한 부족한 것에서 구원을 받아야 합니다. 그것을 위해 주님이 오셨습니다. 그런데 그러한 것을 일시적으로가 아니라 근원적으로 구원받아야 합니다. 조금이 아니라 풍성히 구원받아야 합니다. 그 근원적이고 완전한 구원을 위해 예수님이 오셨습니다. 구원의 시작입니다. 그리고 재림이 있습니다. 구원의 완성입니다. 우리가 이 땅에서 살 때 구원이 완성된 것은 아니지만 그 완성된 것을 바라보면서 살고 있습니다. 그래서 이 땅에서 부족한 것이 많이 있어도 우리는 구원의 완성을 보면서 살기 때문에 힘 있게 살 수 있습니다. 재림 때의 그 영광을 오늘 보고 있으니 우리가 어찌해야겠습니까? 힘차게 앞으로 가야 하지 않겠습니까? 가지마라고 해도 가야 하겠지요.

또한 믿음을 가진 사람은 지금은 보이지 않는 영적인 일(보이지 않는 것)들에 대해 확신(증거)을 가집니다. 그래서 지금 보이는 세상의 권세가 아니라, 보이지 않지만 만물을 다스리시는 하나님의 권세에 순종합니다. 그래서 오늘 보이지는 않지만 우리 안에 계신 예수 그리스도를 만나며 그분이 내 안에서 이루어 가시는 구원을 기쁨으로 이루어갑니다.

믿음을 가진 사람은 그가 후에 이루어질 것이라고 믿는 그것을 마치 오늘 이루어진 것처럼, 지금 당장 이루어질 것처럼 여기며 삽니다. 미래의 일이 오늘 실재하는 일이 됩니다. 그래서 미래의 일이라고 막연하지 않습니다. 비록 미래의 일이지만 그것은 오늘 어떤 현재의 일보다 더 중요합니다. 더 영향력을 미칩니다. 그래서 믿음을 가진 사람은 미래지향적 삶을 살게 됩니다. 그가 믿고 있는 그 미래가 오늘 눈앞에 펼쳐진 그 어떤 것보다 더 확실하다는 것을 알기 때문에 그 미래를 위해 오늘을 삽니다. 그 미래를 위해 오늘 모든 노력을 다하며 삽니다. 천국에 대해 더 뜨거운 열정을 가지십시오. 만약 믿음을 가졌다고 말하면서도 구원의 완성을 열정적으로 바라지 않고 있다면 그것은 너무 약한 믿음입니다. 우리는 구원을 믿습니다. 영원한 구원을 믿습니다.

얼마 전에 만난 분이 "인생이 참 힘들군요"라고 말하더군요. 그렇습니다. 인생은 힘듭니다. 인생은 죄로 인해 힘듭니다. 그래서 우리는 구원을 바라고 있습니다. 우리는 예수 그리스도에 의해 구원이 시작되었고, 재림하심으로 완성되는 것을 믿습니다. 그렇기 때문에 우리는 그 구원을 바랍니다. 우리가 오늘 돈을 바라는 것처럼, 우리가 우리의 자녀가 잘 되기를 바라는 것처럼, 우리가 더 많은 칭찬을 받기를 바라는 것처럼 우리의 구원을 바라야 합니다. 아니 훨씬 더 실제적으로 바라야 합니다. 우리가 그것을 바라지 않는다면 그것의 맛을 잘 모르기 때문입니다. 아니 그것을 진짜 믿지 않기 때문입니다. 믿는다면 그 바라는 것이 강하게 느껴집니다. 그래서 더 많이 바랍니다. 구원을 더 사모합니다. 하나님을 더 사모합니다.

예수 그리스도를 사모합니다.

그럭저럭 사는 것, 바라는 것이 없는 것은 그것을 모르기 때문입니다. 그것을 실상으로 느끼지 못하기 때문입니다. 믿음을 가진 사람은 세계가 어떻게 시작되었는지를 압니다. 세상이 어떤 목적을 가지고 시작되었는지를 압니다. 그리고 어떻게 진행되고 있는지를 압니다. 그리고 믿음의 조상들이 어떻게 살았는지를 압니다. 하나님이 상 주시는 분이라는 것을 압니다. 믿음은 본향을 찾아 가는 것임을 압니다. 이 땅이 본향이 아님을 압니다. 그래서 더 당당하고, 더 열심히 그리고 기뻐하며 하늘을 바라보며 갑니다. 구원 주시기를 그토록 원하셨던 예수님의 마음을 따라 이제 구원을 향하여 그토록 열심히 나아갑니다.

우리 자신을 돌아보십시오. 하늘을 향해 잘 가고 있었습니까? 아니면 땅에 매여 살고 있었습니까? 히브리서에서는 인생을 경주에 비유합니다. 허다한 사람이 보고 있습니다. 경주하는 사람이 옆길로 새면 얼마나 우습겠습니까? 하늘을 향해 가는 사람은 옆으로 가지 않습니다. 딴 짓하지 않습니다. 우리는 믿음의 길을 경주하듯이 열심히 가야 합니다. 죄와 싸우되 피 흘리기까지 싸우면서 가야 합니다. 피 흘려도 가야합니다.

* * *

예수님을 깊이 생각하라. 사도이며 대제사장이신 "예수님을 깊이 생각하라"고 말씀하고 있습니다. 그렇습니다. 예수님은 우리에게 복음을 전하기 위해 오신 사도이십니다. 그분은 우리에게 복음을 전하기 위해 하늘 보좌를 비우고 자신을 비우셔서, 이 땅에 인간의 몸을 입고 오셨습니다. 그분은 또한 대제사장입니다. 그분은 우리를 위해 자신의 몸을 십자가에 주셨습니다. 자신의 생명을 주셨습니다. 그래서 하나님을 향해 막혀 있던 우리에게 길을 열어 주셨습니다. 그분은 자신을 재물로 드림으로 우리를 하나님께 가까이 인도하신 대제사장입니다. 사도로서 이 땅에 오신 예수님과 대제사장으로서 자신을 드린 예수님을 깊이 생각해야 합니다. 그분이 그토록 주고자 하셨던 구원을 우리도 이제 간절히 열망하여야 합니다.

예수님을 깊이 생각하십시오. 깊이 생각하지 않으면 좋은 것도 놓칩니다. 자신이 알지 못하니 가벼이 대합니다. 그 존귀한 분을 가벼이 대하게 됩니다. 그래서 더 큰 죄를 범합니다. 우리가 존귀한 그분을 존귀히 대하도록 더 깊이 생각해야 합니다. 그래서 존귀한 그분을 알아가는 것에 합당하게 더욱 단단히 붙잡고, 매우 노력해야 합니다. 그분이 세상 그 어떤 것보다 더 존귀하기 때문에 우리를 멈추게 할 수 있는 것은 아무것도 없습니다. 감사하며 기뻐하며 우리 앞에 놓인 구원의 길을 가기를 기도합니다.

20

야고보서

구원을 얻는 믿음

"영혼 없는 몸이 죽은 것 같이
행함이 없는 믿음은 죽은 것이니라"(약 2:26).

 야고보서는 히브리서를 제외하였을 때 공동서신의 첫 서신입니다. 그것은 야고보가 열두 제자에는 속하지 않았지만 예수님의 육신의 동생이면서 초대교회에서 실제적 리더였고 또한 야고보서가 공동서신 중에(신약성경에서도) 가장 먼저 쓰였기 때문인 것 같습니다. 야고보는 예수님의 가장 큰 동생으로, 예수님을 믿게 된 것은 예수님이 부활하신 이후이기 때문에 다른 제자들보다 늦게 믿었으나, 믿음을 가진 이후 초대교회에서 활발히 활동을 하여 62년에 순교할 때까지 예루살렘 교회의 실질적인 리더로 섬겼습니다. 대부분의 신약성경은 50년대와 60년대에 기록되었는데(요한 저작물은 90년대) 야고보서는 46년-49년에 기록된 성경으로 신약성경 중에 가장 이른 시기에 기록되었다 할 수 있습니다.

야고보서는 참 믿음에 대한 성경입니다. 이 당시는 예수 그리스도를 믿는 믿음이 시작 된지 15년 이상이 경과된 시기입니다. 32년경 스데반의 순교와 함께 불어 닥친 핍박으로 각지로 믿음의 사람들이 흩어졌습니다. 야고보는 바로 그들에게 믿음에 대해 가르치고자 서신을 쓰고 있습니다. 믿음을 가진 사람들이 세상 속에 들어가서 어떻게 살아야 할까요? 그들이 가진 믿음이 이름뿐인 믿음이 아니라 힘을 발휘하도록 참 믿음에 대해 이야기하고 있습니다. 그래서 야고보서를 "구원을 얻는 믿음"이라는 제목으로 함께 살펴보고자 합니다.

소위 믿음(죽은 믿음)

야고보서 주제로 삼은 "구원을 얻는 믿음"이라는 것은 조금 공격적인 주제입니다. 제목만을 보면 이런 질문을 할 수 있습니다. "믿음에 구원 얻는 믿음이 있고 구원 얻지 못하는 믿음이 있습니까?" 이 질문에 대한 답은 "아닙니다"입니다. 모든 믿음은 그것이 아무리 작은 믿음이라 할지라도 구원에 이르게 합니다. 그렇다면 구원 얻는 믿음이라고 제목을 붙인 이유가 무엇일까요? 구원에 이르지 못하는 믿음이 있기 때문이 아닐까요? 그렇습니다. 오늘날 사람들이 믿음이라는 단어를 사용하기는 하는데 실재로는 구원에 이르지 못하는 믿음이 있습니다. 정확히 말하면 그것은 믿음이 아닙니다. 그러나 사람들이 믿음이라고 말하기 때문에 그것과 다르게 사용하고자 "구원을 얻는 믿음"이라는 제목을 붙인 것입니다.

소위 믿음이라 불리지만 사실은 믿음이 아닌 것들이 많습니다. 오늘 야고보서에서는 그것을 죽은 믿음이라고 부릅니다.

"영혼 없는 몸이 죽은 것 같이 행함이 없는 믿음은 죽은 것이니라" (약 2:26).

죽은 믿음이란 무엇일까요? 사람은 영과 육으로 되어 있습니다. 그런데 만약 영이 없으면 그 사람은 죽은 사람입니다. 영이 떠난 사람은 사람이라 하지 않고 시체라고 합니다. 믿음이라는 것도 그렇습니다. 믿음은 지·정·의로 구성되어 있습니다. 이 중에 하나라도 없으면 그것은 산 믿음이 아닙니다. 그것은 죽은 믿음입니다. 곧 믿음이 아닙니다.

믿음의 한 요소를 가지고 있기 때문에 믿음처럼 보이기도 하고, 믿음이라고 말하기도 합니다. 그러나 그것은 죽은 믿음으로서 정확히 말하면 믿음이 아닙니다. 예수님이 우리를 사랑하셔서 십자가에 못 박히셨다는 사실을 믿는다고 말하나 사실 지적인 동의에 불과한 사람이 있습니다. 어떤 사람은 십자가의 사랑에 감사하면서 눈물을 흘리기도 하지만 그 내용도 모르는 사람이 있습니다. 지식적으로 잘못된 이단도 십자가를 생각하며 눈물을 흘립니다. 십자가를 사랑하는 마음이 가득하나 내용이 잘못되었으면 구원함이 있는 믿음이 아닙니다. 또한 어떤 사람은 십자가의 사랑을 실천하기 위해 어려운 이웃을 돕습니다. 그런데 정작 그 안에 하나님을 사랑하는 마음이 없는 사람이 있습니다. 그러면 그것도 구원이 있는 믿음이 아닙니다. 지·정·의, 이 세 가지 중에 어떤 사람은 두 가지가 있는 사람도 있습니다. 그러나 그래도 그것은 믿음이 아닙니다.

믿음이 되기 위해서는 세 가지가 다 있어야 합니다. 지·정·의는 한 인간을 구성하는 요소입니다. 한 사람이 한 사람으로 서기 위해서도, 한 사람이 한 사람과 사귐을 가지기 위해서도 이 세 가지는 다 필요합니다. 그래서 이것을 인격이라고 말합니다. 믿음은 하나님을 사랑하는 것이라고 할 수 있습니다. 하나님을 사랑하되 우리는 인격적으로 사랑해야 합니다. 나의 마음(지)과 성품(정)과 힘(의)을 다하여 사랑해야 합니다.

믿음을 가지고 있다고 생각하지만 실재로는 믿음이 없는 사람이 많습니다. 미국의 종교 관련 통계 전문가인 조지 버나가 최근 발간한 미국 크리스천에 대한 『미래예측』이란 책에서는 신을 믿는다고 말하면서도 나눔과 봉사에 인색한 것은 물론이고 교회에 나가지도 않는 이른바 '나이롱 신자'가 갈수록 늘고 있다고 말합니다. 미국 사람들의 67%는 '신은 전지전능하다'고 믿고 있으며, 40%의 사람들이 '예수님을 받아들이고 구원받기를 바란다'고 말합니다. 그런데 미국 복음주의협회가 정의하는 '진정한 신자'는 미국인 전체의 7%로 추정합니다. 예수님을 받아들이며 구원받기를 원한다고 할 정도면 대부분 교회에 다니는 사람들일 것입니다. 그런데 그 중에 6분의 1 정도만이 진정한 신자라고 할 수 있다는 것입니다. 그리고 그 기준에서 진정한 신자에 속하더라도 실재로는 믿음이 없는 사람도 있을 것입니다. 그렇다면 오늘날 우리나라의 교회와 성도는 어떨까요? 그 통계는 더욱더 비참할 겁니다.

우리의 믿음은 어떨까요? 자기 생각에만 믿음이라고 여기는 믿음은 아닐까요? 정죄하고자 하는 말이 아닙니다. 앞으로 가야 할 많은 길이 있다고 말하기 위해 하는 말입니다.

"네가 하나님은 한 분이신 줄을 믿느냐 잘하는도다 귀신들도 믿고 떠느니라"(약 2:19).

스스로 믿음이 있다고 생각하는 사람들에게 '그들의 믿음은 가짜'라고 강하게 선포하는 말씀입니다. 그렇습니다. 가짜 믿음도 많고, 아직은 진정한 믿음까지 이르지 못한 연약한? 믿음도 많습니다. 우리는 그곳에 머물러 있어서는 안 됩니다. 결코 안 됩니다.

믿음(산 믿음)

우리의 믿음은 산 믿음이어야 합니다. 산 믿음이라는 것이 무엇일까요? 진짜 돈과 가짜 돈을 생각해 보십시오. 가짜 돈은 돈이라는 모양은 가지고 있지만 그것으로 아무것도 할 수 없습니다. 진짜 돈으로만 무엇인가를 살 수 있습니다. 그것처럼 가짜 믿음은 믿음이라는 이름을 가지고 있지만 그것이 영향을 미치지 못합니다. 진짜 믿음은 그것이 영향을 미칩니다. 그 영향을 미치는 것들이 야고보서에 나옵니다.

첫째, 시험입니다.

"내 형제들아 너희가 여러 가지 시험을 만나거든 온전히 기쁘게 여기라"(약 1:2).

가짜 믿음은 시험(시련, 유혹)을 만나면 넘어집니다. 믿음이 영향을 미치지 못하고 단지 그 시험만이 그 사람을 사로잡습니다. 그러나 진짜 믿음은 시험을 이기고 그 시험으로 인해 더 성숙해집니다.

둘째, 부에 대한 반응입니다.

"낮은 형제는 자기의 높음을 자랑하고, 부한 자는 자기의 낮아짐을 자랑할지니"(약 1:8-9).

가짜 믿음은 부에 의해 큰 영향을 받습니다. 부요하면 교만하고 가난해지면 절망합니다. 그러나 진짜 믿음은 부에 크게 영향을 받지 않습니다. 가난하여도 자신이 하나님의 자녀라는 높은 자긍심을 가지고 있고, 부요하면 어찌하여야 더 낮은 자로 여김을 받을까 하여 낮은 자리를 찾는 겸손을 가지고 있습니다.

셋째, 말씀에 대한 자세입니다.

"너희는 말씀을 듣고 행하는 자가 되고 듣기만 하여 자신을 속이는 자가 되지 말라"(약 1:22).

가짜 믿음은 말씀을 듣기만 하나, 진짜 믿음은 말씀을 듣고 행하고자 합니다.

넷째, 사람에 대한 자세입니다.

"영광의 주 곧 우리 주 예수 그리스도에 대한 믿음을 너희가 가졌으니 사람을 차별하지 말라"(약 2:1).

가짜 믿음은 사람을 차별합니다. 야고보서에서는 교회 안에서의 차별을 경고합니다. 진짜 믿음은 사람을 차별하지 않습니다. 사람을 차별하는 마음을 가진 사람은 회개해야 합니다.

다섯째, 말에 조심하는 것입니다.

"한 입에서 찬송과 저주가 나오는도다 네 형제들아 이것이 마땅하지 아니하니라"(약 3:10).

행함이 있는 믿음에 대해 곧 참 믿음에 대해 이야기하는 야고보서에서 가장 많은 분량을 차지하는 것이 말에 대한 것입니다. 우리가 가장 많이 행하는 것이 무엇일까요? 말입니다. 생각하던 것이 행동이 되는 첫 단추요, 가장 많이 실행하는 것이요, 사람들에게 가장 많은 영향을 주는 행위는 바로 말입니다. 그래서 그 말에 대해 많이 지적하고 있습니다. 가짜 믿음은 말에 영향을 주지 않습니다. 자기 하던 대로 말합니다. 그러나 진짜 믿음은 말을 바꿉니다. 말이라는 것이 하루아침에 바뀌는 것이 아니기에 힘들지만 그래도 말이 바뀌어 갑니다. 그 말이 다른 사람을 사랑하고, 다른 사람에게 선한 영향을 미치며, 말이 예쁘고, 다른 사람에게 따뜻하게 들려집니다.

여섯째, 다툼을 없앱니다.

"너희 중에 싸움이 어디로부터 다툼이 어디로부터 나느냐 너희 지체 중에서 싸우는 정욕으로부터 나는 것이 아니냐"(약 4:1).

가짜 믿음은 자신의 정욕대로 행하면서 욕심을 내며 욕심이 채워지지 않으면 싸웁니다. 그러나 진짜 믿음은 다투지 않습니다. 다투려고 하는 정체를 분별하고 믿음으로 화평합니다. 화평케 하는 자가 되고자 합니다.

일곱째, 비방하지 않습니다.

여덟 번째, 인내합니다.

"형제들아 주께서 강림하시기까지 길이 참으라"(약 5:7).

가짜 믿음은 힘든 일이 생기면 도망갑니다. 그러나 진짜 믿음은 인내합니다. 믿음은 오늘만 보는 것이 아니라 과거와 오늘과 미래를 함께 보기 때문입니다.

아홉 번째, 기도합니다.

"너희 중에 고난당하는 자가 있으냐 그는 기도할 것이요 즐거워 하는 자가 있느냐 그는 찬송할지니라"(약 5:13).

가짜 믿음은 잘 기도하지 않습니다. 기도를 하더라도 자기가 하고 싶은 때만 기도합니다. 그러나 진짜 믿음은 기도합니다. 항상 기도합니다. 어떤 일을 만나더라도 기도합니다. 힘들 때는 힘들어서 기도하고 감사할 때는 감사해서 찬송의 기도를 합니다.

믿음은 실제적입니다. 산 믿음은 한 사람을 바꾸어 갑니다.

그러면 어느 정도까지가 진짜 믿음일까요? 얼마나 바뀌어야 할까요? 시험을 이기되 어느 정도까지의 시험을 이겨야 진짜 믿음이고, 돈에 어느 정도까지 초월해야 하며, 말을 잘 하되 어느 정도까지 해야 하며, 인내하되 어느 정도까지 해야 할까요? 정답은 없습니다. 구원은 하나님께 속한 것이기 때문입니다. 어느 것이 진짜 믿음이고 어느 것이 가짜라고 우리는 함부로 판단할 수 없습니다.

그런데 어디까지가 온전한 믿음이냐고 물어본다면 이렇게 대답할 수 있습니다. 하나님을 가장 사랑하는 단계가 되어야 참믿음입니다. 성경에서 책망하는 우상이란 하나님보다 더 사랑하는 모든 것입니다. 우상을 깨트리고 믿음을 갖는다는 것은 세상에서 하나님을 가장 사랑하는 것입니다. 이것이 참 믿음이라 할 수 있습니다. 하나님을 그렇게 가장 사랑하면 앞에서 말한 그런 현상들이 나옵니다. 그래서 그런 현상들이 나오면 자신이 하나님을 가장 사랑하고 있다는 것을 증명하는 것이며 스스로도 그렇게 판단할 수 있고, 그렇지 않다면 자신의 믿음을 다시 돌아보아야 합니다.

앞에서 나온 그런 행위에 있어 어느 정도까지이어야 하는지 다시 생각해 보겠습니다. 그러면 하나님을 가장 사랑하는 참믿음을 가지면 다시는 죄를 범하지 않게 됩니까? 아닙니다. 자녀가 부모 말을 어기고 무엇인가를 할 때 그것을 가장 사랑하기 때문만은 아닙니다. 부모를 가장 사랑하면서도 여전히 부모의 말을 어기는 아이들이 있습니다. 부부도 마찬가지입니다. 배우자를 여전히 가장 사랑하면서도 배우자가 싫어하는 다른 짓을 하는 사람들이 있습니다. 그러나 그것도 정도 문제이겠지요? 아내를 가장 사랑하면서도 다른 여자를 사귄다면? 물론 여전히 자신의 아내를 가장 사랑한다 할 수 있지만 그래도 아닐 가능성이 높아지겠지요?

우리는 어느 정도 되어야 하나님을 가장 사랑한다고 말할 수 있을까요? 지식으로는 하나님을 가장 사랑한다 말하는 것이 쉬울지 모르나 행동(의지)이 따라주지 않는다면 아직은 아닌 것이겠지요. 그럼 어느 정도이어야 할까요? 모릅니다. 어느 누구도 갑자기 믿음이 생겼다고 말하기 어렵습니다. 알지도 못하는 이를 어찌 세상에서 가장 사랑할 수 있겠는지요? 대부분은 하나씩 쌓여 가다가 자기도 모르는 어느 순간에 임계량(핵분열 물질이 연쇄 반응을 할 수 있는 최소의 질량)이 되어 하나님을 가장 사랑하고 있는 자기 자신을 발견하게 됩니다. 하나님을 나의 가장 사랑하는 분으로 내 안에 모시고 있습니까?

나의 믿음은 산 믿음일까요? 구원을 얻는 믿음입니까? 너무 쉽게 생각하지 마십시오. 또한 너무 힘들게도 생각하지 마십시오. 진실한 마음으로 한걸음씩 가면 됩니다. 그런데 열심히 가십시오. 믿음은 생명과 관련된 것입니다. 영원한 생명과 관련된 것입니다. 우리가 이것을 등한시 하고 해야 할 일이 대체 무엇이 있겠습니까? 이것보다 더 중요하고 더 긴급한 것이 무엇이 있겠습니까? 믿음을 얕보지 마십시오. 믿음을 더 깊이 알아 가십시오. 생명과 관련된 것이니 나의 생명을 바쳐 알아 가십시오. 영원한 생명이니 이 땅에서의 우리의 작은 생명을 바치는 것이 아깝지 않지 않겠습니까?

* * *

구원을 얻는 믿음이어야 합니다. 죽은 믿음이면서 그럭저럭 그 안에 있으면 안 됩니다. 산 믿음이어야만 생명을 갖습니다. 영생을 갖습니다. 다시 질문합니다. 믿음을 가진 사람은 행해야 합니까? 아닙니다. 믿음과 행함은 나뉘는 것이 아닙니다. 인격적인 믿음, 참 믿음은 그 안에 행함이 포함되어 있습니다. 그래서 믿음은 행함으로 드러난다고 말할 수 있습니다. 행함은 믿음 밖에 있는 덕목이 아니라 믿음 그 자체를 구성하는 한 요소입니다. 그래서 우리가 무엇인가를 행할 때, 예수 그리스도의 이름으로 무엇인가를 행할 때 그것은 그 자체가 믿음입니다. 그렇기 때문에 우리가 말씀에 순종하여 무엇인가를 행한다는 것은 믿음을 키우는 중요한 일입니다.

야고보가 야고보서를 기록할 때 믿음을 가진 사람은 소수였습니다. 그러나 그들이 가진 믿음은 야고보 말씀에 따른 참 믿음이었기에 그 믿음은 사람들 속에 들어갔고, 그들 속에서 공경 받을 수 있었습니다. 그래서 더욱더 힘차게 확장될 수 있었습니다. 세계에 뻗어갈 수 있었습니다. 그들은 극히 적은 소수였습니다. 그러나 그들이 가진 믿음이 산 믿음이었기 때문에 그들의 믿음은 계속 자라갔습니다. 그들 안에서 자라갔고, 비록 더디더라도 외부로도 자라서 결국은 더 많은 사람들에게 전해질 수 있었습니다. 모든 것을 변화시켰습니다.

오늘날은 믿음이 다수입니다. 통계상으로는 세상에서 가장 많은 사람이 믿음을 가지고 있다고 합니다. 그러나 그 안에 참 믿음은 갈수록 더 적어져 가는 것 같습니다. 오늘 우리의 믿음이 참 믿음이 되기를 간절히 기도합니다.

베드로전서

하늘가는 나그네

"사랑하는 자들아 거류민과 나그네 같은 너희를 권하노니 영혼을 거슬러 싸우는 육체의 정욕을 제어하라"(벧전 2:11).

갈릴리 어부였던 베드로는 예수님을 만나 그 제자가 되어 사람을 낚는 어부가 되었습니다. 그는 흔히 예수님의 수석제자라 일컬어집니다. 베드로는 두 편의 성경을 기록하였는데 그 첫 번째 것이 베드로전서입니다.

베드로전서는 거룩한 삶에 대해 기록하고 있습니다. 하나님의 백성이 이 땅에서 살아야 할 거룩한 모습을 말하고 있습니다. 이 거룩은 세상과 분리된 거룩이 아니라 세상과 분별된 거룩입니다. 세상

밖에서의 거룩이 아니라 세상 안에서의 거룩입니다. 세상을 무시하는 거룩이 아니라 존중하는 거룩입니다. 세상을 소유하고자 하는 욕심이 아니라 사랑하고자 하는 욕심입니다.

세상을 사랑하되 매인 것이 아니라 초월하여 사는 삶입니다. 그 모습을 '하늘가는 나그네'로 표현할 수 있습니다. 베드로전서 1:1에서 베드로는 나그네에게 편지를 보낸다고 말하고 있습니다. 그 나그네는 그냥 나그네가 아니라 원문을 보면 선택받은 나그네 곧 "하늘가는 나그네"입니다. 하늘가는 나그네로 살고 있습니까? 베드로전서를 보면서 하늘가는 나그네로 사는 모습을 살펴보고자 합니다.

나그네 인생

베드로는 하늘가는 나그네에게 편지를 쓰고 있습니다. 그는 기독교인의 정체성으로 나그네를 생각하고 있습니다. 나그네란 자신이 태어난 고향이나 삶의 터전을 떠나 사는 사람을 일컫는 말입니다. 기독교인은 나그네입니다. 왜 그렇습니까? 우리의 고향은 천국이기 때문입니다.

이 세상이 고향이라고 생각하는 사람은 이 세상에 마음을 두고 삽니다. 그러나 우리는 천국이 고향이라고 생각합니다. 우리의 고향 곧 본향은 천국이기에 천국에 마음을 두고 삽니다. 우리는 나그네입니다. 우리는 이 땅을 삶의 터전으로 여기지 않기 때문입니다.

세상 사람들은 이 세상을 삶의 터전으로 여깁니다. 그래서 이곳에서 영원히 살 준비를 합니다. 그러나 우리는 이곳이 삶의 터전이 아니라 천국이 우리의 영원한 삶의 터전이라고 생각합니다. 천국에 우리의 영원한 집이 있습니다.

세상 사람들은 이 땅에 그들이 살 집을 마련하고, 평생 동안 먹고 살아야 할 것을 준비하고, 그들의 자손대대로 먹고 살 것을 마련하기 위해서 애를 쓰지만 우리는 천국에 집을 마련하기 위해 노력합니다. 그래서 이 땅에서 볼 때 가치 있는 일이 아니라, 천국에서 볼 때 가치 있는 일에 우리의 노력을 기울입니다. 이 세상에서의 주인인 나를 세우기보다는 천국에서의 주인인 하나님께 순종하는 것을 배웁니다. 세상 사람들은 이 세상에서 영원토록 살 것처럼 삽니다. 그러나 우리는 우리가 영원토록 살 곳은 천국이라는 것을 알고 그곳을 바라보면서 삽니다. 이 땅의 삶은 일시적이라고 생각합니다. 그래서 나그네입니다.

나그네는 그가 지나고 있는 세상에 매이지 않습니다.

"거류민과 나그네 같은 너희를 권하노니 영혼을 거슬러 싸우는 육체의 정욕을 제어하라"(벧전 2:11).

이 말씀에서 거류민의 뜻은 '남의 나라 영토에 머물러 사는 사람'이라는 뜻입니다. 그렇습니다. 우리는 거류민이요 나그네입니다. 그래서 이 세상의 것에 매이지 않습니다.

그런데 우리의 정욕은 어떻습니까? 우리의 죄 된 육체의 욕심은 이 세상의 것을 탐합니다. 그래서 영혼을 거슬러 싸우는 육체의 정욕을 제어하라고 말씀하고 있는 것입니다. 나그네 하여도 좋은 집이 싫을 사람 없고, 좋은 음식이 싫을 사람 없습니다. 그러나 그것이 진리를 거스르는 것이라면 단호히 맞서야 합니다. 사실 나그네로 사는 것인데 초가집이면 어떻고 기와집이면 어떻습니까? 하루 머물다 가는 것인데 말입니다. 마음 편히 머물 수 있는 것이 더 좋은 것 아닙니까?

나그네로 산다는 것은 고난이 있다는 것을 의미합니다. 세상 사람들이 자신의 정욕을 위해 수고를 할 때 나그네는 진리를 위해 수고합니다. 그래서 세상 사람들이 무엇인가를 소유할 동안 나그네는 아무것도 소유하지 못합니다. 세상 사람들은 자신의 이익을 위해 다른 이들을 희생시킵니다. 그 대표적인 것이 기독교인입니다. 그래서 기독교인은 고난을 당합니다.

베드로가 이 서신을 기록할 때는 주후 60년대 초반입니다. 네로라는 로마황제가 통치할 때입니다. 네로는 자신의 정권안정과 자신의 쾌락을 위해 기독교인을 이용하였습니다. 그래서 주후 64년에 로마 대화재 사건을 빌미로 대박해를 가합니다. 정치적 힘도 없이 나그네로 살고 있던 수없이 많은 기독교인들이 순교를 당하였습니다. 몇 년 후에 베드로 자신도 순교하였습니다.

세상 사람들은 착하게 살다가도 자신들의 이익과 관련되면 야수로 변합니다. 그래야 자신의 밥그릇을 챙기기 때문입니다. 그러나 베드로는 말합니다.

"오직 너희를 부르신 이처럼 너희도 모든 행실에 거룩한 자가 되라 기록되었으되 내가 거룩하니 너희도 거룩할지어다 하셨느니라"(벧전 1:15-16).

'모든 행실'에 거룩한 자가 되어야 합니다. 이렇게 모든 행실에 거룩한 자가 되기 위해서는 세상에 매이지 말아야 합니다. 세상의 재물과 권력에 매이지 말아야 합니다. 그렇게 세상에 매이지 않는 사람을 나그네라고 말합니다.

지금 나그네 인생을 살고 있습니까? 아니면 이 땅에 영원한 요새를 건축하고 있습니까? 이 세상에 짓는 영원한 요새는 아무리 지어도 지어지지 않습니다. 신기루일 뿐입니다. 우리는 이 세상에서 영원히 살 것처럼 살지 말고 나그네 인생을 살아야 합니다. 지금까지 수없이 많은 사람들이 이 세상에 왔다가 떠나갔습니다. 이 세상은 결코 사람들의 영원한 안식처가 될 수 없습니다. 그것을 아는 우리가 그것을 모르는 세상 사람을 따라가서는 안 됩니다. 우리는 나그네라는 사실을 명심하고 세상에 매이지 말고 살아야 합니다.

하늘가는 나그네

세상 국적을 포기하고 나그네가 된다는 것은 하늘 시민권을 잡는다는 것입니다. 우리가 나그네라고 할 때 그 나그네는 '정처(정한 곳) 없는 나그네'가 아닙니다. 우리는 목적 있는 나그네입니다. 우리는 천국을 가고 있는 나그네입니다. 그러니 우리가 나그네로 살 때 그것은 세상의 것을 포기하는 것만 의미하는 것이 아니라 하늘 나라의 것을 붙잡는 것까지 의미합니다. 세상의 것을 놓음으로 하늘의 것을 잡을 손이 생깁니다. 세상의 것을 놓은 우리 손에 하늘나라의 것을 붙잡아야 합니다. 세상의 허망하고 일시적인 것을 놓고 영원한 가치를 가지는 것을 붙잡아야 합니다.

"모든 육체는 풀과 같고 그 모든 영광은 풀의 꽃과 같으니 풀은 마르고 꽃은 떨어지되 오직 주의 말씀은 세세토록 있도다"(벧전 1:24).

세상의 일들이 풀과 같고 세상의 영광이 그 풀의 꽃과 같습니다. 세상의 일은 짧고 그 곳에서의 영광은 더욱더 짧습니다. 오직 말씀을 알고 그것을 실천하는 것만이 영원한 가치가 있습니다. 우리가 죽고 나서 천국에서도 해같이 빛날 것입니다. 그래서 가장 중요한 것은 말씀을 사모하는 것입니다.

"갓난아기들 같이 순전하고 신령한 젖을 사모하라 이는 그로 말미암아 너희로 구원에 이르도록 자라게 하려 함이라"(벧전 2:2).

말씀을 알면 세상의 일도 영원한 가치를 가질 수 있습니다. 바울은 믿음을 가지게 된 이후 세상의 것을 배설물처럼 여겼다고 말합니다. 그는 그렇게 세상의 지식과 권세를 버렸습니다. 그러나 그는 버리기만 한 것이 아니라 그것을 다시 재정립하여 사용하였습니다. 그의 지식은 그가 성경을 기록하고 말씀을 전하는데 아주 큰 도움이 되었습니다. 그가 가진 로마시민권조차 때로는 유용하게 사용하였습니다. 세상의 일시적인 것을 영원한 가치의 것으로 바꾼 것입니다.

하늘가는 나그네는 세상의 불공평을 이깁니다. 세상을 보면 불공평합니다. 남녀가 있습니다. 주인과 종이 있습니다. 불공평한 곳에서 산다는 것은 참으로 힘든 일입니다. 그 불공평한 세상에서 어떻게 살아야 할까요?

> "사환들아 범사에 두려워함으로 주인들에게 순종하되 선하고 관용하는 자들에게만 아니라 또한 까다로운 자들에게도 그리하라"(벧전 2:18).

어찌 보면 이 말씀은 참 얄궂습니다. 같은 인간이면서 종으로 산다는 것은 참으로 힘들고 고달픈 일입니다. 선하고 관용하는 주인을 만나면 그래도 조금 참을만합니다. 그런데 까다로운 주인에게 순종한다는 것은 참으로 더 힘든 일일 것입니다. 그런데 그럼에도 순종하라고 말합니다. 세상에서 산다는 것이 힘듭니다. 어느 정도 돈이 있어도 힘듭니다. 그런데 돈이 없고 장애까지 있는데도 기뻐하며 살라고 말합니다. 이것이 얼마나 얄궂습니까? 그러나 그 얄궂음은 그들이 세상만 보기 때문입니다.

하늘을 보면 그것은 그리 부당한 것이 아닙니다. 사실 그들이 그렇게 고생 가운데 사는 것은 다 그들의 죄 때문입니다. 그들의 죄는 더 큰 고난을 받아도 아무 할 말 없습니다. 그러니 일단 불평을 잠재우십시오. 그리고 하나님이 하시고자 하는 것을 보십시오.

하나님은 그들을 구원하기 위해 훈련시키고 계신 것입니다. 세상에서의 불공평은 일시적입니다. 아주 잠시입니다. 영원에 비하면 눈 깜짝할 순간도 안 됩니다. 그야말로 찰나입니다. 그때 그들이 바라보아야 할 것은 천국입니다. 그 잠시의 불공평이 끝나고 하늘에서 누릴 영원하고 공평한 구원의 세상이 있습니다.

하늘을 보십시오. 그러면 공평합니다. 그래서 세상에서도 순종할 수 있는 것입니다. 세상의 불공평이 영원한 것이고, 우리의 존재가치에 대한 불공평이라면 어떻게 해서라도 맞서야 합니다. 그러나 그 불공평은 일시적인 것이고 우리의 존재가치에 대한 것이 아닙니다. 세상에서 종이라고 그 인생이 종으로서 가치를 가지는 것 아니고, 세상에서 주인이라고 그 인생 가치가 주인의 가치를 가지는 것은 결코 아닙니다. 연극을 생각해 보십시오. 한 편의 연극에서 왕의 역할이라고 그 사람이 연극이 끝나도 왕이 되는 것 아닙니다. 그 사람의 왕 역할이 왕의 가치를 가지는 것도 아닙니다. 연극에서 종의 역할을 하였다고 연극이 끝나고도 종이거나, 연극에서의 종의 역할이 종의 가치만 가지는 것이 결코 아닙니다. 세상에서의 역할을 결코 영원하거나 존재가치를 나타내는 것이 아닙니다.

하늘가는 나그네로 살고 있습니까? 하늘가는 나그네는 어찌 보면 암행어사와 비슷합니다. 그는 행색이 구차합니다. 그는 기와집에서 편히 먹고 살 수 없습니다. 그러나 그는 암행어사입니다. 임금의 명을 받은 사람이지요. 그래서 그는 아무리 힘든 여행도 결코 마다하지 않습니다. 그는 좋은 것을 먹고 술대접을 받는 것을 즐기지 않습니다. 무엇을 먹고 마시는가가 중요한 것이 아니라 그의 목적을 이루는 것이 중요합니다. 우리는 하늘가는 나그네입니다. 하나님의 암행어사가 되어 존귀한 목적을 가지고 이 세상을 살아가고 있습니다. 명심해야 합니다.

* * *

하늘가는 나그네. 인생살이는 다 나그네입니다. 흘러가는 세월 잡으려 하지 말고 그 세월에 사랑을 실어 떠내려 보내야 합니다.

> "만물의 마지막이 가까이 왔으니 그러므로 너희는 정신을 차리고 근신하여 기도하라 무엇보다도 뜨겁게 서로 사랑할지니 사랑은 허다한 죄를 덮느니라"(벧전 4:7-8).

이 세상에서 우리가 잡을 수 있는 것은 아무것도 없습니다. 오직 사랑만이 남습니다. 그래서 저는 "인생별것 있냐? 사랑하며 살면되지"라고 말합니다. 인생이 아무리 복잡하고 힘들고 어려워도 실재로는 단순합니다. 그냥 사랑하며 살면 됩니다. 하루하루 사랑하면서 살면 최고의 인생을 사는 것입니다. 나그네 인생인 것을 기억하십시오. 그래서 소유하려 하지 말고 사랑하려 하십시오. 사랑하며 사는 것이 천국에 시민권을 둔 사람이 살아야 하는 길이며, 가장 거룩하게 사는 것입니다.

우리는 하늘가는 나그네입니다. 그러니 이제 신나게 이 땅에서 하늘 장단 맞추어 놀아봅시다. 세상 장단에 매여 짓눌리고 얼굴 찌푸리지 말고 하늘 장단에 맞추어 신나게 춤을 춥시다. 하늘에 귀를 기울이면 세상의 모든 것도 하늘 장단이 됩니다. 우리의 역할이 무엇이든 그것에 순종하여 놀아봅시다. 세상의 역할에 일희일비하지 말고 어느 역할이든 그곳에서 사랑하며 살 수 있으니 사랑할 수 있다는 것에 감사하며 놀아봅시다.

베드로후서

신성한 성품

"이로써 그 보배롭고 지극히 큰 약속을 우리에게 주사
이 약속으로 말미암아 너희가 정욕 때문에
세상에서 썩어질 것을 피하여
신성한 성품에 참여하는 자가 되게 하려 하셨느니라"(벧후 1:4).

베드로는 베드로후서를 기록하고 얼마 지나지 않아 순교를 합니다. 아마 베드로는 그의 죽음을 직감하고 있었던 듯합니다.

베드로후서는 죽음을 직감하며 쓴 서신입니다.

"나도 나의 장막을 벗어날 것이 임박한 줄을 앎이라"(벧후 1:14).

죽음을 앞두고 그는 성도에게 무엇을 당부하였을까요? 만약 당신의 삶이 얼마 남지 않았다면 당신은 무엇을 생각하겠습니까? 죽음을 앞두고 있다면 당신에게 중요한 것은 무엇일까요? 생각해 보십시오.

죽음 앞에서

최근 종영된 "여인의 향기"라는 드라마로 인해 '버킷 리스트'라는 것이 유행하고 있습니다. 6개월 시한부 인생을 선고받고 여주인공이 만들었던 버킷 리스트. 버킷 리스트라는 것은 '중세시대에 자살할 때 목에 밧줄을 감고 양동이(버킷)를 차 버리는 행위'에서 유래된 말로 죽기 전에 꼭 해야 할 일이나 하고 싶은 목록을 말합니다. 그 드라마에서 그녀의 버킷리스트는 하루에 한 번 엄마 웃게 하기, 탱고 배워보기, 웨딩드레스 입어보기 등입니다.

조금 시간을 당겨 죽음이 6일 앞으로 다가왔다면 무엇을 하고 싶습니까? 목욕을 먼저 해야겠지요? 그런데 의문사항이 듭니다. 목욕은 왜 합니까? 돈을 실컷 써보고 싶기도 합니다. 평생 돈을 벌기 위해 노력만 하다가 쓰지도 못하고 죽으면 억울하겠지요. 어쩌면 착한 일을 하고 싶을지도 모릅니다. 누군가 나를 기억해 줄 수 있도록. 사람들의 버킷 리스트를 보면 그래도 죽음을 생각하기 전보다는 조금 더 인간적이고 조금 더 올바릅니다. 그런데 그 버킷 리스트에 가장 중요한 것이 빠져 있는 경우를 많이 봅니다. 그것이 무엇일까요? 자기 자신입니다.

그 목록에는 다 외적인 것들만 담겨 있습니다. 자신의 내면을 향하는 것이 없습니다. 예를 들어, '책 읽기', '성경공부 하기'는 없습니다. 그 이유는 사람들에게 죽음은 끝을 의미하기 때문일 것입니다. 그러나 우리는 그 가치관을 따라가서는 안 됩니다. 우리의 가치관은 무엇입니까? '죽음은 시작이다'는 것입니다.

마치 결혼과 같습니다. 결혼을 앞 둔 사람이 흥청망청 소비하는 것이 아니라 결혼 후를 준비하듯이 우리는 죽음을 생각하면 죽음 이후를 준비해야 합니다. 세상 사람들은 죽음을 앞두었을 때 소비만 생각합니다. 죽음 전에 무엇인가를 써야 한다고 생각합니다. 그러나 우리가 죽음을 앞두었을 때 생각해야 하는 것은 생산입니다. 죽음 이후 사용할 그 무엇을 죽음 전에 생산해야 합니다. 그리고 그 생산에서 가장 중요한 것은 준비된 나 자신입니다. 천국에 들어갈 때 어떤 모습으로 들어가겠습니까? 우리를 기다리는 신랑 되신 예수님 앞에 설 때 우리는 어떤 모습으로 서야 할까요? 그 모습을 가꾸어야 하지 않겠습니까? 추한 모습이 아니라 아름다운 모습으로 말입니다.

죽음이라는 단어를 생각해 보고 있는 이 시점에 우리는 죽음이 남의 이야기처럼 들릴 수 있습니다. 그런데 시한부 인생이라는 것이 남의 이야기만은 아닙니다. 어찌 보면 우리 모두는 시한부 인생입니다. 주변을 보십시오. 어느 누구도 120년 이상을 살지 못하지 않습니까? 우리 모두가 죽음을 앞두고 있습니다.

질병으로 짧은 시한부 인생을 선고받은 사람은 죽음을 실감합니다. 그렇다면 우리는 어느 정도 남아야 죽음을 실감할 수 있을까요? 1년? 일찍 실감할수록 더 복된 것이 아닐까요? 더 오래 남아야 더 준비를 잘 할 수 있기 때문입니다. 몇 년이 남아야 실감하겠는지요? 조금 더 일찍 깨달을수록 복된 사람입니다.

사람들은 죽음의 문턱에 이르렀을 때 인생에서 무엇이 가장 중요했는지를 다시 생각해 봅니다. 그러면 언제가 죽음의 문턱일까요? 베드로후서에는 "주께서는 하루가 천 년 같고 천 년이 하루 같다는 이 한 가지를 잊지 말라"(벧후 3:8)는 말씀이 있습니다. 이것은 주님의 오심이 결코 더딘 것이 아니라는 것을 설명하기 위한 말씀입니다. 주님은 때로는 하루를 천 년 같이 길게 느끼며 기다리십시다. 주님은 우리를 구원하고 얼굴을 맞대며 천국에서 영원토록 행복하게 사는 것을 간절히 원하십니다. 그래서 하루를 기다림이 천 년 같이 느끼실 정도입니다. 또한 그분은 천 년을 하루 같이 사시기도 합니다. 우리의 구원을 위해 천 년을 하루 같이 기다리시는 것입니다. 그 긴 시간을 지루하다 하지 않으시고 우리의 구원을 위해서는, 사랑을 위해서는 하루같이 기다리신다는 것입니다. 그렇다면 우리도 그러해야 하지 않겠습니까?

천 년을 하루 같이 열심히 살아야 하지 않겠습니까? 많이 남은 것이 아닙니다. 60년 남았다고 느긋이 걷고 있지는 않습니까? 딴 짓하며 살고 있지 않습니까? 인생을 하루 같이 열심히 살아야 합니다.

죽음 앞에 서 있습니까? 우리는 항상 죽음 앞에 서 있어야 합니다. 사실 우리 모두는 죽음 앞에 서 있기 때문입니다. 죽음 앞에 설 때 우리는 우리의 인생을 진실로 채울 수 있게 됩니다.

기억하십시오. 인생은 일이 아니라 사람으로 채워집니다. 한 사람은 천하보다 더 귀합니다. 그러니 천하의 어떤 일도 한 사람보다 더 중요하지 않습니다. 그렇기 때문에 어떤 일을 하였느냐가 아니라 사람을 사랑하고 나 자신이 어떤 사람이 되었는가가 중요합니다. 그렇기 때문에 인생이 조금 남았다고 생각되면 더욱더 사랑할 길을 찾고, 조금 더 나 자신이 훈련되어지는 길을 찾으십시오. 죽음 이후에 우리는 예수님을 만나게 될 것입니다. 그때 우리는 내가 무엇을 가지고 가는 가보다 나 자신이 어떤 사람이 되어 있느냐가 중요합니다. 예수님과 진정한 사랑을 나눌 수 있는 사람이 되어 있어야 합니다.

신성한 성품

죽음 이후 천국에서 예수님과 사랑을 깊이 나눌 수 있는 사람이 되어야 합니다.

> "이로써 그 보배롭고 지극히 큰 약속을 우리에게 주사 이 약속으로 말미암아 너희가 정욕 때문에 세상에서 썩어질 것을 피하여 신성한 성품에 참여하는 자가 되게 하려 하셨느니라"
> (벧후 1:4).

세상에서 죽어가는 사람들에게 말씀은 세상의 그 어떤 것과도 비교할 수 없는 보배롭고 큰 약속을 합니다. 천국입니다. 미래가 없는 사람은 오늘 되는대로 삽니다. 그러나 미래를 생각하는 사람은 그 미래를 준비합니다. 우리에게는 미래가 있습니다. 그래서 우리는 미래가 없는 사람들이 하는 것처럼 세상에서 썩어져 없어질 정욕을 따르는 삶이 아니라 천국에서까지 빛날 신성한 성품에 참여하는 삶을 살고자 합니다. 우리는 천국백성입니다. 그렇기 때문에 천국백성에 합당한 신성한 성품을 오늘 이 땅에서 훈련해야 합니다. 그래야 그 나라에 합당한 사람이 됩니다.

저는 다음의 구절을 대학 때 참 좋아했었습니다.

> "그러므로 너희가 더욱 힘써 너희 믿음에 덕을, 덕에 지식을, 지식에 절제를, 절제에 인내를, 인내에 경건을, 경건에 형제 우애를, 형제 우애에 사랑을 더하라"(벧후 1:5-7).

이것은 믿음의 깊이를 더해 주는 말씀입니다. 믿음이라는 것에 머물러 있으면 그것은 믿음이 되지 못합니다. 믿음을 가졌으면 그 믿음에 덕을 더해야 합니다. 믿음이 있노라 하고 덕이 없다면 믿음이 아닙니다. 그리고 덕에 지식을 더해야 합니다. 지식이 없는 덕은 악한 영에 이용당할 수 있습니다. 지식에 절제를 더해야 합니다. 지식에 절제를 더하는 것이 얼마나 중요한지. 많은 사람이 오히려 지식으로 망하지 않습니까? 절제에 인내를 더해야 합니다. 절제하되 끝까지 해야 합니다. 인내에 경건을 더해야 합니다. 인내할 때 하나님을 경외하는 마음인 경건이 없으면 인내하지 못합니다. 사람을 보면 인내하지 못합니다. 경건에 형제 우애를 더해야 합니다. 하나님을 경외한다 하면서 이웃을 향하여 따뜻한 친절의 마음(형제우애)이 없다면 그것은 바이러스에 감염된 경건입니다. 형제 우애에 사랑을 더해야 합니다. 따뜻한 얼굴을 하고 있지만 그 내면에 사랑이 없다면 그것은 온기 없는 열입니다. 이러한 것이 있어야 인생에 열매가 맺힙니다.

"이런 것이 너희에게 있어 흡족한즉 너희로 우리 주 예수 그리스도를 알기에 게으르지 않고 열매 없는 자가 되지 않게 하려니와 이런 것이 없는 자는 맹인이라"(벧후 1:8).

신성한 성품은 말씀이 심겨질 때 생기는 성품입니다. 신성한 성품은 하나님이 우리에게 주시는 하늘의 거룩한 성품입니다. 신성한 성품은 윤리가 아니라 믿음입니다. 윤리가 내 밖의 것이라면 신성한 성품은 내 안의 것입니다. 윤리는 내가 주인이며 내가 만드는 것이라면 신성한 성품은 하나님이 주인이 되시며 하나님이 만드시는 것입니다. 하나님께 주도권이 있습니다. 그런데 이것을 오해하지 말아야합니다. 하나님이 일방적으로 만드시는 것이 주도권을 가지신다는 것입니다. 신성한 성품은 내가 하나님께 순종할 때 만들어집니다.

신성한 성품을 계속 증진시키십시오.

"그러므로 형제들아 더욱 힘써 너희 부르심과 택하심을 굳게 하라 너희가 이것을 행한즉 언제든지 실족하지 아니하리라 이같이 하면 우리 주 곧 구주 예수 그리스도의 영원한 나라에 들어감을 넉넉히 너희에게 주시리라"(벧후 1:10-11).

신성한 성품을 증진시키는 것이 "하나님의 택하심을 굳게 하는 것"이며, "천국에 넉넉히 들어가게 하는 것"이라 말씀하고 있습니다. 택하심과 천국을 소망하는 이들은 신성한 성품을 증진시켜야 합니다.

누가 이단입니까? 말씀을 말하나 말씀에서 벗어나 천국에 들어가지 못하는 이들이 이단입니다. 이단은 크게 두 가지 이단이 있습니다. 첫째, 내용이 다른 이단입니다. 성경에서 말하는 것을 그릇되게 가르칩니다. 둘째, 행동이 다른 이단입니다. 행동이 이단인 경우를 이단이라 말하는 경우가 드문데 성경은 분명히 그것을 말합니다.

"너희 중에 거짓 선지자들이 일어났었나니…호색하는 것을 따르니…탐심으로써"(벧후 2:1-3).

성경에서 돈을 그릇되게 탐하지 말라고 하셨으니 돈을 탐하지 않아야합니다. 그런데 돈을 탐하라 가르친다면 그것은 이단입니다. 그런데 돈을 탐하지 말라고 가르치지만 그 자신이 돈을 탐한다면 그것도 또한 이단입니다. 그렇게 행동이 잘못된 이단들이 오늘날 많습니다.

신성한 성품이 부족한대 대체 무엇 하느라 바쁜지. 인생을 허비하는 것입니다. 기독교인이라 하면서도 그런 경우가 많습니다. 죽음을 앞둔 베드로가 보기에는 참으로 한심한 일이었습니다. 우리도 죽음의 문턱에 있다 생각하고 자기 자신을 다시 돌아보십시오. 신성한 성품을 갖도록 훈련하는 것이 가장 신성한 일이며, 가장 중요한 일이며, 사람이 살아야 할 가장 인간다운 것입니다.

　자신을 보십시오. 신성한 성품이 얼마나 이루어져 있습니까? 믿음에 덕을 덕에 지식을 지식에 절제를 절제에 인내를 인내에 경건을 경건에 형제우애를 형제우애에 사랑을 더하며 살고 있습니까? 그렇게 모든 일에 이 말씀을 적용하며 마음을 훈련시켜 가야 합니다. 그렇게 훈련되어져 신성한 성품으로 바뀌어 가면 그때 우리는 천국에서 예수님을 기쁨으로 만날 수 있을 것입니다.
　예수님을 만날 준비가 되었습니까? 그분과 사랑할 준비되었습니까? 사랑이 그냥 아무나 하고 그냥 되는 것 아닙니다. 사랑하기 위해서는 오랜 시간이 필요하고 만나야 합니다. 그래야 마음이 열리고, 편하고, 무엇인가가 시작됩니다. 이 땅에서 준비되지 못하고 천국에서 그냥 예수님과 사랑할 수 있는 것이 아닙니다. 신성한 성품만이 신성한 성품을 가진 그분과 더 깊이 만날 수 있습니다. 더 깊이 사랑할 수 있습니다. 그러니 이 땅에서의 삶이 얼마나 중요합니까? 이 땅에서의 시간이 얼마나 중요하겠습니까? 천 년을 하루 같이 짧게 여기며 열심히 가꾸어 가야 하지 않겠습니까?

* * *

신성한 성품을 이루어 가십시오. 이 땅에서의 삶은 신성한 성품을 이루어 가기 위한 몸부림이어야 합니다. 그렇게 신성한 성품으로 변화되어갈 때 우리는 천국에 들어갈 자, 천국에서 사랑할 준비가 된 사람이 됩니다. 준비가 되었습니까? 예수님이 물으십니다. "준비됐느냐? 이제 내가 가도 되겠냐? 나는 하루를 천 년 같이 얼마나 기다렸나 모른다." 그렇게 기다리던 예수님은 어느 날 도적같이 오실 것입니다. 아무도 모르는 그때입니다. 그때를 우리는 준비하고 있어야 합니다.

죽음이라는 것은 끝이 아니라 새로운 시작입니다. 시험은 끝이 아니라 새로운 시작인 것과 같습니다. 시험을 앞둔 이는 시험이 가까워지면 자기가 하고 싶은 것을 하는 것이 아니라 시험을 준비합니다. 우리도 죽음이라는 시험 앞에 준비하여야 하지 않겠습니까?

"너희가 어떠한 사람이 되어야 마땅하냐 거룩한 행실과 경건함으로 하나님의 날이 임하기를 바라보고 간절히 사모하라 그날에 하늘이 불에 타서 풀어지고 물질이 뜨거운 불에 녹아지려니와 우리는 그의 약속대로 의가 있는 곳인 새 하늘과 새 땅을 바라보도다 그러므로 사랑하는 자들아 너희가 이것을 바라보나니 주 앞에서 점도 없고 흠도 없이 평강 가운데서 나타나기를 힘쓰라"(벧후 3:11-14).

23

요한일서

하나님과 사귐

"어느 때나 하나님을 본 사람이 없으되
만일 우리가 서로 사랑하면
하나님이 우리 안에 거하시고
그의 사랑이 우리 안에 온전히 이루어지느니라"(요일 4:12).

요한일·이·삼서와 요한계시록은 성경 중에 가장 후반부에 기록된 성경입니다. 대부분의 신약성경이 기록된 시기가 주후 50-60년대입니다. 그런데 사도 요한의 저서는 주후 90년대입니다. 곧 신앙이 많이 체계화되고 뒤돌아 볼 줄 아는 여유 속에서 기록되었다 할 수 있습니다. 그리고 어떤 면에 있어서는 특별계시라는 성경의 뒷문을 닫는 역할을 합니다.

요한일·이·삼서는 그 주된 핵심이 사귐이라는 단어입니다. 먼저 요한일서는 하나님과의 사귐을 다루고 있습니다. 요한은 예수님이 지상에서 살아계실 때 "사랑받는 자"라고 불릴 정도로 예수님의 가장 가까이에 있었습니다. 예수님과 친밀함을 누렸던 요한의 요한일서 성경을 통해 우리는 하나님과 사귐에 대하여 알 수 있습니다. 하나님과 사귐을 가지고 있습니까? 하나님과 친밀한 관계를 가지고 있습니까? 요한일서 말씀을 통해 더욱더 하나님과 사귐을 갖게 되기를 바랍니다.

하나님과 사귐

하나님과 사귐을 갖고 있습니까? 하나님을 믿는다는 것은 예수 그리스도를 우리의 구주로 받아들이는 것입니다. 그분이 나의 주인이 됨으로 우리는 신앙인이 됩니다. 그렇게 그분이 나의 주인이 되면 그 이후에는 사귐이 시작됩니다.

구도자 즉 믿음을 가져야 할지 말아야 할지 고민하는 하는 사람은 예수님과 사귀어야 할지 재고 있다는 뜻입니다. 그러나 그리스도인이 되겠다는 뜻은 예수님과 본격적으로 사귄다는 것을 의미합니다. 그런데 많은 기독교인들이 예수님을 믿는다고 말을 해놓고 사귀지를 않습니다. 그래서 오랜 세월동안 신앙생활을 해놓고도 여전히 예수 그리스도에 대해 너무 모르고 있습니다. 아니 그분과 사귀고 있다는 것조차도 잘 이해하지 못하고 있습니다. 기독교인은 하나님과 사귐을 갖는 사람입니다.

사도 요한은 말합니다.

"태초부터 있는 생명의 말씀에 관하여는 우리가 들은 바요 눈으로 본 바요 자세히 보고 우리의 손으로 만진 바라"(요일 1:1).

사도 요한은 자신이 만난 존귀한 분을 소개합니다. 태초에 천지를 창조하신 그분이 인간의 몸을 입고 이 땅에 오셨고, 그분을 만나 그분과 사귐을 가졌다는 것입니다. 사귐을 갖되 천지를 창조하신 그분과 사귐을 가졌으니 얼마나 복된 사귐입니까? 그리고 우리에게도 그 사귐을 가지도록 강력하게 권면합니다.

그런데 사도 요한이 지금 이 글을 쓸 때는 예수님이 죽으시고 60년 정도가 지난 시점입니다. 그런데 어떻게 죽은 분과 사귐을 가지라고 말할 수 있을까요? 그것은 예수님은 죽으셨으나 부활하셨기 때문입니다. 그분은 죽으시고 사흘 만에 부활하셨습니다. 그리고 천상에 계시면서 성령님을 통해 그의 백성과 함께 계시고 사귐을 갖습니다. 사도 요한은 예수님이 이 땅에 계실 때 그분과 친밀한 사귐을 가졌고, 예수님이 승천하신 이후에는 얼굴과 얼굴을 맞대지는 못하지만 여전히 예수님의 인도하심을 느끼며 사귐을 갖고 있었습니다. 그래서 그 사귐으로 사람들을 초대하고 있는 것입니다. 그렇습니다. 모든 사람들은 그 초청장을 받고 그 사귐의 자리에 나가야 합니다.

사람들이 '하나님과 사귐'을 잘 모릅니다. 죄가 그들의 눈과 마음을 가로 막기 때문입니다. 그런데 사람들은 자기가 죄인이라는 것을 잘 모릅니다. 그들에 대해 성경은 말합니다.

"만일 우리가 죄가 없다고 말하면 스스로 속이고 또 진리가 우리 속에 있지 아니할 것이요"(요일 1:8).

세상 사람들을 보십시오. 그들은 자신이 죄인이라는 사실을 심각하게 생각하지 않습니다. 도리어 반문합니다. "내가 얼마나 큰 죄를 저질렀습니까?" 그러나 그에 대해 대답하겠습니다. "그렇습니다. 당신은 엄청나게 큰 죄를 저질렀습니다."

사람들은 세상의 법에 근거해서 죄를 생각합니다. 세상 법을 어기지 않았으면 죄가 없다고 생각합니다. 그러나 그렇지 않습니다. 세상의 법은 세상의 질서를 지키는 최소한의 법일 뿐입니다. 가장 중요한 하나님의 법이 있습니다. 사람을 만드신 하나님이 사람에게 주신 법이 있습니다. 사람은 참으로 존귀합니다. 그래서 존귀하지 않은 삶은 죄입니다. 그들을 창조하신 하나님을 모르는 것은 더욱더 큰 죄입니다. 존경하지도 않고, 예배하지도 않습니다. 그렇다면 그것은 엄청나게 큰 죄입니다.

사람은 그를 창조하신 하나님과 존귀한 사귐을 갖도록 창조되었습니다. 그런데 그 영광스러운 일을 잊고 살고 있습니다. 사람들은 어느새 죄와 친숙해있습니다. 그래서 많은 죄를 행하면서도 그것이 죄인지를 모릅니다. 스스로에게 속아 죄가 없다고 말합니다.

하나님과 사귀지 않고 세상과 사귀며 사는 그것이 얼마나 큰 죄인지를 모르고 삽니다. 흑암 속에 살면서도 그것에 익숙해서 빛이 무엇이냐고 물어봅니다. 그래서 하나님과 사귐이 무엇인지를 이렇게 장황하게 설명해야 합니다. 인간은 본래 하나님과 사귐을 갖도록 창조되었기에 그것이 가장 당연하며 자연스러운 것인데 이제는 그것이 이상한 것처럼 취급당합니다. 설명해 주어야 합니다. 그런데 분명한 사실은 '하나님과 사귐'이라는 지상에서 가장 거룩한 일이 있으며, 그것이 인간의 존재 목적이며, 가장 인간답게 되는 길이며, 가장 중요하다는 사실입니다.

하나님과 사귐을 갖고 있습니까? 옛날 그 누군가와 사귀었던 때를 떠올려 보십시오. 보아도 또 보고 싶은 그 마음이 생각납니까? 그 감정이 오늘 하나님과 사귐 속에 있어야 합니다. 사귈 때 일어나는 실제적 일들이 하나님과의 사귐 속에 일어나야 합니다. 사도 요한은 그가 귀로 듣고 눈으로 보았고 만졌던 예수님과의 사귐으로 초대합니다. 그리고 오늘 우리도 그렇게 실제적으로 하나님과의 사귐 속으로 들어가야 합니다.

어떻게 사귀어야 하는가

요한이 만난 예수님은 육체를 가진 분이었습니다. 그러나 지금 그분은 이 땅에 계시지 않습니다. 우리가 만나야 하는 그분은 지금 눈에 보이지 않습니다. 그렇다면 우리는 그분과 어떻게 사귀어야 할까요?

먼저 빛 가운데 거해야 함을 이야기합니다.

> "그가 빛 가운데 계신 것 같이 우리도 빛 가운데 행하면 우리가 서로 사귐이 있고 그 아들 예수의 피가 우리를 모든 죄에서 깨끗하게 하실 것이요"(요일 1:7).

하나님은 빛이십니다. 빛을 받으려면 밖으로 나가야 합니다. 건물 안에 있으면 안 됩니다. 그것처럼 우리가 하나님과 함께 사귐을 갖기 위해서는 빛으로 나가야 합니다. 거짓과 탐심이 있는 곳에는 하나님이 계시지 않습니다. 건물 안에서 빛이 비추이기를 바랄 것이 아니라 빛을 받을 수 있는 곳으로 나가야 합니다.

오늘날 빛이신 하나님을 만나는 가장 좋은 장소는 교회입니다. 하나님께 예배할 때, 하나님의 사람들이 성도의 교통을 할 때 그곳에 하나님의 빛이 임합니다.

빛의 길로 가는 구체적인 방법은 말씀에 순종하는 것입니다.

> "그를 아노라 하고 그의 계명을 지키지 아니하는 자는 거짓말하는 자요 진리가 그 속에 있지 아니하되…그의 안에 산다고 하는 자는 그가 행하시는 대로 자기도 행할지니라"(요일 2:4-6).

말씀은 성령님의 감동으로 기록된 것입니다. 말씀은 우리에게 하나님을 계시하기 위해 주신 것입니다. 말씀은 우리 안에 구체적으로 하나님이 역사하시는 방법입니다. 말씀을 지키는 사람은 이미 그 안에 하나님이 계시고, 그가 하나님 안에 있는 것입니다. 말씀은 우리가 하나님을 아는 가장 깊고도 직접적인 수단입니다. 오늘 우리가 하나님의 음성을 직접 듣는다면 그것도 좋은 일입니다. 그러나 우리는 그것이 하나님의 음성인지 말씀으로 재조명해야 합니다. 그리고 그것이 하나님의 음성으로 판명되어도 그 직접적인 음성보다 말씀이 더 기준이 되고 직접적인 하나님의 음성입니다.

다른 모든 것은 우리가 하나님을 아는 일반계시입니다. 오직 말씀만이 하나님의 특별계시입니다. 말씀을 들을 때, 말씀을 읽을 때, 말씀을 묵상할 때, 말씀을 행할 때 하나님과 만납니다. 말씀은 고리타분한 것이 아닙니다. 말씀은 우리를 옭아매는 밧줄도 아닙니다. 말씀은 우리를 힘들게 하는 짐도 아닙니다. 말씀은 우리를 사랑하시는 따뜻한 하나님의 음성이요, 이 세상에서 가장 필요한 생생하고 신선한 과일과 같으며, 우리를 자유하게 하는 생명줄입니다. 말씀은 살아 계시는 하나님의 음성입니다. 모든 말씀은 살아 계신 하나님의 음성입니다. 한 구절 한 구절이 하나님의 음성입니다. 말씀을 대할 때 하나님을 만나는 마음을 가지고 대하십시오. 경외감을 가지고 대하십시오. 직접적인 마음을 가지고 대하십시오. 깊이 묵상하며 대하십시오. 그래서 말씀을 통해 직접적으로 하나님과 사귐을 갖는 것을 알아야 합니다. 이것이 매우 중요합니다.

우리는 말씀을 통해 하나님의 계명을 알고 그에 순종함으로 하나님과 사귐을 갖습니다. 그러면 하나님의 계명 중에 가장 핵심이 무엇일까요? 예수님은 일전에 "율법의 강령이 무엇이냐"는 질문에 "하나님을 사랑하며 이웃을 네 몸과 같이 사랑하는 것"이라고 대답하셨었습니다. 요한일서에서는 이 사랑에 대해 직접적으로 더 자세하게 말씀하고 있습니다.

> "그의 계명은 이것이니 곧 그 아들 예수 그리스도의 이름을 믿고 그가 우리에게 주신 계명대로 서로 사랑할 것이니라 그의 계명을 지키는 자는 주 안에 거하고 주는 그의 안에 거하시나니" (요일 3:23-24).

우리가 서로 사랑하는 것이 하나님과 사귐의 가장 기초적인 터전이 됩니다. 우리가 서로 사랑하면 우리가 하나님 안에 거하는 것이고, 그때 하나님이 우리 안에 거하십니다.

> "사랑하는 자들아 우리가 서로 사랑하자 사랑은 하나님께 속한 것이니 사랑하는 자마다 하나님으로부터 나서 하나님을 알고 사랑하지 아니하는 자는 하나님을 알지 못하나니 이는 하나님은 사랑이심이라"(요일 4:7-8).

사랑은 하나님께로부터 나는 것입니다. 사랑해야 하나님을 압니다. "사랑하면 예뻐져요"라는 말이 있는데요. 그보다 더 맞는 말은 "사랑하면 하나님과 만나요"라는 말입니다. 믿음으로 서로 사랑하십시오. 하나님께 순종하는 마음으로 서로 사랑하십시오. 사랑할 때 하나님과 사귐을 갖는 것이며, 사랑하지 않으면 하나님과 사귐을 멈추는 것입니다.

"하나님은 사랑이시라"는 말을 우리가 잘 알고 있습니다. 이 말씀을 많이 보았을 텐데요. 이 말씀을 보면서 무슨 생각을 하였습니까? 말씀은 항상 문맥 속에서 생각해야 성경이 됩니다. '하나님은 사랑이라'는 말씀은 우리에게 무엇을 전하기 위해 주어진 말씀일까요? 이 말은 요한일서에서 두 번 나옵니다. 요한일서 4:8에서는 하나님은 사랑이시기 때문에 우리가 서로 사랑하지 않으면 하나님을 알지 못한다고 말씀하고 있습니다. 요한일서 4:16에서는 하나님은 사랑이기 때문에 사랑 안에 거하면 하나님 안에 거하는 것이요 사랑 안에 거하지 않으면 하나님 안에 거하지 않는 것이라고 말씀합니다. 이것은 '하나님이 우리를 사랑하시는 것'을 강조하기 위한 말씀이 아니라 '우리가 서로 사랑해야 한다'는 것을 강조하기 위한 말씀입니다. 저는 전에는 이 말씀을 보면 하나님의 사랑을 묵상하였습니다. 그런데 그것이 성경에 부합한 것이 아니었던 것입니다. 하나님은 사랑이시라는 말씀을 볼 때 이 말씀을 잘 이해한 사람은 자기 자신을 살펴야 합니다. 자기 안에 사랑이 있는지. 다른 사람을 사랑하고 있는지. 사랑이 없다면 크게 회개해야 합니다. 이웃을 사랑함이 있어야 사랑의 하나님이 그 안에 계시다는 증거가 되기 때문입니다.

"아무 때나 하나님을 본 사람이 없으되 만일 우리가 서로 사랑하면 하나님이 우리 안에 거하시고 그의 사랑이 우리 안에 온전히 이루어지느니라"(요일 4:12).

아무도 하나님을 본 사람은 없습니다. 그러나 우리가 서로 사랑하면 하나님이 우리 안에 거하시고, 하나님과 우리 사이에 사랑이 완성됩니다. 우리가 서로 사랑하면 하나님과 사귐이 있다는 증거가 됩니다. 우리가 서로 사랑하지 않으면 하나님과 사귐도 없다는 증거가 됩니다.

말씀을 알기 위해, 지키기 위해 노력하고 있습니까? 말씀의 강령인 사랑을 위해, 서로 사랑하기 위해 믿음으로 노력하고 있습니까? 감각적인 사랑이나 좋아하는 차원의 피상적인 사랑이 아니라 오래 참고 시기하지 않는 그런 진정한 사랑을 위해 노력하고 있습니까? 진정한 사랑 하나 하나 안에 하나님과의 사귐이 있습니다. 그 안에 하나님의 함께함이 있고, 독려가 있고, 위로가 있으며, 십자가의 아픔이 있습니다. 그 길은 하나님과 동행하는 길이어서 하나님과 사귐을 갖는 것입니다.

* * *

하나님과 사귐을 가지십시오. 세상 속에서 정신없이 세상의 것을 좇아가는 것이 아니라 하나님과 사귐을 갖는 인생이 되게 하십시오. 사람은 누구를 만나느냐가 중요하다고 합니다. 우리가 인생에서 하나님을 만나면서 하나님과 동행한다면 우리의 인생은 하나님 차원의 인생이 됩니다. 하나님과 사귐을 알지 못하고 세상일에만 국한되어 있으면 세상 차원의 인생이 되어 세상이 망할 때 함께 망할 것입니다.

하나님과의 사귐은 피상적이지 않습니다. 오늘 하루하루 가야 하는 실제적인 삶입니다. 어쩌면 지금은 그 사귐이 실제적으로 느껴지지 않을지도 모릅니다. 그것은 아직 잘 모르기 때문입니다. 하나님께 마음을 열고 하나님과 더 많은 사귐을 가지십시오. 그래서 하나님이 얼마나 좋으신 분인지 아십시오.

어쩌면 그 길이 험하고 힘든 길일지도 모릅니다. 보여도 의심하는 것이 우리이고 우리 안의 뿌리 깊은 죄는 하나님을 멀리합니다. 그러니 그분을 알고 사귐을 갖는다는 것이 쉬운 것이 아닙니다. 또한 무한경쟁시대에 하나님과의 사귐은 또 하나의 의무를 달고 사는 것과 같을 수 있습니다. 마치 권투를 하는데 다른 사람과 달리 우리는 손 하나만으로 싸워야 한다는 또 하나의 덧붙여진 의무를 두는 것과 흡사합니다. 그러나 그 안에 영생이 있습니다. 기쁨이 있습니다. 어려움이 있으면 구하십시오.

"그를 향하여 우리가 가진 바 담대함이 이것이니 그의 뜻대로 무엇을 구하면 들으심이라"(요일 5:14).

어려움이 있어 구하면 좋으신 하나님을 더 경험하게 될 것입니다. 하나님과 더 깊이 사귀고 더 깊은 친밀함속에 사는 우리가 되기를 기도합니다.

THE MIND OF GOD
IN THE NEW TESTAMENT

신약에 나타난
하나님 마음

요한이서

이단과 사귐

"누구든지 이 교훈을 가지지 않고 너희에게 나아가거든 그를 집에 들이지도 말고 인사도 하지 말라"(요이 1:10).

요한이서는 요한일서와 마찬가지로 사도 요한이 기록한 성경입니다. 요한일서가 하나님과 사귐 안에 영생이 있기에 그 사귐을 적극적으로 이야기하였다면, 요한이서는 사귐을 피해야 할 대상인 이단과의 사귐에 대해 이야기합니다.

요한이서는 "이단과 사귐"을 주제로 하여 말씀을 살펴보고자 합니다. 여기에서 이단이라 함은 신학적인 이단만을 의미하는 것이 아니라 우리를 거짓된 길로 이끌기 위해 미혹하는 모든 것을 대표하는 의미로 사용하겠습니다. 요한이서는 아주 짧습니다. 성경에서 가장 짧은 성경이 무엇일까요? 요한이서입니다. 짧은 이 성경에서 우리에게 이단과의 사귐에 대해 어떤 자세를 가져야 하는지 분명하게 보여주고 있습니다.

미혹하는 자

요한이서에 미혹하는 자가 나옵니다. 이 당시 미혹하는 자는 누구일까요? 가장 직접적으로는 영지주의자입니다. 더 구체적으로는 가현설과 케린투스주의을 주장하는 사람들입니다. 이들은 예수님의 인성을 부인합니다. 영지주의에서는 물질을 악하다고 말합니다. 그러다보니 육체도 악합니다. 그래서 하나님의 아들이 어찌 인간의 몸을 입고 오셨을 수 있느냐고 주장하며 '그리스도께서 몸을 가진 것처럼 보이기만 하였을 뿐'이라고 말합니다(가현설). 또는 인간 예수가 세례 받을 때 신성의 그리스도가 내려왔다가 죽으실 때 떠났다고 말합니다(케린투스주의).

이들의 의도는 좋다고 말할 수도 있습니다. 이들이 이렇게 말하게 된 것은 예수 그리스도의 신성을 더 높이 여기기 위한 것입니다. 예수 그리스도는 하나님의 아들인데 어떻게 인간이 될 수 있느냐는 순전한 생각입니다. 하나님의 아들이라는 그 영광스러운 분이 어찌 인간이 될 수 있겠습니까? 이 말만 들으면 마치 그들이 예수 그리스도의 영광을 더 높이 여기는 것 같습니다. 그러나 실상은 그렇지 않습니다. 그들은 자신들의 생각과 철학을 더 높이는 것입니다. 그들이 그렇게 생각하는 것은 성경이 기준이 된 것이 아닙니다. 그들은 성경이 말하는 것을 믿는 것이 아니라 그들의 생각을 믿고 있습니다. 그들의 철학을 더 신봉하고 있습니다. 성경은 단지 부가적으로 사용합니다. 이단들이 그렇습니다. 자신들이 더 신봉하는 책이 있습니다. 거짓된 사람도 그렇습니다. 그들은 그들의 생각이 더 중요합니다. 그리고 성경을 말합니다. 그러나 성경을 가장 앞서 말하지 않는다면 그들은 모두 미혹하는 자들입니다.

미혹하는 자는 한 마디로 신앙에서 멀어지게 하는 사람들이라고 말할 수 있습니다. 이 당시에는 영지주의라는 미혹하는 자가 있었으나 오늘날은 영지주의를 주장하는 사람은 극히 드뭅니다. 그렇다면 오늘날 미혹하는 자가 없습니까? 아닙니다. 오늘날 미혹하는 자는 더욱더 많습니다. 오늘날 미혹하는 자는 여러 다른 가면을 쓰고 있습니다. 그래서 분간이 어렵습니다. 그러나 분명한 것은 전보다 더 많다는 것입니다. 미혹하는 이의 이면에는 사탄이 있습니다. 사탄은 시대마다 사람들을 가장 잘 미혹하게 할 방법을 찾아내어 사람들을 미혹합니다. 그렇기 때문에 우리는 우리를 미혹하게 하는 사탄의 정체를 알아야 합니다.

사탄은 우리를 넘어지게 하기 위해 무엇을 사용할까요? 나를 미혹하게 하는 것에는 무엇이 있는지 생각해 보십시오. 기억하십시오. 미혹하는 자를 분간하기 위해서는 지식이 있어야 합니다. 단순히 마음을 보고 판단하는 것이 아닙니다. 이 당시에 영지주의의 의도를 보면 마치 예수 그리스도의 영광을 더 높이는 것처럼 보였습니다. 그러나 그들은 분명히 이단입니다. 그들의 의도가 아무리 좋아도 그들을 경계해야 합니다.

요한이서 1:6은 앞서 요한이 보냈던 성경 요한일서의 강조점을 역순으로 아주 잘 정리하고 있습니다.

> "또 사랑은 이것이니 우리가 그 계명을 따라 행하는 것이요 계명은 이것이니 너희가 처음부터 들은 바와 같이 그 가운데서 행하라 하심이라"(요이 1:6).

앞서 요한일서에서는 우리에게 하나님과 사귀는 사람은 먼저 빛 가운데서 행하여야 한다고 말씀하고 조금 더 중심으로 들어가면 계명을 지키는 것이며 더 핵심으로 들어가면 사랑이라 말씀하였습니다. 그런데 요한이서는 그것을 거꾸로 다시 나갑니다. 그래서 사랑이라 하여 다 좋은 것이 아니라 밖으로 나가 계명에 합당하여야 하고 빛 가운데서 행하여 한다고 말씀합니다. 그래야 우리가 온전히 하나님과 사귐을 갖는 것이라고 말합니다. 계명(말씀)에서 벗어나 있으면 하나님과 온전히 사귐을 가질 수 없습니다. 그래서 우리는 올바른 지식을 갖는 것이 매우 중요합니다. 우리에게 아무리 잘 해 주어도 그들이 우리를 미혹하게 하는 것인지 그렇지 않은지를 잘 분간해야 합니다.

이단에 빠진 사람을 보십시오. 처음에 자신에게 잘 해주니 그 정 때문에 빠집니다. 그렇기 때문에 그것을 내가 좋아하는지 아닌지가 아니라 성경에 합당한 것인지를 생각해 보아야 합니다.

나를 미혹하는 것이 무엇입니까? 그것을 알고 있어야 합니다. 내가 무엇에 약한지. 나를 옳은 길에서 떠나게 하는 것이 어쩌면 점치는 것과 같은 종교성을 가진 것일 수도 있지만 다른 것들도 아주 많습니다. 그럼 무엇이 미혹하게 하는 것입니까? 아주 많은 경우 돈이 우리를 미혹합니다. 자식이 미혹하게 합니다. 친구가 미혹하게 하는 사람도 있고, 성적인 부분에 미혹되는 사람도 있습니다. 노름이 우리를 미혹하게 할 수도 있으며, 가장 가까이는 어쩌면 텔레비전이 미혹하게 할지도 모르겠습니다. 그것을 분별해야 합니다. 내가 약한 부분이 무엇인지. 그래야 미혹되지 않을 수 있습니다.

이단과 사귐

무엇이 우리를 미혹하는지 알았다면 어떻게 해야 할까요? 먼저 성경을 살펴보겠습니다. 이 당시 각 지역을 순회하는 복음전도자들이 있었습니다. 그들은 매우 중요한 역할을 하였습니다. 그래서 교회 성도들은 이런 전도자가 오면 집으로 모시고 여비를 드렸습니다. 그것이 전통이요, 옳은 것이었습니다. 그런데 이것 안에 문제가 있었습니다. 순회 복음전도자들 가운데 이단이 있었습니다. 특히 영지주의자들이 많았습니다. 그들도 순회하면서 가르쳤습니다. 그때 복음 순회전도자들을 대접하였던 성도들 중에 또 좋은 마음으로 그런 이단들을 의례히 집으로 모시고 여비를 드리는 일이 발생하였습니다. 그래서 사도 요한은 요한이서를 통해 그런 것을 엄히 금지합니다.

사도 요한은 글의 서두를 '장로인 나는'로 시작합니다. 장로는 두 종류의 장로가 있는데 가르치는 것과 치리를 겸하는 장로 곧 오늘날 목사가 있고, 치리만 담당하는 장로가 있습니다. 요한은 지금 오늘날 목사와 같은 위치였습니다. 그래서 그는 자신이 목사인 것을 처음부터 상기시키고 있습니다. 목사의 권위로 말을 한다고 말합니다. 그는 목사의 권위로 엄히 말하고 있는 것입니다.

> "누구든지 이 교훈을 가지지 않고 너희에게 나아가거든 그를 집에 들이지도 말고 인사도 하지 말라"(요이 1:10).

요한이 이렇게 말하기 전 사람들은 여러 의견을 가지고 있을 수 있습니다. "그래도 사랑하는 것인데 대접하는 것이 뭐가 나쁩니까?" "아는 사람입니다" "사람마다 의견이 다를 수밖에 없는 것 아닙니까?" 그러나 요한은 이 편지를 통해 그 문제를 목사로서 분명히 선을 긋고 있습니다.

"이 교훈을 가지지 않고 너희에게 나아가거든 그를 집에 들이지도 말고 인사도 하지 말라" 얼마나 엄합니까? 이 말을 듣고도 어떤 사람들은 "아니 너무 심하지 않나?"라고 생각하는 사람도 있었을 것입니다. 그러나 그의 엄한 명령에 순종하는 사람은 진리를 지키는 것이고, 그것에 순종하지 않는 사람은 결국은 죄를 짓는 것이 됩니다. 목사가 그것이 이단이라 말하고, 무엇이 미혹하는 것이라 말하면 그것에 순종해야합니다. 엄히 지켜야 합니다. 그렇게 경고하는 것이 목사의 직무이고 순종하는 것이 성도의 의무입니다.

성도들이 끝까지 자기 생각대로 할 수 있습니다. 그러나 기억하십시오. 많은 경우 성도는 미혹하는 것을 잘 분간하지 못합니다. 알면 미혹이라고 말하지 않습니다. 모르고 따라가니까 미혹이라고 말합니다. 그래서 목사가 있는 것입니다. 요한은 말합니다.

"그에게 인사하는 자는 그 악한 일에 참여하는 자임이라"(요이 1:11).

성도는 자기는 단지 사랑만 하는 것이라고 항변할 수 있습니다. 그러나 그 사랑이라는 것이 어떤 결과를 낳습니까? 사랑이 아니라 이단의 열매이면 그것은 분명히 착한 일이 아니라 악한 일에 참여한 것입니다. 선한 일을 한다고 다 옳은 것이 아닙니다. 나는 선한 일을 한 것이지만 그것을 받는 사람이 그 힘으로 나쁜 일을 한다면 나는 악한 일을 도운 것입니다. 그래서 믿음에 덕을 그리고 덕에 지식을 더해야 하는 것입니다.

사귐은 영향을 미칩니다. 이것을 매우 신중하게 생각해 보아야 합니다. 어떤 것에 아무리 반대를 하여도 그것을 듣다보면 자신도 모르게 그쪽으로 조금은 가 있게 됩니다. 왼쪽 끝에 1이 있고 오른쪽 끝에 10이 있다면 5의 위치에 있는 사람이 1의 사람의 말을 듣다보면 1까지는 가지 않아도 그 사람의 생각으로 많이 기울게 됩니다. 스스로는 아니라고 말하면서도 다른 사람이 보기에는 그 쪽으로 가 있습니다. 그래서 사귐을 할 때는 가려서 해야 합니다.

그런 의미에서 오늘날 우리가 누구와 사귀고 무엇과 가까이 있어야 하는지를 점검해 보아야 합니다. 이 당시에 이단은 오늘날 거의 없습니다. 이 당시의 이단은 영지주의입니다. 혹시 이것을 영지주의라 하지 않고 이단이라고 조금 더 확장해도 우리가 가려야 하는 것은 지극히 적습니다. 그러나 이것을 조금 더 확장해서 생각하겠습니다. 오늘날 드라마를 보고 영화를 보는 것을 생각해 보십시오. 그것을 보는 순간 우리는 그것을 쓴 사람과 사귐을 갖는 것입니다. 그래서 그 것을 쓴 사람이 이단이면 우리는 우리도 모르게 이단 사상을 갖게 됩니다. 그 사람의 생각이 세속주의이면 우리도 그것을 갖게 됩니다. 이것이 아주 중요합니다. 큰 문제입니다. 큰 위험입니다. 겉으로 드러난 이단은 우리가 경계하면 되지만 그 안에 감추어져 있는 생각은 우리가 경계할 수 없기 때문입니다.

누구와 사귀고 있습니까? 무엇과 사귀고 있습니까? 사귐의 가장 중요한 것은 시간입니다. 함께하는 시간입니다. 나는 무엇과 누구와 가장 많은 시간을 사용하고 있습니까? 하나님과 가장 많이 사귀어야 합니다. 하나님은 영이시기에 보이지 않아서 사람들이 가장 못 사귀기도 하지만 또한 알기만 하면 그분은 영이셔서 어느 곳에나 계시기 때문에 가장 잘 사귈 수 있습니다. 세상의 이러저러한 것에 빼앗긴 우리의 마음을 이제 돌이키십시오. 단호해야 할 부분이 있습니다. 그리고 신중해야 할 부분이 있습니다.

* * *

이단과 사귐을 갖지 마십시오. 우리를 미혹하게 하는 수없이 많은 것을 이제는 분별해야 합니다. 진리 밖에서는 어떤 것도 선하지 않습니다. 스스로는 착한 일이라고 생각하지만 실제로는 자신도 모르게 악한 일을 하고 있을 수도 있습니다. 그래서 진리가 무엇인지 그 결과가 어떻게 되는지를 잘 살피면서 행동해야 합니다. 단호해야 할 때는 단호해야합니다.

항상 말씀이 기준임을 명심해야 합니다. 서로 바르다고 이야기하고, 자신이 옳다고 생각합니다. 영지주의자처럼 말입니다. 그러나 옳은 것은 오직 성경입니다. 옳음의 기준은 오직 말씀이어야 합니다. 자신의 생각으로 성경을 이용하지 말고 정직하게 성경으로 비추어 보아야 합니다. 이단과의 사귐은 경계하고 오직 하나님과의 사귐이 가득하기를 기도합니다.

THE MIND OF GOD
IN THE NEW TESTAMENT

신약에 나타난
하나님 마음

요한삼서

성도와 사귐

"사랑하는 자여 네 영혼이 잘됨 같이
네가 범사에 잘되고 강건하기를 내가 간구하노라"(요삼 1:2).

요한일·이서를 복습해 보겠습니다. 요한일서는 "하나님과 사귐"을 말씀했고요, 요한이서는 우리가 경계해야 할 "이단과의 사귐"에 대해 말씀하셨습니다. 그리고 요한삼서는 "성도와 사귐"을 말씀하고 있습니다. 하나님과의 사귐에서는 그 의미를 우리가 잘 알아 전적으로 사귀도록 해야 합니다. 이단과의 사귐은 단호하게 배격해야 합니다. 그러면 성도와 사귐은 어떻게 해야 할까요? 성도의 사귐도 매우 중요합니다. 그렇데 성도와 사귐은 양면성이 있습니다.

요한삼서는 "성도와 사귐"을 주제로 하여 말씀을 살펴보고자 합니다. 성도의 사귐은 매우 중요합니다. 거룩합니다. 그래서 이것이 오염되지 않도록 잘 사귀어야 합니다. 성도의 사귐을 잘 하면 우리의 영혼이 살찌울 것이요, 그렇지 못하면 우리의 영혼이 피폐케 될 것입니다. 성도의 사귐에는 두 종류가 있습니다. 첫째, 말 그대로 성도의 사귐입니다. 둘째는 성도의 사귐이라는 탈을 쓰고는 있지만 실재로는 세상의 사귐과 같은 인간적인 사귐입니다.

성도의 사귐

성도의 사귐을 갖고 있습니까? 풍성히 갖고 있습니까? 성도의 사귐을 풍성히 가져야 합니다. 그래야 내가 살고, 교회가 살고, 하나님 나라가 삽니다. 성도의 사귐은 우리가 신앙생활을 하는데 매우 중요합니다. 그 중요성이 참으로 커서 사도신경에서도 말하고 있습니다.

"성도가 서로 교통하는 것을 믿사옵나이다"

우리는 성도의 교통을 믿습니다. 성도의 교통을 믿는다는 것은 다른 성도와의 교통을 하겠다는 것입니다.
성도의 사귐이 없으면 전장에서 물품을 공급받지 못하는 군인과 같습니다. 전쟁에서 승리하기 위한 하나의 중요한 전법은 적의 보급로를 차단하는 것입니다. 아무리 뛰어난 군대도 보급로가 끊어지면 전쟁을 이길 수가 없습니다. 식량과 탄환이 없는데 어떻게 이길 수 있겠습니까? 성도는 서로 교통함으로 하나님의 은혜가 보급되어야 합니다.

"그에게서 온 몸이 각 마디를 통하여 도움을 받음으로 연결되고 결합되어 각 지체의 분량대로 역사하여 그 몸을 자라게 하며"
(엡 4:16).

그렇습니다. 그렇게 연결되어야 합니다. 나를 위해서도, 이웃한 성도를 위해서도 서로 연결되어야 합니다. 그래야 건강한 신앙인이 됩니다.

어떤 사람은 그렇게 말할 것입니다. "자체 생산하면 되지 않는가?" 그렇습니다. 자체 생산할 수 있습니다. 그러나 사람마다 은사가 다릅니다. 한 사람이 필요한 물건을 혼자 생산하는 것이 아니라 사회의 한 구성원이 되어 서로 다른 사람이 생산한 것을 사용하면서 살고 있습니다. 어떤 사람은 자동차 회사에서 하루종일 볼트 하나만 조입니다. 그러면 다른 구성원이 저마다의 위치에서 열심히 일 한 그것이 모여 한 사람의 필요한 것이 채워집니다. 신앙생활도 그렇습니다. 그렇기 때문에 혼자 신앙생활을 잘 할 수 있다는 것은 불가능합니다. 항상 신앙심이 있는 것이 아닙니다. 수없이 파도타기를 합니다. 어떤 때는 교회에 가고 싶지만 어떤 때는 가고 싶지 않습니다. 가고 싶지 않아도 그냥 목사님 얼굴 때문에 가기도 하고,

구역원을 보고 싶어서 가기도 해야 합니다.

요한삼서에서 요한은 말합니다.

"사랑하는 자여 네 영혼이 잘됨 같이 네가 범사에 잘되고 강건하기를 내가 간구하노라"(요삼 1:2).

요한은 가이오를 부를 때마다 "사랑하는 자여"라고 말합니다. 마치 연인을 부르듯이 계속 "사랑하는 자여"라는 문구를 반복합니다. 우리가 함께 신앙생활을 하는 성도를 생각할 때마다 이 마음이 있어야 합니다. 성도의 교통을 잘하여 이 마음을 갖도록 하여야 합니다. 함께 신앙생활을 하는 성도를 생각할 때 "사랑하는 자여"라는 마음이 드는 사람은 복된 사람입니다. 건강하게 신앙생활을 하고 있는 사람이고, 그렇지 못한 사람은 빨리 바뀌어야 합니다. 무엇보다 자신의 마음이 바뀌어야 합니다. 상대방보다 내 마음을 바꾸어야 합니다. 사랑스럽지 못한 때가 있는 것은 당연합니다. 인간은 죄 더미 속에 살고 있기 때문입니다. 그러나 마음이 건강하면 상대방의 허물에도 불구하고 사랑스럽게 보일 수 있습니다.

성도의 사귐은 상대방에 대한 진심어린 관심이 있어야 합니다.

"사랑하는 자여 네 영혼이 잘 됨 같이 네가 범사에 잘 되고 강건하기를 내가 간구하노라"(요삼 1:2).

요한의 이 고백에는 가이오가 잘 되기를 바라는 마음이 그대로 녹아 있습니다. 요한은 가이오의 범사에 관심을 가지고 있었으며, 건강에도 관심을 가지고 있었습니다. 마음을 다하여 가이오를 사랑하는 요한을 생각해 보십시오.

어떤 사람들은 이웃사랑을 쉽게 생각합니다. 그래서 조금만 힘들면 멈추어 버립니다. '밥 나오는 것도 아닌데'하면서 멈추어 버립니다. 그러나 그것이 자신의 자식 일 같으면 그렇게 쉽게 멈추겠습니까? 이웃을 사랑할 때 우리는 "이웃을 네 몸과 같이 사랑하라"는 말씀을 따라 사랑해야 합니다. 나의 몸처럼 사랑해야합니다. 결코 포기하지 않는 사랑을 해야 합니다.

교회 안에서 우리는 서로를 성도라 부릅니다. 성도라 말할 때는 서로 연결되어 있다는 것을 의미합니다. 성도가 아닐 때는 서로 연결되어 있지 않습니다. 그래서 보기 싫으면 안 보면 됩니다. 그러나 성도는 서로 연결되어 있기 때문에 안 본다고 되는 것이 아닙니다. 성도는 연결 통로입니다. 서로서로 연결되어 하나님께 연결됩니다. 그래서 한 쪽에서 막히면 하나님께도 막히기 쉽습니다. 마치 기도가 막히지 않도록 부부간에 서로 존중하라고 말씀(벧전 3:7)하는 것과 같습니다.

성도의 사귐을 잘 하고 있습니까? 그렇다면 신앙생활을 잘 하고 있는 것입니다. 성도의 사귐을 못하고 있습니까? 너무 중요한 부분을 놓치고 있는 것입니다. 빨리 성도의 사귐을 가지십시오. 성도의 사귐을 잘 갖는 사람은 교회의 다른 성도를 생각할 때 사랑스러운 마음이 듭니다. 요한이 가이오를 향하여 갖고 있던 그 '사랑하는 자여'라는 그 마음이 우리 모두의 마음 이어야합니다.

인간적인 사귐

성도의 사귐이 인간적인 사귐으로 전락할 때가 있습니다. 그것을 조심해야 합니다. 사람이 모이는 곳에는 인간적인 사귐이 있습니다. 그런데 우리가 교회에서 사귐을 가질 때는 그 인간적인 모습이 아니라 성도의 모습으로 사귀는 것입니다. 교회에서 우리의 만남이 성도의 사귐을 갖지 못하고 그냥 세상의 인간적인 사귐으로 끝나지 않도록 조심해야 합니다.

인간적인 사귐의 가장 큰 특징은 자기가 으뜸이 되고자 하는 것입니다. 오늘 말씀을 보면 사도 요한은 디오드레베 때문에 마음이 많이 상하였던 것 같습니다. 디오드레베의 특징이 무엇입니까? '으뜸 되기를 좋아하는 것'입니다. 성도의 사귐은 낮아지는 것입니다. 그러나 예수님의 그 말씀을 따라가지 않고 자신을 높은 곳에 앉히고자 하는 사람들이 있습니다. 으뜸이 되고자 하는 이 마음을 조심해야 합니다. 으뜸이 되고자 하는 이 마음 때문에, 성도로 시작하였다가 세상 사람으로 끝마치는 사람들을 많이 봅니다.

디오드레베는 당시 교회의 지도자임에 분명합니다. 그러나 그는 소위 나쁜 정치를 하였습니다. 자기 앞길에 있는 사람이 있으면 끌어 내리고, 오직 자기 출세를 위해 살았습니다. 으뜸이 되고자 하는 사람의 관심은 '하나님의 일'이 아니라 '누가'입니다. 하나님의 일이 어떻게 되는지보다 누가 그 일을 하느냐에 관심이 많습니다. 그래서 으뜸이 되고자 하는 사람은 내 편과 네 편을 나눕니다. 그렇게 편을 만들고 당을 만드는 것은 으뜸이 되고자 하는 사람의 특징입니다. 그렇게 편을 만들고 나면 다른 편에서 하는 것은 아무리 좋은 일도 좋은 일이 되지 못하고, 내 편이 하는 일은 아무리 나쁜 일도 나쁜 일이 아닙니다. 그것이 얼마나 무서운지를 알아야 합니다.

우리가 분명히 기억해야 할 것은 세상(교회까지 포함)에서 높아진다고 하나님 앞에서까지 높아지지는 않는다는 것입니다. 예를 들어, 교회에서의 직분을 생각해 보십시오. 교회에서 어떤 직분을 갖는다는 것은 매우 복된 일입니다. 그래서 직분을 사모해야합니다. 직분은 그만큼 하나님의 일을 섬겼다는 증표이기도 합니다. 그런데 직분 자체가 목적이 되면 안 됩니다. 직분 자체가 그 사람이 하나님께 큰 상급을 받는다는 것을 의미하지는 않습니다. 직분 자체가 천국에서도 큰 자가 된다는 것을 보장하지는 않습니다. 어떤 직분에 있느냐가 아니라 어떤 마음으로 섬겼느냐가 중요합니다.

인간적인 사귐은 자기가 그 중심에 있습니다. 성도의 사귐은 하나님의 백성으로서 주인되신 하나님을 중심으로 사귀는 것입니다. 진리를 중심으로 사귀는 것입니다. 그런데 인간적인 사귐은 오직 내가 그 중심에 있습니다. 진리가 중심이 아니라 자기 자신이 중심에 있습니다. '네가 범사에 잘 되기를'이 아니라 '내가 범사에 잘 되기를'을 간구합니다. 그래서 다른 사람과의 사귐의 목적이 오직 나의 유익을 위한 것입니다.

누가 악한 사람입니까? 오직 자기 자신의 이익을 생각하며 자기 자신의 이익을 위해 사는 사람입니다. 누가 선한 사람입니까? 공동체의 이익을 생각하며 공동체를 위해 일하는 사람입니다. 특히 그 공동체가 교회라면 더욱더 그러합니다. 교회를 위해 일하는 사람은 결국은 자기 자신을 위하는 가장 좋은 길이 될 것입니다. 그런데 디오드레베 같은 사람은 오직 자기 자신을 위한 일이 아니면 어떤 것도 받아들이지 않았습니다. 그래서 심지어 요한을 비방하고, 복음전도자들을 돕지 않았습니다. 자기 자신에게 이익이 되지 않았기 때문일 것입니다. 그렇게 자기 자신의 생각에 갇혀 다른 이들을 비방하고, 오직 자기 생각만 하며 행동하는 사람은 참으로 악한 사람입니다.

자기 자신을 중심적으로 생각하기 때문에 그러한 사귐은 성도의 사귐이 아니라 세상의 인간적인 사귐이 됩니다. 물고 물리는 적자생존의 관계가 됩니다. 인간관계가 피곤해지고 피하고 싶어집니다.

나의 사귐이 인간적인 사귐은 아닙니까? 조심해야 합니다. 처음에는 성도의 사귐이었다가 인간적인 사귐으로 변질되는 사람도 많습니다. 디오드레베도 처음에는 분명히 성도의 사귐이었을 것입니다. 이 글이 전해질 때 여전히 자신은 성도의 교통을 하고 있다고 생각하고 있을 수도 있습니다. 그러나 그의 사귐은 분명히 더 이상 성도의 사귐이 아닙니다. 명예에 눈이 먼 인간적인 사귐입니다. 으뜸이 되기를 좋아하여 시기하고 공공연히 하나님의 일을 방해하고 있습니다.

우리가 하고자 하는 것이 나를 위한 것인가 아니면 교회를 위한 것인가를 생각해 보십시오. 내가 무엇을 판단할 때 교회 중심적으로 판단하는가 아니면 나의 이해관계를 중심으로 판단하는가를 생각해 보십시오.

* * *

성도와 사귐을 가지십시오. 성도의 사귐은 생명줄입니다. 바위를 오를 때 생명줄은 어떤 역할을 합니까? 평상시에는 필요하지 않습니다. 평상시는 어쩌면 귀찮을 수도 있습니다. 그러나 문제가 생기면 생명줄이 있는 사람은 살 것이요, 없는 사람은 바위 밑으로 떨어질 것입니다. 성도의 사귐도 그렇습니다.

내가 좋을 때는 성도의 사귐이 없어도 나 혼자 신앙생활을 잘 할 것 같습니다. 그러나 그런 나를 믿을 수 있을까요? 믿지 마십시오. 천하에 제일 믿지 못할 것이 사람이라는 것을 아십시오. 사람은 죄인입니다. 수없이 많은 일에 흔들립니다. 나는 그렇지 않을 것 같아도 아닙니다. 흔들립니다. 아무리 바위를 잘 타는 고수여도 그럴수록 그는 생명줄을 더 소중하게 챙깁니다. 고수일수록 자신이 실수할 수 있다는 것을 알기 때문입니다. 우리가 흔들릴 때가 있습니다. 넘어질 때가 있습니다. 바로 그때 우리를 잡아 줄 것은 생명줄입니다. 성도의 사귐이 우리의 신앙이 흔들릴 때 우리를 잡아주는 생명줄입니다.

교회 안에서조차 성도의 사귐이 인간적인 사귐으로 변질되어 많은 부작용이 있습니다. 그래서 많은 사람들이 성도의 사귐조차 피하려고 합니다. 그러나 그것은 밥 먹고 채했다고 밥을 먹지 않는 것과 같습니다. 그럴수록 성도의 사귐을 가져야 합니다.

성도의 사귐에서 상처를 받는 것은 건강하지 못한 사귐(인간적인 사귐)이기 때문입니다. 진리를 중심으로 하는 건강한 성도의 사귐이 되도록 해야 합니다. 성도를 생각할 때 "사랑하는 자여"라는 마음을 느낄 수 있도록 하십시오. 우리가 서로를 향하여 "사랑하는 자여 네 영혼이 잘됨 같이 네가 범사에 잘되고 강건하기를 내가 간구하노라"(요삼 1:2)라고 축복하며 살아야 합니다.

유다서

믿음이 변질되지 않기 위해

"사랑하는 자들아 너희는 너희의 지극히 거룩한 믿음 위에
자신을 세우며 성령으로 기도하며"(유 1:20).

유다는 자신을 그리스도의 종이요 야고보의 형제라고 소개하고 있습니다. 이것은 그가 사적으로는 예수님의 동생이라는 의미입니다. 예수님의 동생이 쓴 서신이 하나 더 있었습니다. 무엇입니까? 야고보서입니다. 야고보서는 예수님의 동생인 야고보가 쓴 서신이고, 유다서는 예수님의 동생 유다가 쓴 서신입니다.

이 두 서신의 공통점은 삶을 강조했다는 것입니다. 믿음의 삼 요소 '지·정·의' 중에서 '의'를 더 다루었다는 특성이 있습니다. 그들은 한결같이 예수님의 삶을 보고 자란 사람들입니다. 그래서 예수님의 모습을 통해 믿음이란 어떠해야 하는가를 실제적으로 보았기 때문에 예수님의 아름다운 모습에서 벗어난 거짓 신앙에 대해 안타까워하며 말씀을 전합니다.

유다서는 "믿음의 변질"에 대해 말하고 있습니다. 유다는 본래 믿음(구원)에 대해 쓰려고 하였습니다. 그런데 믿음이라 말하면서 믿음에서 벗어난 변질된 믿음이 만연한 것을 보고 경각심을 주기 위해 유다서를 기록하였습니다. 유다서가 기록될 때 변질된 믿음을 가진 사람이 있었습니다. 오늘날도 그러할 것입니다. 우리가 가진 이 소중한 믿음이 변질되지 않기 위해 우리가 해야 하는 것이 무엇인지 살펴보고자 합니다.

거룩한 사람이 되라

믿음이 있노라 하면서 그 삶이 엉터리인 사람이 있습니다. 그렇다면 그 사람은 믿음이 있는 것일까요? 아닙니다. 믿음이라는 것이 무엇입니까? 예수 그리스도께서 우리 안에 주인이 되는 것입니다. 그분이 우리 안에 주인이 되시면 그분의 거룩이 우리를 통해 드러나게 됩니다.

우리가 믿음을 처음 알았을 때는 아직 예수 그리스도께서 우리의 모든 부분에서 주인이 되지 못합니다. 아직 여전히 우리가 주인인 부분이 많습니다. 그러나 우리의 믿음이 자라가면 어떻게 됩니까?

그분이 우리 안에서 주인인 부분이 늘어가는 것입니다. 그렇게 우리의 믿음이 자라가면 우리의 삶은 거룩해집니다. 예수 그리스도께서 주인이 되셔서 행동하게 되는 것이기에 당연히 예수 그리스도의 거룩한 삶이 드러나게 됩니다.

그런데 유다가 편지를 들어 쓸 때, 그렇지 못한 사람이 있었던 것 같습니다. 믿음이 좋다고 말하면서 실재로는 그 삶이 비윤리적인 사람이 있었습니다. 그리고 그 비윤리적인 사람이 스스로를 변명하고 있었습니다. 구원은 오직 믿음으로 받는 것이기에 아무리 어떤 죄를 저질러도 구원을 받게 된다고 말하였습니다. 그들에게 유다는 한탄하며 말합니다.

"우리 하나님의 은혜를 도리어 방탕한 것으로 바꾸고 홀로 하나이신 주재 곧 우리 주 예수 그리스도를 부인하는 자니라" (유 1:4).

우리가 은혜로 구원을 받았기 때문에 어떤 행동을 해도 된다는 그 말은 은혜를 모르는 말입니다. 그렇게 말하는 사람은 은혜로 구원 받을 수 없습니다. 은혜를 말하며 방탕한 행동을 한다면 그것은 가짜 은혜입니다. 가짜 믿음입니다. 변질된 믿음입니다.

신앙생활을 하면서 삶이 더 아름다워지지 않았습니까? 그 삶이 더 윤리적인 삶이 되지 않았습니까? 그렇다면 그 사람은 심각하게 자신의 신앙을 돌아보아야 합니다. 한 사람 안에 신앙이 시작되면 그 사람의 삶은 당연히 거룩해지기 시작합니다. 그리고 신앙이 자라가면서 그 사람의 삶도 더욱더 아름다워집니다. 만약에 신앙이 자라 가는데 그 삶은 아름다워지지 않고 있다면 그것은 거짓말입니다. 그것은 신앙도 답보 상태에 있다는 뜻입니다. 그것이 더 진행되면 신앙이 변질됩니다. 은혜를 방탕한 것으로 변질시킵니다. 자신의 비도적적인 것을 은혜로 합리화한다면 그것은 믿음의 변질입니다.

어떤 목회자가 자신의 간음을 다윗의 간음 사건을 말하며 합리화하였다는 말을 들었습니다. 그것은 신앙의 변질입니다. 어떤 사람이 스스로 신앙이 좋은 것처럼 신앙에 대해 말을 많이 하는데 그 주변 사람은 그 사람 때문에 괴롭고 그 사람의 비양심적인 삶 때문에 피해를 보고 있다면 그 사람은 변질된 신앙을 갖고 있는 것입니다. 우리는 압니다. 우리의 신앙이 어떤 신앙인지. 신앙을 갖게 되고 어떻게 변하였습니까? 변한 것이 없습니까? 그렇다면 우리는 아직 신앙인이 아닙니다.

어떤 사람은 겸손하여서 변한 것이 없다고 하는 사람도 있습니다. 그러나 이제 그런 말은 하지 마십시오. 우리는 분명히 변한 것이 있어야 합니다. 우리의 신앙은 우리를 엄청 변화시킵니다. 근본적인 변화를 가져옵니다. 변하지 않았다면 그것은 변화시키는 복음을, 우리의 주인으로 오는 복음을 그 사람이 변질시켰기 때문입니다. 자신이 필요할 때만 부르는 신앙으로, 자신의 하수인으로 복음을 변질시킨 것입니다.

"사랑하는 자들아 너희는 너희의 지극히 거룩한 믿음 위에 자신을 세우며 성령으로 기도하며"(유 1:20).

믿음을 변질시키지 않도록 자기를 믿음 위에서 건축해 가십시오. 거룩하고 아름다운 삶으로, 윤리적이고 칭찬받는 삶으로 세워 가십시오. 우리가 거룩하지 못한 모습이 있을 때 그것이 바로 불신앙입니다. 불신앙을 가지고 있으면서도 아무 일 없다는 듯이 살면 안 됩니다. 그런 불신앙의 모습을 발견하면 즉시 우리를 긍휼히 여기시는 하나님께 나가야 합니다. 결코 우리의 죄를 합리화하지 마십시오. 그리고 다른 사람의 죄가 보이면 그들을 긍휼히 여기는 마음으로 용서하십시오. 죄를 부러워하거나 합리화하는 것이 아니라 그것을 안타까이 여기며 긍휼히 여김으로 이겨야 합니다. 이것이 믿음의 본질입니다. 이것이 없으면 믿음이라 할 수 없습니다. 그렇게 믿음으로 부단히 자신을 세워가는 것이 "믿음의 도"(유 1:3)를 위하여 싸우는 삶입니다.

우리의 믿음은 거룩합니까? 쉽게 "아니오"라고 말하지 마십시오. 이제는 "부끄럽지만 주의 은혜로 그렇게 되어가고 있습니다"라고 고백하십시오. 자신의 믿음을 보십시오. 거룩함이 있습니까? 거룩함으로 나아가고 있습니까? 그렇다면 참 복음입니다. 거룩하지 않습니까? 더 아름다움으로 나가고 있지 않습니까? 그렇다면 변질된 믿음입니다. 빨리 돌이키십시오.

영광스러운 것을 비방하지 말라

우리 안에 있는 믿음이 영광스럽습니까? 어떤 사람은 신앙생활을 시작한 후 믿음의 영광을 맛보아 알게 되어 영광이 그 안에 자리 잡습니다. 그러나 어떤 사람은 그 영광을 알지 못하고 믿음의 문화에만 익숙해집니다. 그렇게 문화에만 익숙해지면 그들이 듣기만 한 그 영광을 가벼이 여기는 위험에 처해집니다. 그래서 비방하게 되기도 합니다. 이것이 매우 큰 믿음의 변질입니다. 큰 죄입니다.

"그와 같이 육체를 더럽히며 권위를 업신여기며 영광을 비방하는 도다"(유 1:8).

거짓 믿음을 가지고 있는 그들은 육체를 더럽히는 비윤리적인 사람일 뿐만 아니라 교회와 말씀의 권위를 우습게 알고 영광을 비방하는 사람이라고 말씀하고 있습니다. 영적인 일이 세속적인 가치 기준으로 조롱받지 않도록 해야 합니다. 믿음은 영광스러운 것입니다. 믿음은 하늘에 속한 것입니다. 그런데 그것을 땅의 것으로 끌어 내리고 자신의 생각으로 멋대로 난도질을 합니다.

어떤 사람은 그렇게 말합니다. "삼위일체가 어디에 있어?" 네! 어디에도 삼위일체 하나님을 설명할 수 있는 예가 없습니다. 그런데 이해 못하는 것을 없는 것으로 여기는 우를 범하지 말아야 합니다. 하늘 영광의 것을 인정하지 못하고 땅의 것으로만 해석하려 한다면 그런 우를 범하게 됩니다. 오직 자기의 생각에 맞아야 하고 자기의 생각으로 이해되어야만 한다는 그 오만과 어리석음이 깨져야 합니다. 그런데 어리석은 사람들은 어떻게 합니까?

"그 알지 못하는 것을 비방하는도다 또 그들은 이성 없는 짐승 같이 본능으로 아는 그것으로 멸망하느니라"(유 1:10).

오직 모든 것을 본능으로 알 수 있는 것만으로 해석하려는 그 자세를 버려야 합니다. 알지 못하는 것이 있고, 그것은 영광스러운 것이기에 믿음으로 알려고 노력해야 합니다.

예수 그리스도께서 성육신하심으로 우리에게 내려오셨습니다. 그런데 어리석은 사람은 하나님을 그 육체로 생각합니다. 자기 머리로 이해한 것만 이해하려고 합니다. 그러나 우리는 성육신하신 예수 그리스도를 보며 보이는 것을 넘어 성자 하나님을 볼 수 있어야 합니다. 그것이 바로 영광의 일입니다. 그런데 그 영광의 일을 보지 못하고 오직 자기가 본 것만 말하며 영광스러운 것을 마치 없는 것처럼 말한다면 그것은 어리석은 것입니다. 믿음의 일이 영광스러운 것임을 알아야 합니다. 그 영광스러운 것을 함부로 비방하지 않도록 해야 합니다. 그 비방은 믿음의 변질을 가져옵니다.

많은 이들이 믿음을 가졌다 하면서도 그 영광을 보지 못하고 영광을 비방하는 자의 자리에 서는 것을 봅니다. 예를 들어, 설교가 그러합니다. 설교를 인간적인 것으로 전락시키면 얼마나 우스운지 아십니까? 설교를 한다고 하는 그 사람이 나보다 연륜이나 인생경험이나 신앙경력이 부족할 수도 있습니다. 그리고 설교를 들어 보십시오. "사랑하라"고 말씀하면 '저 목사가 내가 사랑하지 않는다고 비방하나'라고 생각할 수 있고, "열심내라"는 설교를 하면 '저 목사가 지금 내가 열심내지 않는다고 비방하나'라고 생각할 수 있습니다. 그렇게 설교를 인간적인 것으로 전락시키면 설교는 우리의 가장 큰 시험거리와 비방거리가 될 것입니다.

설교는 하나님이 설교자를 통해 우리에게 전하시는 하나님의 말씀입니다. 영광스러운 것입니다. 설교를 통해 하나님은 우리에게 말씀하십니다. 그래서 우리는 설교를 통해 목사를 보는 것이 아니라 하나님을 대면해야 합니다. 꿇어 엎드리고 말씀 앞에 나를 비추어야 합니다. 그러면 어떤 말이 들리더라도 '아멘'하게 될 것입니다. 설교자와 청중은 모두 설교라는 영광스러운 것 앞에 엎드려야 합니다.

교회의 모든 것은 거룩한 것입니다. 영광스러운 것입니다. 그러니 세상의 습관처럼 불평불만하지 말고 거룩한 마음으로 바라보아야 합니다.

> "이 사람들은 원망하는 자며 불만을 토하는 자며 그 정욕대로 행하는 자라 그 입으로 자랑하는 말을 하며 이익을 위하여 아첨하느니라"(유 1:16).

전도회라는 작은 모임에서부터 모든 것이 그러합니다. 그러한 것을 내 개인적인 사리사욕으로 전락시켜서 나의 그 무엇을 드러내려 하고 인간적인 방식으로 생각하며 사람을 원망하고 불평하며 자기감정대로 한다면 그것이 바로 영광을 비방하는 것입니다. 영광을 조롱하는 사람입니다.

교회를 자신의 놀이터쯤으로 여기고 마음에 들면 좋아하고, 마음에 들지 않으면 원망하는 그런 자세를 버려야 합니다. 영광 앞에는 항상 경외하는 마음을 가지고 순종하며 조심스러워야 합니다.

교회는 영광스러운 곳입니다. 믿음은 영광스러운 것입니다. 그런데 그 안에서 더 이상 영광을 보지 못하고, 그 안에서 하나님의 영광 앞에 꿇어 엎드리는 자세가 없다면 그것은 믿음의 변질입니다. 불평불만은 믿음의 변질입니다. 기쁨과 감사가 믿음의 본질입니다. 영광스러운 것 앞에서는 기쁨과 감사가 넘치고 꿇어 엎드림이 있습니다. 지금 내가 믿음의 영광 앞에 꿇어 엎드림이 있는지 아니면 내 생각과 감정과 환경대로 행동하는 오만방자함이 있는지를 돌이켜 보아야 합니다.

영광스러운 것을 영광스럽게 보아야 합니다. 교회는 하나님의 성소이며, 믿음은 주님의 보혈피로 이루어진 것이며, 성도 한 사람 한 사람은 하나님의 형상 따라 창조된 사람이며, 우리의 모임은 하나님의 은혜이며, 말씀은 우리에게 주신 사랑의 편지입니다. 가벼이 여기지 마십시오. 가벼이 여기며 불평불만하고 급기야는 자기 멋대로 분열하는 그런 자세를 버리십시오. 영광 앞에 꿇어 엎드리십시오.

* * *

믿음의 변질이 많습니다. 믿음생활을 하면서도 다른 사람에게 존경 받지 못하고, 교회 안에서 영광을 보지 못하고 있다면 그것은 분명히 믿음이 변질되었기 때문입니다.

변질하기 가장 쉬운 방법이 무엇인지 아십니까? 가만히 있는 것입니다. 가만히 있으면 모든 것이 변질됩니다. 우리는 부단히 노력해야 합니다. 자신을 세워 가십시오. 그리스도께서 내 안에 더욱더 많이 발견되게 하십시오. 얼마 전 군대에서 군종병으로 있던 한 형제로부터 전화가 왔습니다. 이런저런 이야기를 하였습니다. 그러면서 다시 말했습니다. "자기 자신을 키워가세요. 그러면 됩니다." 그랬더니 대답하더군요. "이제 목사님이 그렇게 말씀하셨던 것이 요즘 더 크게 들립니다. 가슴으로 들립니다."

세상은 우리를 이러저러한 모습으로 속입니다. 되는가 싶으면 안 되고, 믿었던 사람이 배신을 하기도 합니다. 그동안 공들였던 것이 한순간에 무너지기도 합니다. 그렇게 수없이 많은 일들이 일어났다 사라졌다 합니다. 그리고 더욱더 가슴 아픈 것은 그 속에서 내가 할 수 있는 일이라는 것이 지극히 제한적이라는 사실입니다. 그것이 내 일인데도 불구하고 말입니다. 그러나 그 속에서 우리에게 맡겨진 가장 중요한 것은 나 자신의 성숙입니다. 그 속에서 내 안의 하나님 형상이 자라간다면 어떤 일이 있었어도 그것은 의미 있는 일이 됩니다. 그러나 그렇지 못하고 세상에 영합하여 합리화하고 내 자신이 더 추해진다면 그것은 가장 불행한 삶이 됩니다.

오늘 교회에서 영광을 보십시오. 눈에 보이지 않는다고요? 당연하지요. 하나님이 보이시지 않는 것처럼 교회도 눈에는 영광이 보이지 않고 허물과 부족한 것만 보일 것입니다. 그러나 믿음으로 보십시오. 그러면 그 안에 영광이 보일 것입니다. 교회는 영광스러운 하나님의 거처입니다. 교회의 하나하나의 일이 얼마나 영광스럽고 영원한 일인지 아십니까? 영광스러운 것을 비방하는 어리석은 우를 범하지 말고 영광스러운 것을 영광으로 받고 그 영광을 더욱더 이루어 가는 우리가 되기를 기도합니다.

THE MIND OF GOD
IN THE NEW TESTAMENT

신약에 나타난
하나님 마음

Part 3

예언서

예언서

구약의 예언서(선지서)는 17권으로 구성되어 있는데 신약의 예언서는 요한계시록 한 권입니다. 한 권이기에 더욱더 강렬합니다. 한 권이지만 이 성경이 미치는 영향력이 대단합니다.

요한계시록

교회가 가야 할 길

"이것들을 증언하신 이가 이르시되
내가 진실로 속히 오리라 하시거늘
아멘 주 예수여 오시옵소서"(계 22:20).

요한계시록은 성경 66권 중 마지막 성경입니다. 제일 뒤에 위치해 있을 뿐만 아니라 기록도 제일 나중에 된 성경입니다. 요한계시록의 주된 내용은 종말과 교회에 관한 것입니다. 많은 이단이 요한계시록을 자기 멋대로 해석하면서 잘못된 종말론으로 성도를 미혹하고 있습니다. 그런데 사실 요한계시록은 교회론이 주된 내용을 이룬다고 보는 것이 더 맞습니다. 요한계시록은 당시의 대표적인 교회들의 모습과 미래교회에 일어날 일에 대해 기록하고 있습니다. 그리고 교회의 진정한 미래라 할 수 있는 천국에 대해 말하고 있습니다.

요한계시록은 교회가 앞으로 겪게 될 일과 가야 할 길에 대해 말하고 있습니다. 그런데 그 내용이 많은 상징으로 이루어져 있어 조금은 어렵습니다. 그러나 기독교에 적대적인 로마시대이기에 조금은 비밀스러워야 하는 특성과, 시대와 장소를 초월한 전 시대에 대한 것이기에 상징이 더 어울릴 것입니다.

특별히 많은 숫자가 나옵니다. 요한계시록에 나오는 숫자는 숫자 자체보다는 숫자로 의미를 나타내고 있습니다. 일곱 교회를 비롯한 7이라는 숫자가 많이 나오는 이유는 7이 완전수이기 때문이며, 교회를 상징하는 144,000은 모든 믿는 민족을 의미하는 12지파를 두 번 곱하고 충만 수인 10을 세 번 곱하여 나온 수이며, 1,000년 왕국은 충만 수 10을 세 번 곱하여 이 땅의 삶이 충만하여 끝나는 기간이며, 666이라는 숫자는 완전수 7에 1이 부족한 수 6을 세 번 겹쳐 유사 그리스도인, 거짓 교회를 의미합니다. 묵시 문학의 특징인 이러한 숫자와 상징에 대한 이해가 있으면 요한계시록을 조금 더 잘 이해할 수 있습니다.

요한계시록은 교회에 대한 이야기입니다. 현재의 교회 그리고 미래의 교회에 대한 이야기입니다. 이 세상에 남겨진 하나님의 백성인 교회에게 하나님이 자세히 그 길을 안내하고 있습니다.

환난을 당하나

요한계시록은 교회가 환난을 당하던 시기에 기록된 성경입니다. 그 당시 로마당국은 황제 숭배를 강요하던 시기였습니다. 황제 숭배를 주장하던 이들에게 교회는 눈엣가시 같은 존재였습니다. 우리나라가 일제 강점기 때 천황숭배의 일환으로 신사참배를 강요당하던 시절 교회가 맞이했던 시련의 시기와 비슷합니다. 요한 자신도 그가 교회를 섬기던 에베소에서 100km이상 떨어진 밧모섬에 유배된 상태에서 하나님의 계시를 받아 요한계시록을 기록하고 있습니다. 이렇게 환난을 당하는 것은 요한만이 아닐 것입니다. 많은 교회들이 환난을 당하고 있었습니다. 그래서 하나님은 교회들에게 교회가 어떠해야 하는지와 교회가 가야 할 길을 보여줌으로써 환난 중에도 교회의 본질을 유지하도록 요한계시록 말씀을 주신 것입니다.

요한계시록에서는 미래교회의 모습이 나옵니다. 교회가 때로는 승리하고, 세상과 경쟁하고, 고난을 당하고, 환난을 당하며, 더욱 큰 환난을 당하기도 합니다. 교회의 미래 모습에 환난을 당하는 것이 많이 묘사됩니다. 그만큼 교회는 세상에서 많은 고난을 겪을 것입니다. 교회는 편안할 것이라는 잘못된 생각을 버리십시오. 천국이 본향인 교회는 이 땅에서 환난을 당하는 것이 당연하다고 요한계시록에서 말씀하고 있습니다.

교회가 환난을 당할 때 기억해야 할 것이 있습니다. 감당 못할 시험은 없다는 것입니다. 바울은 말합니다.

"사람이 감당할 시험 밖에는 너희가 당한 것이 없나니 오직 하나님은 미쁘사 너희가 감당하지 못할 시험 당함을 허락하지 아니하시고 시험 당할 즈음에 또한 피할 길을 내사 너희로 능히 감당하게 하시느니라"(고전 10:13).

요한계시록에서는 교회가 당할 환난을 보여주지만 곁들여 말하는 것이 교회의 특별보호입니다.

"우리가 우리 하나님의 종들의 이마에 인치기까지 땅이나 바다나 나무들을 해하지 말라 하더라"(계 7:3).

악한 영이 사람을 해롭게 하였으나 하나님의 백성들에게는 인을 쳐서 해하지 못하게 하셨습니다. 그 수가 144,000명입니다. 곧 모든 참된 교회입니다. 그 누구도 교회를 쓰러트릴 수 없습니다.

주님이 이 땅에 오셔서 계속 선포한 것은 천국입니다. 신학자들은 말합니다. 천국이 이 땅에 '이미' 임하였다고, 그러나 '아직' 완성은 안 되었다고 말합니다. 요한계시록은 말합니다.

"용을 잡으니 곧 옛 뱀이요 마귀요 사탄이라 잡아서 천 년 동안 결박하여"(계 20:2).

사탄은 잡혀 있습니다. 곧 이 땅에서 우리가 환난을 당하나 그것은 '절망적 환난'이 아니라는 말씀입니다. 우리가 이 땅에서 당하는 환난은 사탄이 하나님의 나라를 이겨서 나타나는 현상이 아닙니다. 이 땅에서 당하는 환난은 오히려 하나님이 이 땅을 온전히 통치하시기 때문에 일어나는 현상입니다.

이 땅을 통치하시는 하나님이 우리를 환난을 통하여 강하게 하십니다. 훈련시키시고 우리 안의 죄를 깨트리십니다. 우리가 세상에서 환난을 당하나 그것은 우리를 멸망시키는 환난이 아닙니다. 환난은 우리를 아프게 할 수는 있어도 죽일 수는 없습니다. 생명은 오직 하나님께 달려 있기 때문입니다. 그러니 교회된 우리는 세상을 두려워 할 필요가 없습니다.

이 땅에 어떤 일이 일어나도 그것은 지금 천국이 진행되는 과정일 뿐입니다. 환난을 당하나 그 환난을 두려워하지 말라는 말씀은 로마라는 거대한 제국을 비웃는 말이기도 합니다. 지극히 소수의 사람인 교회가 거대한 나라 로마에 대해 두려워하지 않습니다. 로마를 그들보다 더 거대한 무엇으로 본 것이 아니라 자신들의 길 안에 있는 작은 무엇으로 보고 있을 뿐입니다.

오늘 우리는 어떻습니까? 세상은 우리보다 더 큽니까, 작습니까? 세상은 교회보다 작습니다. 세상은 교회를 위해 있을 뿐입니다. 그러니 세상을 두려워하지 말고 당당히 우리의 믿음의 길을 가야 합니다. 세상이 어떠하든지 말입니다. 교회된 우리가 세상에서 환난을 당하나 그 환난에 절망하지 마십시오. 그 환난은 결코 우리를 넘어뜨리지 못하기 때문입니다. 우리가 믿음 안에 있기만 하면 말입니다. 세상보다 더 큰 사람으로 이 세상을 사십시오.

말씀은 영원하리

교회는 이 땅에서 수많은 일을 겪게 될 것입니다. 그러나 어떤 일을 겪게 될지 그것이 문제 되지 않습니다. 오직 예수님이 알파와 오메가이기 때문입니다. 우리는 주님으로부터 와서 주님께 가는 사람들입니다. 그 과정에서 겪는 수없이 많은 문제는 지나가는 과정일 뿐입니다.

무엇을 위한 과정입니까? 하나님의 사람으로 더욱더 세워지는 과정입니다. 그래서 우리는 그러한 환난을 피하기 위해 모든 마음을 쏟거나 절망할 것이 아니라 그 속에서 우리 자신의 죄를 깨닫고 씻는 일이 중요합니다.

"자기 두루마기를 빠는 자들은 복이 있으니 이는 그들이 생명나무에 나아가며 문들을 통하여 성에 들어갈 권세를 받으려 함이로다"(계 22:14).

성경에서 옷은 행실을 의미할 때가 많습니다. '자기 두루마기를 빤다'는 것은 그 삶이 하나님 앞에 거룩해지는 것을 의미합니다. 그렇습니다. 이 땅에 의미를 두고 사는 사람은 이 땅에서 편하였는지 그렇지 않은지에 관심이 있을지 모르지만, 영원한 세계를 믿는 우리는 그 영원한 세계에 들어가기 위해 이 땅에서 자신의 죄를 씻어내며 훈련하는 것이 중요합니다.

성경은 오늘 환난을 당하지 않는 것이 복된 사람이라고 말하지 않습니다. 오직 말씀에 순종하였는지가 복의 기준이 됩니다.

"보라 내가 속히 오리니 이 두루마리의 예언의 말씀을 지키는 자는 복이 있으리라 하더라"(계 22:7).

"보라 내가 속히 오리니 내가 줄 상이 내게 있어 각 사람에게 그가 행한 대로 갚아 주리라"(계 22:12).

교회가 가는 길에는 별의별 일들이 다 있을 것입니다. 불평, 불만, 오해, 분열, 핍박, 환난 등을 당할 것입니다. 그러나 기준은 말씀입니다. 누가 뭐라 해도 말씀을 따라 살고 있으면 됩니다. 저마다 말씀을 따른다고 말을 하여도 정직하게 말씀을 따르는 것과 말씀을 사용하기는 하지만 말씀을 따르지 않는 것은 천지차이입니다. 교회 생활을 한다고 다 말씀을 따르는 것이 아닙니다. 모양은 기독교인이지만 말씀 앞에 엎드리지 않고 제 멋대로 생각하고 제 멋대로 재단하는 사람들이 얼마나 많은지 모릅니다. 말씀 앞에서는 꿇어 엎드려야 하는데 자기감정과 생각대로 해석합니다. 이단들은 문맥도 무시하고 해석합니다. 지각이 있어 성경을 신중하게 알고자 하는 사람이라면 그것을 알 수 있습니다. 성경 앞에 엎드리는 자세가 무엇보다 중요합니다.

요한계시록은 우리에게 말씀을 준행하면서, 오실 주님을 준비하게 하고 있습니다. 그래서 종말론을 다루고 있다고 말할 수 있습니다.

종말이란 예수님이 이 땅에 오셔서 죽으시고 부활하셔서 승천하신 이후를 말합니다. 승천하신 이후 이 세상은 종말시대를 살고 있습니다. 종말이기 때문에 언제 주님이 오실지 모릅니다. 2,000년 동안이나 오지 않으셨다고요? 그렇기 때문에 앞으로도 시간이 많이 남아 있을까요? 결코 그렇지 않습니다. 주님이 오실 날은 '곧' '속히'입니다.

"이것들을 증언하신 이가 이르시되 내가 진실로 속히 오리라 하시거늘 아멘 주 예수여 오시옵소서"(계 22:20).

이 말씀을 명심해야 합니다. 주님은 속히 오십니다. 그런데 요한에게 이 말씀을 주시고 약 1,910년 동안이나 오지 않으셨습니다. 그렇다면 거짓말하신 것입니까? 아닙니다. 주님은 천 년이 하루 같습니다. 그렇다면 우리는 또 주님의 하루 같은 천 년을 몇 날을 기다려야 한다면 아직도 몇 천 년이 남은 것입니까? 아닙니다. 주님은 하루가 천 년 같습니다. 주님은 우리가 행복을 누리기를 원하시고, 우리와 함께 영원히 행복하게 함께 하기를 원하십니다. 그래서 하루를 기다리는 것도 천 년처럼 길게 느껴지십니다. 그러니 주님이 하루를 참는 것도 참으로 힘든 일입니다.

2,000년 전의 사람들이나 오늘 우리에게나 주님이 속히 오신다는 것은 동일한 진리입니다. 그래서 우리는 속히 오실 주님을 기다려

야 합니다. 신부가 신랑을 기다리듯이 기다려야 합니다. "주 예수여 어서 오시옵소서"(마라나타)라고 말하며 기다려야 합니다. 무엇하며 기다려야 합니까? 말씀을 읽고 듣고 순종하며 기다려야 합니다. 교회는 최후 승리를 믿습니다. 주님이 이 땅에 다시 오셔서 우리가 그토록 기다리던 천국이 완성되어 우리의 눈물을 씻어 주시고 우리를 그분의 품에 안아 주실 것입니다. 그러니 우리는 그 행복한 날을 손꼽아 기다리는 것입니다.

승리하신 주님의 승리를 잡고 열심히 말씀을 준행하며 살고 있습니까? 곧 오실 주님을 기다리고 있습니까? 주님 오심을 기다릴 자격 있는 사람이 되십시오.

* * *

교회가 가야 할 길이 있습니다. 교회가 가야 할 길은 아무도 막지 못합니다. 오직 불신앙만이 가로막고 있을 뿐입니다. 우리는 우리의 불신앙을 떨쳐 버리고 일어나 교회가 가야 하는 길을 가야 합니다. 요한이 유배되어 있다고 계시가 임하지 않은 것이 아닙니다. 우리가 이 땅에서 환난 가운데 있거나, 가난 가운데 있다고 교회 생활을 못하는 것 아닙니다. 세상의 그 어떤 것이 우리의 교회생활을 막지 못하도록 하십시오. 세상의 것이 교회된 우리가 가는 길을 막도록 허용하지 마십시오.

어떤 사람은 교회가 가야 하는 길을 가지 못하고 이런 저런 핑계를 댑니다. 그렇습니다. 그것은 말 그대로 핑계일 뿐입니다. 핑계

대지 마십시오. 깨달을 때 꿇어 엎드리십시오. 우리가 엎드리기만 하면 우리는 아무것도 없어도 교회로서 갈 수 있는 길을 갈 수 있습니다. 오늘 우리 손에 이렇게 성경이 있습니다. 이것이 얼마나 대단한 것인지 아십니까? 우리 손에 있는 이 성경을 우리는 언제든지 펼 수 있습니다. 읽을 수 있습니다. 순종할 수 있습니다. 그러면 되는 것입니다.

세상 속에 교회가 있습니다. 사람들은 교회를 무시하고 조롱하기도 합니다. 그러나 교회는 그렇게 나약하지 않습니다. 별 볼일 없는 것이 아닙니다. 하나님은 교회를 특별히 여기십니다. 하나님은 교회를 세상 그 어떤 것보다 더 귀히 여기십니다. 그래서 교회를 눈여겨보시고 보호하십니다. 그래서 우리가 하나님을 믿는 사람 곧 교회의 구성이 된 이상 우리는 세상 그 어떤 것보다 더 특별합니다.

종말론적인 삶을 사십시오. 종말의 시대(주님의 승천-재림)를 살고 있는 우리가 주님의 재림을 기다리면서 살고 있다면 종말론적인 삶을 살고 있다고 할 수 있고, 주님의 재림을 생각하지 않고 살고 있다면 종말의 시대에 종말론적인 삶을 살지 않고 있는 것입니다. 우리에게 놓인 종말의 길을 멋있게 가십시오. 힘들면 "마라나타"를 외치며 열심히 가십시오. "마라나타"라 고백할 수 있는 것이 우리의 힘이요 소망입니다.

나가는 말

†

　신약성경 각 권의 주제를 살피면서 성경을 짧게 살펴보았습니다. 이제 또한 더 깊이 들어가야 합니다. 그런데 말씀을 들을 때마다 중요한 것이 있습니다. 어떤 신학자는 "천 번 설교보다 한 번의 묵상이 낫다"는 말을 하였습니다. 이것은 설교를 가벼이 여기는 말이 아니라 묵상을 중히 여기는 말입니다. 묵상은 설교를 다시 새기는 것입니다. 묵상은 전해진 말씀을 가슴으로 가져가고 손과 발로 가져갑니다. 묵상은 말씀이라는 씨앗이 열매 맺도록 합니다. 그래서 열매 맺지 못하는 씨앗 천 개보다 열매 맺는 씨앗 하나가 낫다는 의미입니다.

　말씀을 들었으면 그것을 묵상해야 합니다. 묵상의 기본은 반복입니다. 깊이 생각하며 반복하는 것입니다. 그렇게 깊이 생각하며 묵상하다보면 기도가 절로 됩니다. 그래서 토마스 왓슨은 "기도는 묵상의 아들이다"고 하였습니다. 말씀이 기도로 이어질 때 말씀이 실현됩니다. 우리의 말씀 생활은 그렇게 실현되는 말씀이 되어야 합니다.

이 책을 통해 은혜 받은 것이 있습니까? 그것이 끝이 아닙니다. 묵상하십시오. 반복하여 읽으며 묵상하십시오. 각 권의 주제를 암송하고 더 나아가 각 구절을 암송하십시오. 그래서 은혜 받은 것으로 끝나지 말고 열매까지 맺으십시오. 그것이 진정한 은혜입니다.

오랫동안 신앙생활을 하였는데 발전이 없는 사람이 많습니다. 그들은 '해도 안 된다'는 말을 하곤 합니다. 그런데 정직하게 돌아보십시오. 진짜 그렇게 노력하는지. 신약성경 각 권의 주제를 살펴보면서도 생소한 것이 많았을 것입니다. 하나님의 사랑의 편지에 대해 그렇게 무지하였던 것입니다. 그만큼 사람들이 노력하지 않고 있습니다. 세상일에는 죽을힘을 다하여 노력하면서 정작 신앙의 일에는 너무 노력하지 않습니다. 그러니 '노력하였다'는 말을 안 하는 것이 맞습니다.

오늘날 사람들의 문제는 노력하지 않는 것입니다. 영적 게으름이 큰 문제입니다. 오늘 하루를 살면서 하나님과 동행하는 기쁨보다는 세상에 짓눌려 사는 경우가 많은 이유는 신앙이 성숙하지 못해서 그렇기도 하지만 사실 게으름 때문이 더 많습니다. 밥을 하루만 걸러 보십시오. 배고파 죽을 지경이 될 것입니다. 힘이 없어 일을 제대로 할 수 없습니다. 건강하지 않기 때문이 아니라 밥을 먹지 않았기 때문입니다. 영적인 양식도 마찬가지입니다. 하루를 먹지 않으면 어떻게 될까요? 신앙인으로서 제대로 힘을 발휘할 수 없습니다. 그런데 믿음이 없어서 그런 것으로 착각합니다. 육신의 양식을 매일 세번 먹듯이 우리도 영의 양식을 먹는 일에 하루에 세 번 정도는 해야 하지 않겠는지요? 새벽예배만으로는 부족합니다. 조금 더 노력해야 합니다. 그래야 우리의 영혼이 건강함을 유지합니다. 아름다움을 유지합니다. 그러니 이제 매일 말씀을 읽고 묵상하는 일에 마음을 기울이십시오. 노력하십시오. 매일 말씀을 묵상하지 않으면서 영적으로 건강하기를 바라는 사람은 헛된 소망을 품고 있는 것입니다.

눈을 감고 신약성경 각 권을 순서대로 기억해 내며 각 권의 내용과 주제를 생각해 보십시오. 안 되면 다시 돌아가서 보십시오. 그렇게 될 때까지 해야 이 책을 다 읽은 것입니다.

THE MIND OF GOD
IN THE NEW TESTAMENT

신약에 나타난
하나님 마음

부록

1. 신약 각 권의 분류와 주제

	성경	주제
역사서 (5권)	마태복음	왕으로 오신 예수님을 알라
	마가복음	종으로 오신 예수님을 알라
	누가복음	사람으로 오신 예수님을 알라
	요한복음	하나님의 아들로 오신 예수님을 알라
	사도행전	성령으로 살라
서신서 (21권) 바울서신 (13권)	로마서	오직 믿음으로 살라
	고린도전서	소유냐, 존재냐
	고린도후서	사느냐, 죽느냐
	갈라디아서	죽은 믿음과 산 믿음
	에베소서	교회여, 거룩한 빛을 발하라
	빌립보서	항상 기뻐하라
	골로새서	머리되신 그리스도를 붙들라
	데살로니가전서	재림신앙을 가져라
	데살로니가후서	재림신앙으로 이겨라
	디모데전서	교회를 교회 되게 하라
	디모데후서	네게 부탁한 아름다운 것을 지키라
	디도서	온전한 믿음
	빌레몬서	문제를 푸는 지혜

공동 서신 (8권)		히브리서	예수님을 깊이 생각하라
		야고보서	구원 얻는 믿음
		베드로전서	하늘가는 나그네
		베드로후서	신성한 성품
		요한일서	하나님과 사귐
		요한이서	이단과 사귐
		요한삼서	성도와 사귐
		유다서	믿음이 변질되지 않기 위해
예언서(1권)		요한계시록	교회가 가야 할 길

신약에 나타난 하나님 마음 The Mind of God in the New Testament

2012년 10월 22일 초판 발행

지은이 | 장 석 환

펴낸곳 | 사)기독교문서선교회
등록 | 제16-25호(1980. 1. 18)
주소 | 서울시 서초구 방배동 983-2
전화 | 02) 586-8761~3(본사) 031) 923-8762~3(영업부)
팩스 | 02) 523-0131(본사) 031) 923-8761(영업부)
홈페이지 | www.clcbook.com
이메일 | clckor@gmail.com
온라인 | 국민은행 043-01-0379-646, 기업은행 073-000308-04-020
　　　　예금주: 사)기독교문서선교회

ISBN 978-89-341-1233-4 (03230)

* 낙장·파본은 교환해 드립니다.